中国银行家调查报告

2015

Chinese Bankers Survey

中国银行业协会
CHINA BANKING ASSOCIATION

pwc 普华永道

中国金融出版社

U0687418

　　除另有说明外，本报告所采用的数据来源于中国银行业协会和普华永道对中国116家银行和1 328位银行家进行的调查。本报告仅作一般参考之用，既不可视为详尽的说明，也不构成任何法律或投资建议。本报告也并非旨在涵盖所有内容。对文中的信息是否准确或完整，我们不作任何明示或暗示的承诺或保证。中国银行业协会和普华永道不对任何个人或单位因为阅读了本出版物而采取某项行动或未采取某项行动的后果承担任何责任，除非法律另有明文规定。如欲征求具体建议或希望获取文中所提及事宜的更多信息，敬请与中国银行业协会和普华永道客户服务部或其他您的专业顾问联络，以索取详细的专业意见。

欢迎大家阅读由中国银行业协会和普华永道联合发布的《中国银行家调查报告（2015）》。这份报告从银行家的视角反映中国银行业的发展动向，已经持续到第七年了。

2015年对中国银行业而言注定是不平凡的一年，也使我们的调查内容更加精彩。中国的银行家们对中国银行业转型和发展的机遇、挑战和前景；市场发展和监管体系等的意见和建议；促进海内外金融界、金融机构与监管当局、金融机构与公众之间的相互沟通及了解等诸多内容，都展现了特有的智慧和思考。

借此机会，我们向所有接受本次调查的银行家表示感谢。他们在繁忙的工作之余填写问卷，接受访问，无私贡献了他们的专业见解、敏锐观察与宝贵经验。我们相信，通过这份报告，读者可以比较全面透彻地了解到中国银行业的现状与前景，以及中国银行家的心声。

本次调查采取点面结合的方式，问卷调查在全国31个省级行政区域展开（不包括港澳台）。我们继续采用电子形式进行问卷发放和回收，共回收有效问卷1328份，从总体上形成了对中国银行业发展状况的基本判断，并为整个调查提供了数据支撑；我们还对8位中国银行业总部高管（董事、副行长以上）进行访谈，直接听取了中国银行业高管的思考和探索。

多数银行家认为经济增速放缓是当前中国经济发展面临的最主要问题，未来三年GDP增长率将处于6.5%~7.5%的区间，经济增长的动力将主要依赖于内需消费和技术创新。在各项经济活动发展趋势中，产业结构调整最受银行家关注。而在金融体制改革方面，最受银行家关注的依然是利率市场化。

银行家普遍认为监管指标本身的科学性和合理性较高，对中国银行业的适用性也较强，但在监管的弹性和灵活性方面仍有进一步改进的空间。2015年，银监会实行了监管部门组织架构的重大改革，银行家对此次改革的总体效果普遍给予了肯定的评价，认为此举完善了差异化、专业化的监管体系。

2015年，中国银行业资产质量面临的形势更加严峻。大部分上市银行第三季度不良贷款余额和不良贷款率仍然延续了"双升"局面。银行家最为关注的是产能过剩行业带来的信用风险，冶金业成为银行家预期不良上升最快的行业，也位列银行信贷限制的行业首位。城市基础设施业位列银行信贷重点支持的行业首位，反映了财政部推出地方债务置换的影响，过半的银行家认为此举会降低信用风险，并加强银行与地方政府的相关业务联系。

《存款保险条例》已于2015年5月1日起实施，银行家对存款保险制度的落地实施普遍持正面积极的看法，认为这一制度是利率市场化的必要铺垫，能够增强中国银行业抵御系统性风险的能力。大部分银行家认为存款保险制度更有利于大型商业银行，但银行业整体经营偏好基本不受影响。

银行家对金融支持"大众创业、万众创新"给予了高度关注和充分支持。大多数银行家关注的焦点集中在尽快研发和推出金融支持创业创新的产

前言

品模式和服务方式，创业经验、企业的科技含量及发展前景和创业者的信用状况也受到银行家的重点关注。

作为优化经济发展空间格局的重要举措，2014年底中央明确提出重点实施"一带一路"、京津冀协同发展、长江经济带"三大战略"。2015年以来，"三大战略"顶层设计规划完成，进入全面推进阶段，政策效应初步显现。随着"三大战略"的进一步深入推进，其在带动经济发展的同时也将带来银行业务转型及创新发展。在实施"三大战略"时，银行家重点关注的两大因素是优质的客户和项目资源以及地区社会经济发展状况。银行家认为行业的核心产品、客户资源与创新能力是制约"三大战略"实施的关键因素。

2015年，中国银行业的业务发展思路没有大的变化，多数调查结果与往年趋同。不过，银行家对未来三年的收入及利润增长预期有明显下调。绝大多数银行家认为未来三年所在银行的收入及利润增长率将低于15%；其中，中间业务增长和生息资产规模增加是未来利润增长的最有力的推动因素。

再次感谢社会各界对这份报告的广泛支持与厚爱，诚挚期待读者提出宝贵建议与意见。读者的支持和关注正是这份报告的生命力所在，也是我们努力的动力与源泉。

如需更多相关信息，请与中国银行业协会、普华永道或项目主持人联系。

杨再平
中国银行业协会专职副会长

吴卫军
普华永道北京首席合伙人

巴曙松
项目主持人

2015年12月　北京

目录

目录

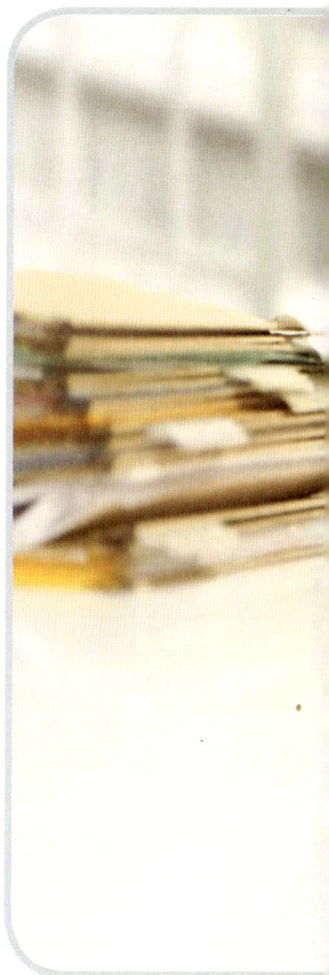

目录

导 语

2015年以来，由于全球经济复苏乏力，国内需求不足，中国经济下行压力仍在加大，结构性矛盾突出，不确定和不稳定因素依然很多。中国经济增长新动力不足和旧动力减弱的结构性矛盾依然突出。在此背景下，第三季度中国GDP同比增幅为6.9%，创下自2009年以来的最低增速。经济的持续下行、利率市场化的推进以及互联网金融的竞争等，使中国银行业的发展面临着更为错综复杂的环境，风险与挑战明显增多。息差持续收窄、不良资产反弹、利润增速放缓等，成了中国银行业的普遍现象。第三季度中国四大国有商业银行净利润增速均不足1%，股份制银行净利润增速多为个位数。真正的考验或许才刚刚开始，步入第七个年头的《中国银行家调查报告》也将继续向您展示中国银行家在困境中的判断与思考。

宏观环境

2015年前三季度中国GDP增长乏力，72.1%的银行家认为经济增速放缓是当前中国经济发展面临的最主要问题。82.5%的银行家认为未来三年中国GDP增长率将处于6.5%~7.5%的区间。在各项社会经济发展趋势中，产业结构调整（73.5%）最受银行家关注。而在金融体制改革方面，最受银行家关注的依然是利率市场化（91.0%）。银行家更看好一线城市房地产市场的发展。过半的银行家认为未来一年一线城市的房地产市场将会量价齐升，而有八成左右的银行家认为未来一年二三线城市的房地产市场基本持平或略有下滑。

发展战略

伴随着经济金融改革的持续深入，中国银行业顺应经济金融发展趋势，认真落实国家宏观调控政策，在经营管理、重点区域、重点客户等方面不断进行战略调整。受访银行家普遍认为，"信用风险防范，控制不良资产"（79.7%）是2015年中国银行业面临的最大压力，而"深化经营特色，实施差异化竞争"（78.6%）是战略调整的重点方向。此外，中国银行业综合化经营趋势明显，在信用卡（40.9%）、银行理财（39.7%）、互联网金融（39.1%）等领域均有设立子公司的意图。然而商业银行的综合化经营面临全面风险管理能力欠缺（71.4%）与综合化人才缺乏（70.3%）的制约。国际化方面，服务"一带一路"等国家战略（73.4%）被认为是银行业进行海外发展的首要关注点，"自身业务发展还不够完善"（76.7%）和"海外经营形势更加复杂"（76.6%）是国际化过程中可能面临的两大挑战。

存款保险制度

2015年3月31日，国务院正式发布《存款保险条例》，于5月1日起实施。银行家对存款保险制度的落地实施普遍持正面积极的看法。调查显示，近九成银行家认为中国2015年推出存款保险制度正当其时，是利率市场化的必要铺

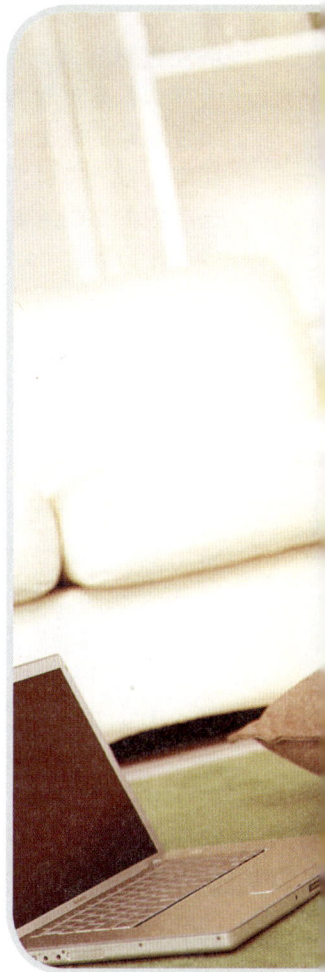

垫。62.7%的银行家认为存款保险制度的推出对所在银行整体产生正面影响。72.7%的银行家认为存款保险制度推出能够增强中国银行业抵御系统性风险的能力。存款保险制度的实施必然会引起商业银行存款集中度的变化。调查结果显示，逾半数的银行家认为中国存款的集中度在短期内将趋于分散。44.8%的认为存款保险制度更有利于大型商业银行。58.6%的银行家认为银行业整体经营风险偏好基本不受影响。

金融支持"大众创业、万众创新"

在当前国家大力推动"大众创业、万众创新"的背景下，银行家也对此给予了高度关注和充分支持。86.2%的银行家表示，"大众创业、万众创新"可以促进银行小微金融服务再升级。89.1%的银行家认为银行在提供综合金融服务方面优势明显。大多数银行家关注的焦点集中在尽快研发和推出金融支持创业创新的产品模式（88.6%），以及改进金融支持创业创新的服务方式（88.4%）两个方面，认为银行有必要为创业创新者设计新的金融产品和服务。创业经验（91.3%）、企业的科技含量及发展前景（89.6%）和创业者的信用状况（87.7%）在金融支持"大众创业、万众创新"过程中受到银行家的重点关注。

业务发展

随着中国银行业各项业务创新的发展，同业竞争日趋激烈，业务重点稳中有变，在国家政策的带动下，城市基础设施业（67.2%）首次超过农林牧渔业（51.6%）成为信贷支持的首选行业。在公司金融业务中，小微企业贷款（64.7%）连续四年居于公司金融发展重点首位，供应链融资（48.3%）紧随其后，资产证券化（46.5%）也受到银行家的广泛重视，其重要性稳步攀升。个人消费贷款（68.7%）仍然是个人金融业务的重点，与财富管理（61.1%）的受

重视程度持续攀升。同业业务重点则回归到传统的同业存拆放业务（65.1%），投行业务与资产管理业务日益成为推动银行业务转型的重点。

支持自贸区建设

建设自由贸易区，是近年来国家出台的重大发展战略之一，为中国银行业发展带来新机遇，中国银行业积极响应，投身于自贸区建设。银行家认为支持自贸区建设是一举两得的选择，既可以服务国家战略（66.9%），又能够扩大盈利来源（45.6%）。从不同银行类型看，大型商业银行、股份制商业银行、政策性银行以及外资银行在开展自贸区建设业务上动力更强。中国银行业支持自贸区发展的重点业务中占比最高的三项分别是：跨境结算（60.0%）、跨境投融资（50.2%）和本外币资金结算（44.9%）。

落实"三大战略"

作为优化经济发展空间格局的重要举措，2014年底召开的中央经济工作会议明确提出重点实施"一带一路"、京津冀协同发展、长江经济带"三大战略"。在落实"三大战略"的时候，银行家重点关注的两大因素是优质的客户和项目资源以及地区社会经济发展状况。同时，银行家认为核心产品、客户资源与创新能力是制约"三大战略"实施的关键因素。对于"一带一路"战略，逾七成银行家倾向采取创新特色金融产品（72.3%）和提升综合化金融服务能力（71.9%）的方式推进"一带一路"布局，相应的业务类型主要包括重大项目融资（63.6%）、出口信贷（56.3%）和互联网金融产品（51.3%）等。对于京津冀协同发展战略，银行家认为"创新特色金融产品"（55.7%）和"做好项目储备，建立'名单制'，支持重点项目建设"（55.5%）是主要的支持方式，近六成银行家选择北京为未来5年重点布局的地区。对于长江经济带建设，银行家认为"加强区域金融合作"（71.1%）是最主要的支持措施，并将上海（38.9%）作为未来5

年长江经济带的重要布局地区，物流业（63.8%）成为银行家最看好的信贷投放行业。

风险管理与内部控制

2015年，中国银行业资产质量面临的形势更加严峻。大部分上市银行第三季度不良贷款余额和不良贷款率仍然延续了"双升"局面。从中国银行业面临的各类风险看，2015年银行家最为关注的分别是：产能过剩行业贷款（82.1%）所带来的信用风险、利率市场化（82.3%）带来的市场风险、资产负债期限结构不匹配（63.5%）和其他投资产品分流银行存款（62.0%）带来的流动性风险等。从不同地理区域看，银行家普遍认为长三角地区（27.6%）和东北老工业基地地区（23.6%）不良率承压较大。

内部控制体系建设更加完善。但2014年下半年以来，银行内部案件数量也有抬头态势。82.4%的银行家认为"制度执行不严，合规管理存在薄弱环节"是主要原因。

信贷资产管理

伴随我国经济进入新常态，经济增速逐步回落，国内商业银行面临较大不良资产率上升压力，较多的银行家认为长三角地区（27.6%）和东北老工业基地地区（23.6%）将会是不良率承压较大的两个区域。大多数银行家（86.9%）认为经济下行带来资金链紧张而违约是造成小微企业不良贷款的主要原因。加强对抵押品的保管、监测、检查和重估（61.8%）以及完善信贷管理系统功能（51.4%）被认为是应对不良率上升的最主要措施。银行家（43.7%）较为重视通过资产证券化来优化信贷资产结构、盘活存量资产。在资产证券化基础资产选择方面，多数银行家（61.3%）选择将大中型企业贷款作为重点。过半数银行家（55.2%）关注资产证券化市场流动性较差的问题。六成以上银行家认为地方政府债务置换将会降低信用风险、释放资本占用，并加强银行与地方政府相关业务联系。商业银行参与地方政府债券发行的动机主要是将其作为带动与拓展其他业务的重要通道（87.9%）。银行家（76.1%）认为"发行利率较低，市场参与热情有限"是地方政府债券发行中的主要问题。而多数银行家（70.9%）认为应当优化地方政府债券发行规则来提升其市场化程度。

人力资源管理

在宏观经济下行，中国银行业盈利增长大幅放缓，竞争越来越激烈的背景下，银行家认为人力资源开发应该向业务层面倾斜。逾八成银行家认为未来三年中国银行业员工数量仍会增加，但这一比例低于2014年的调查结果，说明银行家对未来员工总体数量增长预期有下降的趋势。在员工招聘中，柜员、客户经理等业务类人员（59.6%）最受银行家的青睐。销售技能（59.8%）和基础

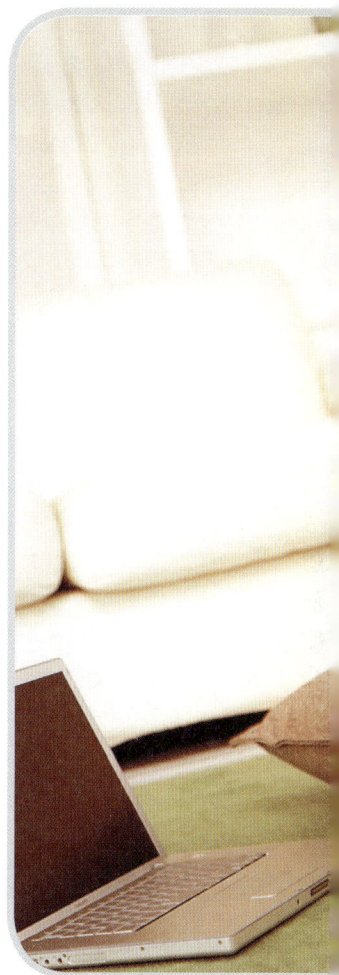

业务技能（58.0%）是银行家认为当前中国银行业员工培训内容中的最需要加强的方面。81.3%的银行家认为利润类指标是绩效管理的侧重点。目前尚有42.9%的银行家表示所在银行目前尚未对高管进行长期激励。在已进行长期激励的银行中，最主要的方式是延期支付（89.1%），股票期权、限制性股票等方式运用较少。

资产负债管理

目前，中国银行业资产负债管理存在的问题主要是资产负债组合结构（58.1%）和管理工具（50.9%）比较单一。中国银行业的发展整体过于依赖传统信贷业务的状况短期内难以改变。调查显示，未来一年，中国银行业资产配置的重点仍然是贷款类资产（77.3%）和类信贷资产（55.4%）。存款流失已经成为中国银行业的一种普遍现象，其最主要的原因是银行间的激烈竞争（74.2%），其次为近年新兴的互联网金融的分流（55.0%），以及理财产品的快速发展（54.7%）。

备战"营改增"

按税制改革的既定目标，2015年本应是"十二五"期间全面完成"营改增"工作的收官之年，但金融业"营改增"年内出台实施细则的可能性已经很小。这应该与金融业，尤其是银行业自身进行税制改革的难度较大，且准备尚不充分有关。调查结果显示，截至2015年8月末①，表示"已做好充分准备，随时可以实施""营改增"的银行家占比尚不足20%，超六成银行的准备工作尚处于梳理业务阶段。银行业实施"营改增"困难较多，银行系统复杂（83.1%）、产品众多（78%）、发票管理复杂繁琐（67.7%）是最主要的三个方面。对于"营改增"给中国银行业带来的影响，多数银行家认为实施"营改增"之

后实际税负上升，利润下降。对于"营改增"后的计税方式，52.9%的银行家认为不应该搞"一刀切"，应该部分采取简易计税办法，部分采取一般计税办法。47.1%的银行家认为增值税发票的开票职能应放置于分行这一层级。

公司治理与企业社会责任

2015年，混合所有制改革的启动和银行高管限薪政策的出台，推动了中国银行业公司治理的变革。调查显示，绝大多数银行家认同混合所有制改革给治理机制带来的正面效应。其中，近半数（49.7%）的银行家认为"混改"可以为相关商业银行建立真正有效的市场化激励和约束机制。对于员工持股计划，约92%的银行家普遍肯定其对解决或降低人才流失比例的积极作用。员工持股计划或可成为银行业未来保留人才的普遍手段。银行家对高管限薪政策带来的影响看法较为分化，说明其对公司治理带来的影响还有待进一步观察。

虽然已有多年的实践，但目前中国银行业社会责任的履行仍处于起步阶段。多数银行企业社会责任的工作无专职部门负责，设立专职机构或部门的仅占37.5%。"加强小微企业金融服务"（50.3%）依然是履行社会责任的重点领域。42.9%的银行家所在机构以"支持社会公益事业"为2015年社会责任的重点落实方向。而在企业社会责任履行过程中，中国银行业也面临着缺少激励机制（28%）、创新意识不足（21.4%）、流程复杂（20.6%）等诸多困难。

信息化建设和互联网金融

调查数据显示，中国银行业信息化建设水平稳步提升。在互联网金融迅猛发展，信息技术不断进步背景下，信息科技建设的投入力度依然在

---

① 本次调查问卷回收截止时间。

加大。几乎所有银行家都表示信息科技建设的投入会增加或保持稳定。银行家对安全可控信息技术（53.1%）关注程度较高，但也有过半数的银行家认为目前国内尚不具备该技术的应用条件。59.7%的银行家认为主要困难是"国内信息技术软硬件厂商及服务商技术服务水平不高"。银行家认为衡量商业银行信息科技建设水平的指标主要是"重要信息系统交易成功率"（74.8%）和"离柜业务率"（74.1%），而衡量商业银行信息科技安全水平的指标最主要是"重要信息系统灾备覆盖率"（79.7%）。

互联网金融越来越受到银行家重视，调查结果显示近半数表示会将"互联网金融作为未来发展的重点，加大投入"。"互联网支付"（42.6%）和"互联网消费金融"（29.2%）是两大业务发展重点，信息科技风险（54.4%）是发展互联网金融面临的最主要风险。随着2015年7月18日《关于促进互联网金融健康发展的指导意见》的出台，互联网金融的监管政策日益明晰。银行家认为今后银行面临互联网企业的竞争会进一步加大（68.6%）。

监管评价

2015年，银行家对主要监管指标的评价总体仍然较好。2015年初，银监会实行了监管部门组织架构的重大改革。银行家对此次改革的总体效果普遍给予了肯定的评价，超八成银行家对此评分在4分以上。66.4%的银行家认为此举可以完善差异化、专业化的监管体系。对于进一步推进监管体系改革的方向，银行家最为期待的是加大简政放权力度（62.7%）。

2015年8月，全国人大通过决议将存贷比由法定监管指标转变为流动性风险监测指标，银行信贷资产端经营灵活性增加。但仅有11.2%的银行家认为这会带来贷款的明显增加，有近九成银行家表示仍会使用存贷比作为流动性管理指标。

银行家认为民营银行的设立对城市商业银行（33.6%）和小微信贷业务（81.6%）冲击最大。对于已设立的5家首批试点民营银行，银行家普遍认为"机制灵活"（81.2%）、"创新能力强"（64.5%）是民营银行所具备的主要优势。

银行家群体

调查结果显示，通过在日益复杂的金融市场的磨炼，银行家的各项能力素质均得到提升，特别是在国际视野和风险驾驭能力等短板方面进步明显。近一年多来，陆续有银行业高管因违法违规行为落马。对此，银行家认为根源主要有两方面："贪图个人利益，思想存在偏差"（78.5%）和"内部控制机制失效，高管权力过大"（66.9%）。2015年，中央管理企业负责人薪酬制度改革

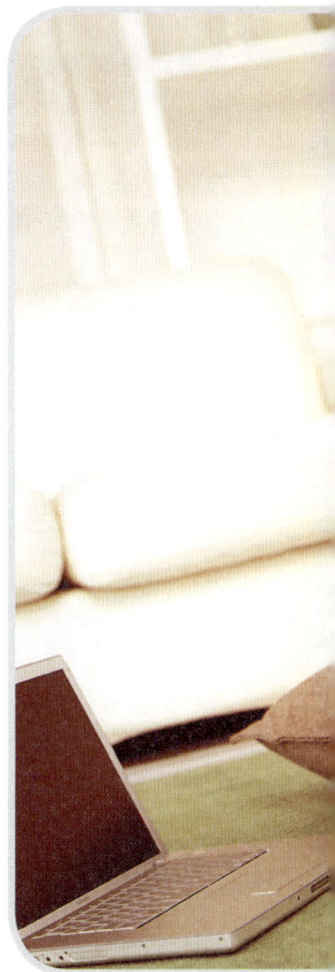

开始实施。银行家认为这将对高管的任职情况带来若干负面影响，比如：不同所有制银行的高管收入差距将进一步拉大（65.7%）、银行高管离职情况将明显增加（45.3%）等。在不同类型的银行中，多数银行家（42.9%）认为在股份制商业银行更有利于其充分发挥职业才能。

发展前瞻

调查显示，随着经济增速的放缓和同业竞争的加剧，银行家们对未来三年的营业收入与税后利润增长预期有明显下滑。八成左右的银行家预计未来三年的营业收入增长率和税后利润增长率将低于15%，约六成的银行家预计收入与利润增速将低于10%，这一预期延续了近年来不断下滑的趋势。中间业务增长（30.3%）和生息资产规模增加（28.5%）是未来利润增长最有力的推动因素。银行家对未来的资产质量担忧与前些年相比也有所上升，约40%的银行家认为其所在银行未来三年的不良贷款率在1%~3%，说明风险管理已经成为银行业的当务之急。对于拨备覆盖率，近90%的银行家预计其所在银行拨备覆盖率将超过150%，拨备充足，但与2014年同期调查数据相比下降明显。中国银行业资本充足情况也基本良好，超过80%的银行家预计其所在银行2015年末的资本充足率将在10.5%以上，约50%的银行家认为这一数字将超过11.5%。

第一部分
宏观环境

　　中国宏观经济处于经济增速换挡期、结构调整阵痛期和前期刺激政策消化期的"三期叠加"阶段，传统行业产能去化与新兴产业成长并存，经济已进入"新常态"。经济发展即将进入下一个五年发展，"十三五"规划建议首次提出了新时期的发展理念，即创新发展、协调发展、绿色发展、开放发展、共享发展，提高发展的包容性、平衡性、可持续性，这将在未来很长一段时间内指导中国经济发展。

一、经济增速放缓和结构失衡是中国经济面临的最主要问题

"十三五"时期，在经济增长由高速向中高速转变，原有的发展模式已经不能持续的情况下，中国经济亟须由低端生产向高精尖制造转变，由投资拉动型向消费拉动型转变，淘汰过剩产能和低端产业，引进新的、有利于战略发展的新产业。2015年是全面深化改革的一年，处于经济和金融一线的银行家对经济增长亦有新的认识。对未来三年中国GDP增长率区间的调查结果显示：82.5%的银行家选择6.5%~7.5%，其中52.4%的银行家认为增长率区间应该为6.5%~7.0%；14.9%的银行家认为增长率低于6.5%；仅2.6%的银行家认为增速将达到7.5%以上。随着中国经济增长减速，银行业自身面临利率市场化、金融脱媒、监管趋紧以及资产质量问题等诸多挑战，银行业高速扩张和高盈利增长的时代已经结束，银行业的利润增速"个位数时代"已经来临。

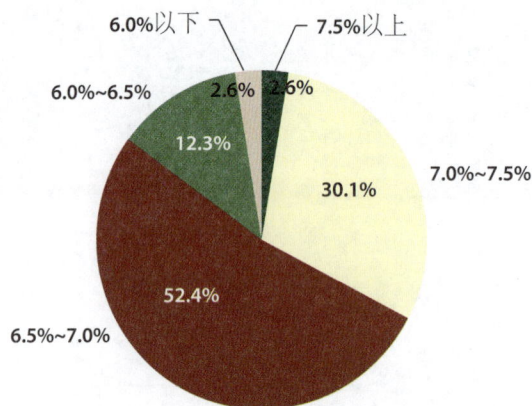

图1-1　银行家对未来三年中国GDP增长率区间的看法

2015年以来，中国经济面临严峻复杂的内外部形势，各方面问题交织。关于中国经济发展面临的主要问题，72.1%的银行家认为是经济增速放缓，64.8%的银行家认为是经济结构失衡，44.8%的银行家认为是产能过剩风险，还分别有27.4%、23.9%的银行家认为是地方性政府债务风险和国际市场冲击。

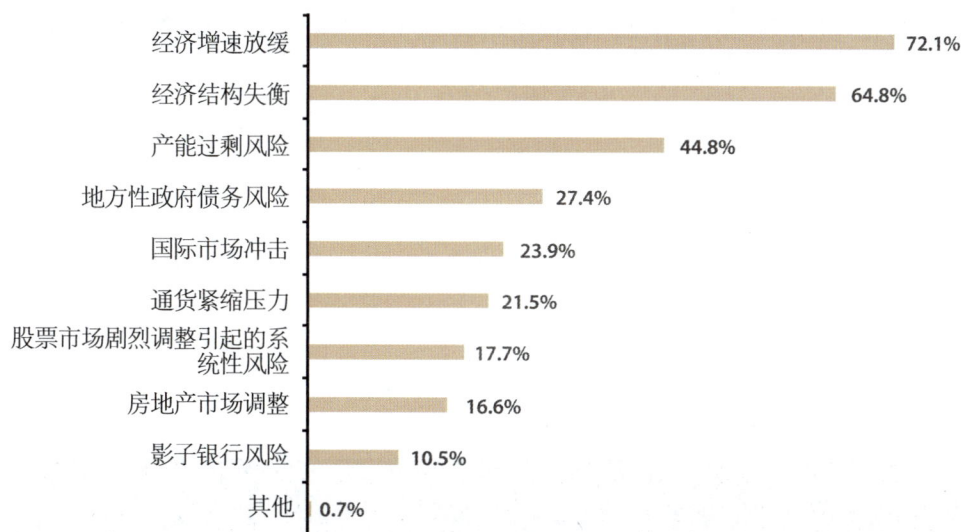

经济增速放缓	72.1%
经济结构失衡	64.8%
产能过剩风险	44.8%
地方性政府债务风险	27.4%
国际市场冲击	23.9%
通货紧缩压力	21.5%
股票市场剧烈调整引起的系统性风险	17.7%
房地产市场调整	16.6%
影子银行风险	10.5%
其他	0.7%

图1-2 银行家对中国经济发展面临主要问题的看法

二、银行家对货币政策评价较高

　　与往年的调查结果相比，银行家对2014年以来宏观经济政策效果的总体评价较高，平均分为3.92分（满分为5分），比2009—2013年的平均分高出0.53分。其中，货币政策、财政政策、产业政策和监管政策的得分分别为4.06分、3.90分、3.80分和3.93分。就单项政策效果而言，产业政策的得分最低，但仍旧高于往年平均分；货币政策效果的得分最高，表明货币政策获得了较高认可。这与2014年以来面对经济基本面变化及时调整的货币政策密不可分。

表1-1　银行家对宏观经济政策效果的评价

政策类型	2014年以来	2013—2014年	2012—2013年	2011—2012年	2010—2011年	2009—2010年
货币政策	4.06	3.85	3.89	3.38	3.28	3.42
财政政策	3.90	3.66	3.71	3.25	3.25	3.50
产业政策	3.80	3.59	3.54	3.10	3.15	3.12
监管政策	3.93	3.78	—	—	—	—
平均得分	3.92	3.72	3.74	3.24	3.23	3.35

　　在日常经营中银行家最关注的外部环境是金融监管政策（65.3%），其次为宏观调控政策（61.6%）和经济金融改革政策（61.1%）；紧随其后的是风险因素，包括企业经营状况、行业性风险、区域性风险。从关注度看，银行家对于政策的关注度要明显高于对风险的关注度。与2014年相比，关注度前三位的外部环境没有发生变化，而企业经营状况与行业性风险的关注度排位有所提升。"十三五"时期，面对新常态下经营环境深刻变化所带来的挑战，我国银行业亟须通过深层次的结构调整和体制机制改革，谋求新动力、激发新潜力。

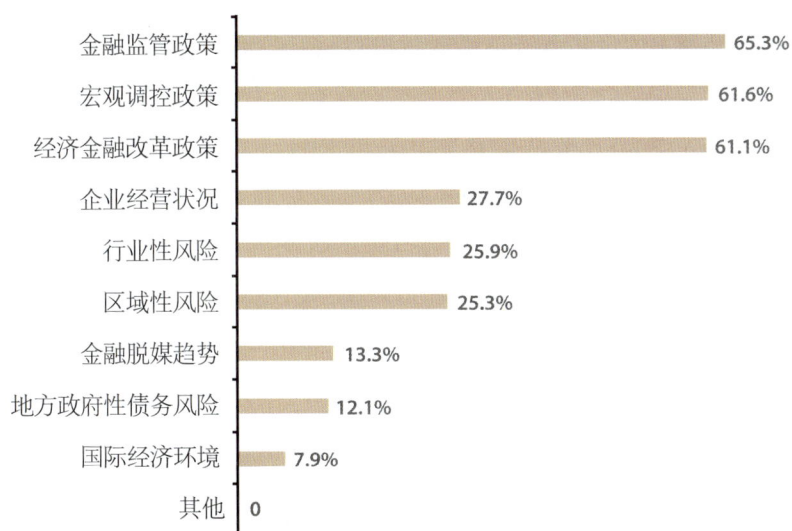

图1-3　2015年银行家日常经营中最为关注的外部环境因素

金融监管政策	65.3%
宏观调控政策	61.6%
经济金融改革政策	61.1%
企业经营状况	27.7%
行业性风险	25.9%
区域性风险	25.3%
金融脱媒趋势	13.3%
地方政府性债务风险	12.1%
国际经济环境	7.9%
其他	0

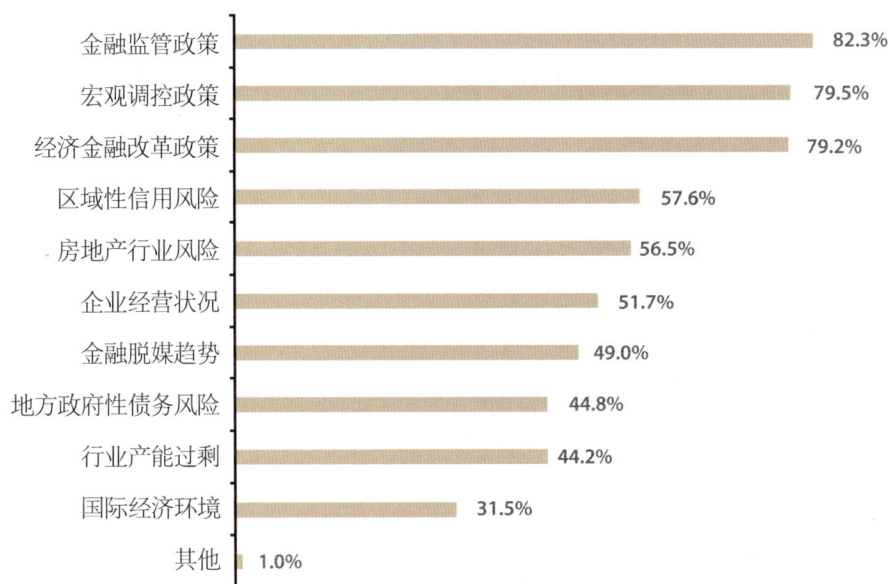

图1-4　2014年银行家日常经营中最为关注的外部环境因素

金融监管政策	82.3%
宏观调控政策	79.5%
经济金融改革政策	79.2%
区域性信用风险	57.6%
房地产行业风险	56.5%
企业经营状况	51.7%
金融脱媒趋势	49.0%
地方政府性债务风险	44.8%
行业产能过剩	44.2%
国际经济环境	31.5%
其他	1.0%

在对银行家最应该关注的社会经济发展趋势的调查中，产业结构的调整（73.5%）最受银行家关注，其次是社会融资的多元化（56.2%）和区域经济发展格局的变化（52.0%），科技创新与技术进步也受到41.4%的银行家的关注，这与我国经济发展步入新常态要求经济发展方式从规模速度型转向质量效率型、发展动力要从要素驱动转向创新驱动相对应。随着中国改革进入深水区和攻坚期，相比2014年，产业结构的调整受到了更多银行家的关注（2014年为56.9%），科技创新与技术进步关注度也有较大幅度的提升（2014年为23.4%），十八届五中全会通过的"十三五"规划建议中也明确指出，为了实现到2020年全面建成小康社会的奋斗目标，必须把发展基点放在创新上，形成促进创新的体制架构，塑造更多依靠创新驱动、更多发挥先发优势的引领型发展。

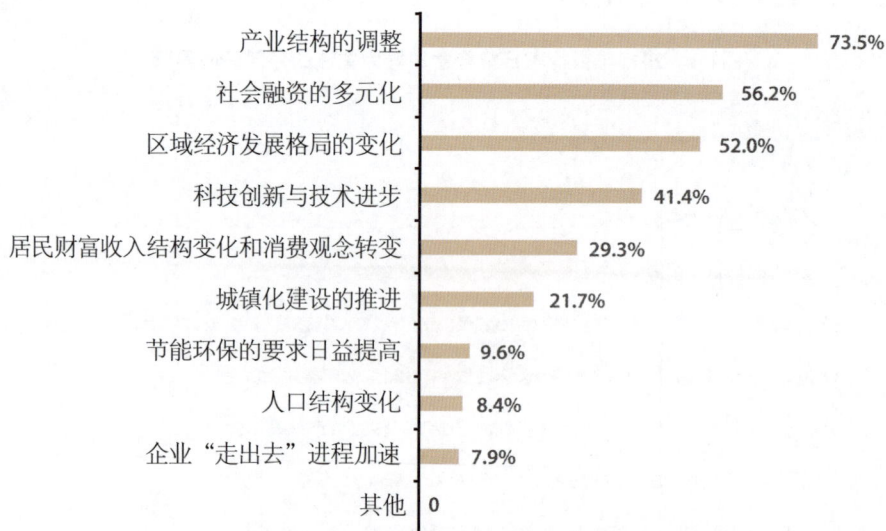

趋势	百分比
产业结构的调整	73.5%
社会融资的多元化	56.2%
区域经济发展格局的变化	52.0%
科技创新与技术进步	41.4%
居民财富收入结构变化和消费观念转变	29.3%
城镇化建设的推进	21.7%
节能环保的要求日益提高	9.6%
人口结构变化	8.4%
企业"走出去"进程加速	7.9%
其他	0

图1-5　银行家关于银行经营者最应关注社会经济发展趋势的看法

三、房地产市场分化明显

　　尽管2015年3月国土资源部、住建部联合出台了房产新政，同时各地也出台了一系列宽松的政策，如公积金政策调整等；但受人口周期的影响，我国房地产大周期拐点已经到来，这在银行家的调查中也有所体现。不同于2014年的是，2015年银行家对房地产市场的预期出现了较大分化。对于一线城市，过半的银行家认为房地产量价齐升，其中有59.5%的银行家认为价格会上升，51.8%的银行家认为销量会上升；而对于二三线城市，有八成左右的银行家认为未来一年房地产市场基本持平或略有下滑，而预期价格上升的仅有16.0%，预期销量上升的有20.1%。

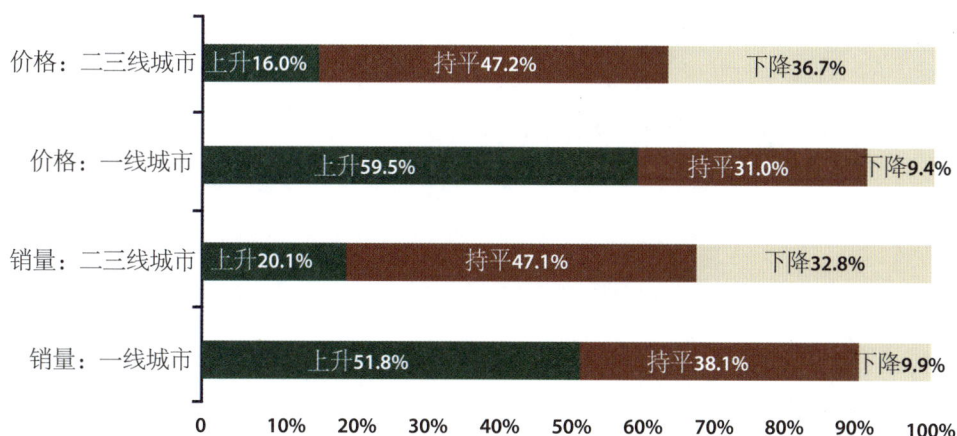

价格：二三线城市	上升16.0%　持平47.2%　下降36.7%
价格：一线城市	上升59.5%　持平31.0%　下降9.4%
销量：二三线城市	上升20.1%　持平47.1%　下降32.8%
销量：一线城市	上升51.8%　持平38.1%　下降9.9%

图1-6　银行家对未来一年房地产走势的看法

四、加快资产负债结构调整是应对利差收窄的最主要措施

十八届五中全会通过的"十三五"规划建议中明确提出加快金融体制改革，提高金融服务实体经济效率。银行家高度关注金融体制改革对商业银行经营产生的影响。其中利率市场化（91.0%）最受关注，其次是银行业准入放开（50.2%）；多层次金融市场和加速综合化经营对银行业影响排名随后，分别有43.0%和40.5%的银行家认为会对银行经营产生重大影响。

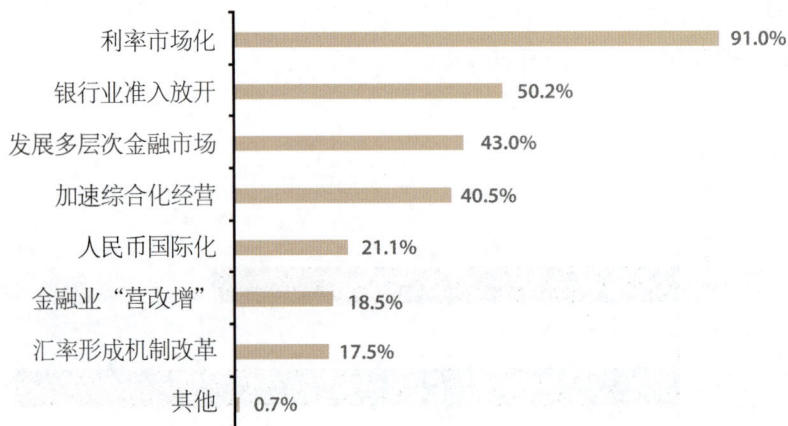

利率市场化	91.0%
银行业准入放开	50.2%
发展多层次金融市场	43.0%
加速综合化经营	40.5%
人民币国际化	21.1%
金融业"营改增"	18.5%
汇率形成机制改革	17.5%
其他	0.7%

图1-7 银行家关于金融改革对银行影响的看法

中国利率市场化经过近20年的推进，按照"先外币再本币，先贷款再存款，先长期大额再短期小额"的路径展开。在利率市场化过程中货币市场利率、债券市场利率、外币存贷款利率、人民币贷款利率已先后实现市场化。2015年10月23日，中国人民银行宣布对商业银行和农村合作金融机构不再设置存款利率浮动上限，抓紧完善利率的市场化形成和调控机制，加强央行对利率体系的调控和监督指导，提高货币政策传导效率，利率市场化改革又迈进一步。随着利率市场化改革进入新阶段，中国银行业必须加快业务转型、进一步调整盈利结构、优化盈利模式，以应对利率市场化带来的冲击。调查结果显示，银行家认为应该多措并举来应对利差收窄带来的挑战。90.0%的银行家认为应加快调整资产负债结构，76.8%的银行家认为应提升定价管理水平，75.2%的银行家认为应调整收入结构，67.2%的银行家认为应调整客户结构。随着银行业利润增速放缓，不良贷款持续大规模暴露，银行家的管理经营面临很大挑战。

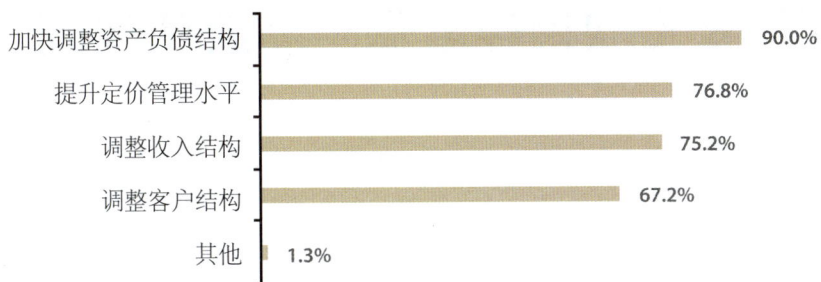

加快调整资产负债结构 ████████████████████ 90.0%

提升定价管理水平 ████████████████ 76.8%

调整收入结构 ███████████████ 75.2%

调整客户结构 █████████████ 67.2%

其他 █ 1.3%

图1-8 银行家对银行如何应对利差收窄的看法

中国农业银行相关负责人①、浙商银行行长助理徐蔓萱、西安银行副行长王欣谈存款保险制度的实施

课题组: 您认为我国在这一阶段推出存款保险制度是否恰逢时宜? 贵行是否已经为存款保险制度的推出做了充分的准备?

农行相关负责人: 近年来,我国已具备建立存款保险制度的条件。从宏观层面看,金融监管框架的有效建立和持续完善,也为推进存款保险制度奠定了较好的环境基础;从微观层面看,我国银行业主体先后完成了股份制改造,搭建起了现代金融企业制度。可以说,目前推出存款保险制度恰逢其时,为下一阶段金融改革奠定了坚实基础。

农行高度重视存款保险制度安排,总行作出了专门部署,明确了工作机制和要求,在人员组织、进度报送、宣传解释、存款组织、资金流动、信息统计、保费缴纳等相关方面均做了充分准备。

徐蔓萱(浙商银行): 经历本轮国际金融危机后,浙商银行积累了较为丰富的经验。随着我国金融改革的深入推进,例如实现利率市场化、建立金融机构退出机制等,存款保险制度作为配套的一项基础制度建设,在更好地保护存款人权益、加强和完善我国金融安全网、维护我国金融稳定等方面发挥着重要作用。从推动我国金融改革的角度来说,我国在这一阶段推出存款保险制度恰逢时宜。

为了更好地落实存款保险制度,浙商银行在以下四个方面做了充分准备工作。一是做好制度学习,组织全行上下认真学习和领会存款保险制度内容和精神;二是明确责任部门,指定总行资产负债管理部为落实存款保险制度的牵头部门,下设存款保险制度中心,专门负责存款保险制度研究以及日常存贷款和流动性监测工作;三是开发了同一存款人系统,能够实现同一存款人在浙商银行所有存款账户本金和利息的实时归并;四是加强宣传,正面引导存款人充分认识存款保险制度的积极意义。

王欣(西安银行): 存款保险制度推出的时间节点是非常适宜的。一是利率市场化深入推进,银行传统盈利模式亟须转变,行业竞争持续加剧,个别金融机构存在陷入生存危机的可能性,存款保险制度将有效对冲利率市场化的伴生

---

① 尊重受访银行家的意愿,该篇访谈手记以匿名方式呈现。

风险；二是当前金融业面临的风险更加复杂和多样，隐性存款保险制度"显性化"对金融机构行为形成有效约束，进而促进金融行业经营模式和风险管理文化的稳健调整；三是在金融业准入门槛降低、市场主体丰富的试水期，存款保险制度有利于积极稳妥地创造民营资本进入金融业的良好环境，民营资本进入金融业后的成长可以得到整个社会的信任和支持。

2014年存款保险制度征求意见稿公布后，西安银行高度重视，积极解读相关文件，深入分析对本行的经营影响，重点从内部培训、外部宣传、系统升级、经营转型等方面提前部署，为落实存款保险制度做充分准备。

课题组：您认为存款保险制度的推出对于我国银行业的经营将产生怎样的影响？对于贵行的发展会产生怎样的影响？

农行相关负责人：存款保险制度在完善金融体系和经营环境的同时，也为包括农行在内的我国商业银行改革发展提出新的挑战。一是短期冲击负债业务。尽管存款保险制度本质上有利于维持商业银行存款的长期稳定，但中短期内负债端管理与维护的成本会有一个不断上升的过程，这与存款人的逆向选择有关。二是加快综合化经营步伐。存款保险制度的建立以及随后实施的利率市场化改革的推进，将使得商业银行负债端资金来源不稳定性持续增加，综合管理难度不断加大，倒逼银行提升非信贷业务比重，寻求新的盈利增长点。三是增强市场化经营意识。存款保险制度使存款人的风险意识得到激发，市场退出机制也有利于提高商业银行稳健经营的积极性，都

在相当程度上强化了对商业银行的市场约束。四是影响银行盈利能力。尽管存款费率水平低于绝大多数国家起步时的水平和现行水平，但由于我国一般性存款余额较大，缴纳保费不可避免地会对银行财务管理和利润产生一定冲击。

徐蔓萱：存款保险制度的推出对于我国银行业经营产生的影响主要表现在：

一是利率市场化改革背景下，各类银行的风险溢价将在存款定价中体现出来。存款保险制度实施后，存款保障由隐性向显性转变，各类银行的信用风险开始出现差异，由于大型银行的信用风险较低，存款更有保障，将对中小银行的存款产生冲击，中小银行为了增加存款吸引力，阻止存款的流失，直接手段就是通过提高存款利率以弥补其在信用风险上的劣势。

二是现阶段存款保险保费支出对银行的盈利影响有限。当前执行的统一费率低于大部分国家费率水平，实施风险差别费率后，可能部分银行的费率将高于现有标准，但参考国际经验，当存款保险基金达到目标规模后，费率水平将大幅下降，因而，总体来说存款保险保费支出对银行的净利润、成本收入比影响有限。

三是大规模存款搬家风险可能性较低。从国际经验来看，各国在推出和实施存款保险制度过程中没有出现存款在金融机构之间大规模移动案例；从国内实际情况来看，一方面目前我国银行业整体经营状况良好，抵御风险能力较强，社会公众对银行充满信心，另一方面50万元最高偿付限额可以为绝大多数存款人提供全额保护，超过50万元的大额存款，由于存款人与银行保持较为

紧密的业务合作关系，存款稳定性较强，不会出现存款大搬家现象。

具体到浙商银行来看，存款保险制度建立后，以立法的形式保护存款人权益，增强了浙商银行的信用以及社会公众对浙商银行的信心。自5月份存款保险条例实施以来，浙商银行各项存款继续保持稳步增长趋势，未出现存款流失现象。

王欣：一是其法定性和可预见性增强了社会公众对银行业的信心，有利于保护存款人的利益，促进银行的稳健经营以及银行体系的整体稳定。二是其使不同规模的银行获得同等的公众信任，有利于促进公平竞争，增强中小银行竞争力，形成更加合理的金融体系格局。促进具有广覆盖、多网点的中小银行更好地扎根地方，服务实体经济，践行小微金融和普惠金融战略。三是其建立了市场化的风险补偿机制，合理分摊银行倒闭带来的财务损失，为银行建立安全有效的市场退出通道。

存款保险制度也在诸多方面给银行业带来了更高的挑战。一是保费的缴纳增加了银行的运营成本，银行经营利润和资本收益有所下降；二是竞争整合必然加速，银行业将更加开放、多元和创新，金融产品日益丰富，金融机构间合作日益复杂，对风险管控的要求进一步提高。

短期来看，中小型银行受其信用风险相对较高影响，存款稳定性可能会出现小幅度的波动；从长远来看，存款保险制度将敦促中小银行经营发展转型，提升中小银行群体市场竞争力，进一步完善我国的银行业层次体系，有效降低市场集中度。

存款保险制度为西安银行发展带来了新的机遇和挑战，敦促银行通过加快经营转型，进一步改善治理结构，加快产品创新，提高经营效率，提升风险管理水平，以更大的积极性和主动性向客户展示稳健经营的良好形象，提高社会信用度和市场竞争力。

课题组：对于存款保险制度的推出，您认为会对我国银行业的格局产生什么样的影响，是否集中度有所提高？大、中、小型银行和民营银行，您认为哪类银行会因存款保险制度的推出受益更多？

农行相关负责人：我国存款保险制度的建立，既借鉴了国际上的成功经验，又契合了我国的国情，特别是坚持循序渐进的原则，在分机构缴费、风险差别费率等关键问题上留有一定的缓冲时间，最大程度地避免制度设计不科学和不完善带来的风险。可以预见，存款保险实施初期，不会对整体银行业发展格局产生较大影响。

但另一方面，通过建立存款保险制度，完善金融机构市场化退出机制，可以为民营银行、中小银行的健康发展提供坚实的制度保障，长期来看存款保险对中小银行更为有利。一是增强信用。存款保险可以提升中小银行的信用，使小银行具备与大银行平等竞争的制度基础。二是增加存款。由于市场地位的限制，城商行、农商行、村镇银行等小银行吸储难度较大，在支付较高风险溢价的同时户均存款也较低，存款保险有利于小银行提升中小客户的平均存款余额。三是稳定发展环境。通过加强对存款人的保护，存款保险可以有效稳定存款人的预期，进一步提升市场和公众对银行体系的信心，增强整个银行体系的稳健性。

徐蔓萱： 目前，我国银行业基本形成多层次银行业机构格局，随着金融改革的不断深入以及金融机构退出机制的建立，不排除个别商业银行因经营不善而倒闭的可能，但在制度安排上，我国十分重视金融稳定，在危机发生时地方政府救助积极性依然很高，因此，银行破产风险较低，不会出现大范围的银行兼并重组，我国银行业的基本格局不会改变。

存款保险制度的推出对于改善我国金融生态环境具有重要意义，无论是大型银行还是中小型银行均可以从中受益。大型银行有国家信用作为保障，存款保险制度推出的必要性不是很大，总体上我们认为存款保险对中小银行更为有利。一方面，存款保险制度可以大大增强中小银行的信用，为其创造一个公平竞争的环境。另一方面，存款保险制度可以为中小银行创造一个稳健经营的市场环境。

课题组： 请问存款保险制度实施后，贵行存款的集中度将会如何变化？

徐蔓萱： 从浙商银行的存款结构来看，8月末，单位存款占各项存款的比例为96%，个人存款占各项存款比例仅为4%，个人零售存款占比过低，原因有两个：一是浙商银行物理营业网点较少，个人零售存款推动先天优势不明显；二是浙商银行仍处于发展阶段，还难以承受个人业务大规模的投入。2015年以来，浙商银行提出大力发展个人业务战略，相继推出增金宝等一系列产品，丰富和完善个人业务产品和渠道建设，加大

互联网金融投入，解决物理网点先天不足劣势。未来浙商银行的个人存款占比应进一步提高，存款集中度将趋于分散。

课题组： 您认为存款保险制度的正式实施，是否会带来国内银行业整体经营风险偏好的提升，是否会对贵行的经营产生影响？

农行相关负责人： 对金融风险而言，事前防范比事后处置更重要。从商业银行来讲，随着隐性担保的国家信用逐步让位于银行信用，如果经营不善或是作出错误决策，商业银行就面临退出市场的风险，这种危机感将迫使银行努力提高自身经营管理水平和服务质量，加大创新力度，健全治理结构。

从存款客户来讲，一方面，存款保险将减少银行的流动性风险，增强防范外部冲击的能力，进而提高存款人的信心。另一方面，限额偿付机制的确立，使大额存款人有动力也有能力筛选和监督各家商业银行的经营状况和服务质量，从而形成对商业银行的约束，倒逼银行改善经营管理水平，增强核心竞争力。

从监管机构来讲，未来根据不同金融机构的风险状况确定其差别费率，能够进一步完善金融运行的体制机制，提升金融机构的自我约束和内控管理，促进其稳健经营和健康发展。同时，存款保险基金管理机构为保障存款保险基金的安全，也将加强风险识别与预警，及时采取纠正措施，使风险早发现和少发生，有利于进一步提升银行体系的稳健性。因此，目前实施存款保险制度，并不会带来银行业整体经营风险偏好的改变。

徐蔓萱： 存款保险制度作为单一因素不会显著改变国内银行业整体经营风险偏好。为了加强市场约束，促进公平竞争，我国存款保险制度中增加了"风险差别费率"和"早期纠正"机制。对于风险较高的存款类金融机构适用较高费率，反之适用较低费率，将投保机构交纳的保费与风险挂钩，奖优罚劣，同时与早期纠正和风险处置措施相结合，尽早识别投保机构的风险隐患，及时干预，促使投保机构审慎经营，提高风险管理水平，避免因存款保险制度实施而带来国内银行业整体经营风险偏好的改变。

存款保险制度实施后，对浙商银行风险管控提出了更高的要求，浙商银行通过建立与全资产经营业务治理体系相适应的全面风险管理体系，注重风控与经营的匹配性，注重风控的有效性和策略性，坚持"全面、统一"的风险管理要求，不断提升整体风险管理水平。

王欣： 近年来，为缓解利差收窄的压力，各家银行纷纷加快创新转型，推动综合化经营，寻求新的盈利增长点。但在新的运营模式和盈利模式形成前的一定时期内，将会在现有盈利模式的惯性牵动和考核指标体系的导向下，迫于经营压力在高风险、高收益领域进行资产配置，以弥补负债成本上升引发的收益下降，行业性风险偏好趋于上升。

银行的风险偏好受经济形势、宏观政策、行业竞争等多重因素综合影响，存款保险制度在其中起到一定程度的作用。此外，未来差异保险费率的实施将对银行风险偏好形成制约，风险偏好上升和保费费率上升之间的博弈在一定程度上对

银行风险偏好上升形成约束。

课题组： 有观点认为，存款保险制度成立后，可以加快推进民营银行的设立，使得民营银行更好地服务于实体经济。从这个角度来说，存款保险制度的建立与放开民营银行准入可谓相辅相成。这对于四大行之一的农业银行哪些方面影响更大？

农行相关负责人： 从各国经验来看，存款保险制度的建立，是促进民营银行、中小银行发展的重要前提和条件。美国社区银行的健康发展，在很大程度上得益于美国存款保险制度的建立和完善。目前我国银行业供给过剩与供给不足并存，存款保险制度建立后，民营银行的设立将会提速，尽管因客户基础、业务结构、服务渠道等明显差异而对大型商业银行直接影响较小，但其对优化我国金融生态环境具有积极意义。

目前，中小微企业为经济作出的贡献与其所能获得的贷款授信相比相差较大。融资难、融资贵问题已经严重影响到了中小微企业的生存，进而对我国经济的发展起到了明显的阻碍。民营银行的设立，一方面能发挥贴近当地经济、便捷获取客户信息、决策链条较短等优势，提高中小微企业、"三农"、社区等金融服务的满足率；另一方面，在增加金融供给总量并建立多层次银行体系的同时，民营银行利用创新手段特别是互联网技术提高金融服务水平，能够倒逼传统银行改革。

课题组： 2015年，浙商银行首期大额存单产品成功发行，成为大额存单发行主体范围扩大后首家发行该项产品的全国性股份制银行。这是在

实施存款保险制度下，主动迎接利率市场化改革的一次成功实践。除此之外，贵行还做了哪些准备来应对存款保险制度的实施？

徐蔓萱：一是优化资产负债结构。围绕浙商银行战略目标和全资产业务经营要求，大力拓展低资本消耗、非传统的银行业务，提高非利息收入占比，进一步优化业务结构，提升中间业务、零售业务、新兴业务和金融市场业务收入占比，减少对传统业务依赖，结合自身特点发展特色、差异化业务，提高稳健经营能力和市场竞争力。

二是加强流动性风险管理。密切关注存款保险条例实施后市场反应和客户变化，重点监测大额资金流动、存款余额和结构等关键指标变动情况，制订应对预案，做好流动性风险管理，维护全行稳健经营。

三是加强负债管理。存贷比监管政策调整后，信贷市场与银行间市场的界限被打破，但仍不能过度依赖通过银行间市场融资解决一般存款流失产生的资金缺口的做法。接下来，浙商银行更加注重负债端管理，并根据负债的稳定程度不同和成本高低实施负债分层管理。

课题组：西安银行作为城商行的代表银行之一，始终秉承"立足地方、服务中小"的宗旨，您认为存款保险制度的推出对城商行有何重要意义？大、中、小型银行和民营银行，您认为哪类银行会因存款保险制度的推出受益更多？

王欣：存款保险制度对于中小银行尤其是民营银行意义重大。一是相对于大型银行，中小银行在信用、竞争力等方面存在天然劣势，存款保险制度使得中小银行存款和大型银行存款享有同样的法律保障，从而大大提高中小银行的社会信用和竞争力；二是存款保险制度有利于防止银行挤兑，创造一个稳健经营的市场环境。通过宣布明确的法律保障和及时偿付政策，有效稳定存款人的预期，进一步提高市场和公众对银行体系的信心，避免个别金融机构出现问题引发的风险，从而大大降低中小金融机构受到波及的概率；三是存款保险制度通过加强对存款人利益的保护和维护金融体系的稳定，能够有效缓解民营资本进入银行领域的顾虑，有助于降低银行业市场准入门槛，为民营银行的健康发展提供坚实的制度保障。

第二部分
发展战略

伴随着经济金融改革的持续深入，中国银行业顺应经济金融发展趋势，认真落实国家宏观调控政策，在经营管理、重点区域、重点客户等方面不断进行战略调整。

在当前经济步入新常态、利率市场化推进、金融脱媒加剧、互联网金融等新型金融形态快速生长的背景下，中国银行业将如何应对日趋激烈的竞争，发展战略将呈现哪些新特点，如何继续推进战略转型；中国银行业如何把握全球经济金融格局变化带来的战略机遇，提升国际化经营和金融服务能力。针对这一系列问题，我们对中国银行业2015年发展战略进行了深度调查。

一、 "深化经营特色，实施差异化竞争"再度成为银行战略调整重点

综合近年来的调查数据可以看出，"深化经营特色，实施差异化竞争"（78.6%）三年内两次（2013年、2015年）成为受访银行家们最为关注的战略调整重点，反映出随着银行业的不断发展和成熟，差异化竞争的重要性日益提高。"全面提升风险管控能力"也受到68.6%的银行家的重视，这表明在当前经济换挡期，防范风险是各家银行关注的重点。此外"提升内部精细化管理水平"（66.6%）首次成为银行关注的战略重点之一，这在很大程度上表明中国银行业正在从粗放式发展方式向精细化发展方式转型，通过精细化管理提高经营效益成为众多银行家的共同选择。值得一提的是，"发展互联网金融等创新业务"（32.9%）也成为银行家战略布局的一个新方向，这反映出银行家对待互联网金融的开放态度，认为商业银行应该积极拥抱"互联网+"，抓住新的发展机遇。

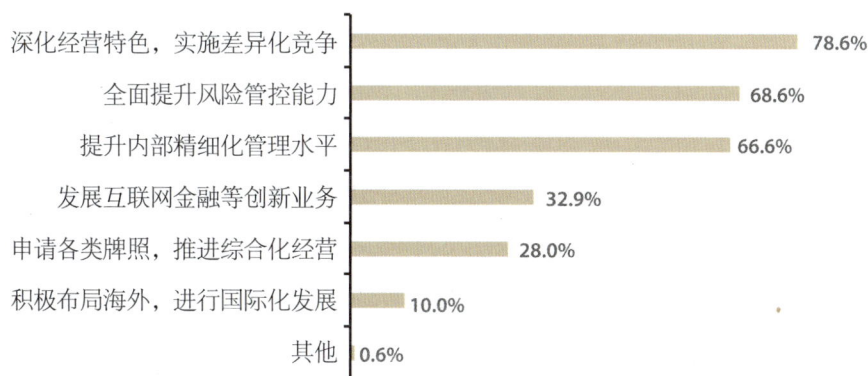

深化经营特色，实施差异化竞争　78.6%
全面提升风险管控能力　68.6%
提升内部精细化管理水平　66.6%
发展互联网金融等创新业务　32.9%
申请各类牌照，推进综合化经营　28.0%
积极布局海外，进行国际化发展　10.0%
其他　0.6%

图2-1　当前中国银行业的战略重点

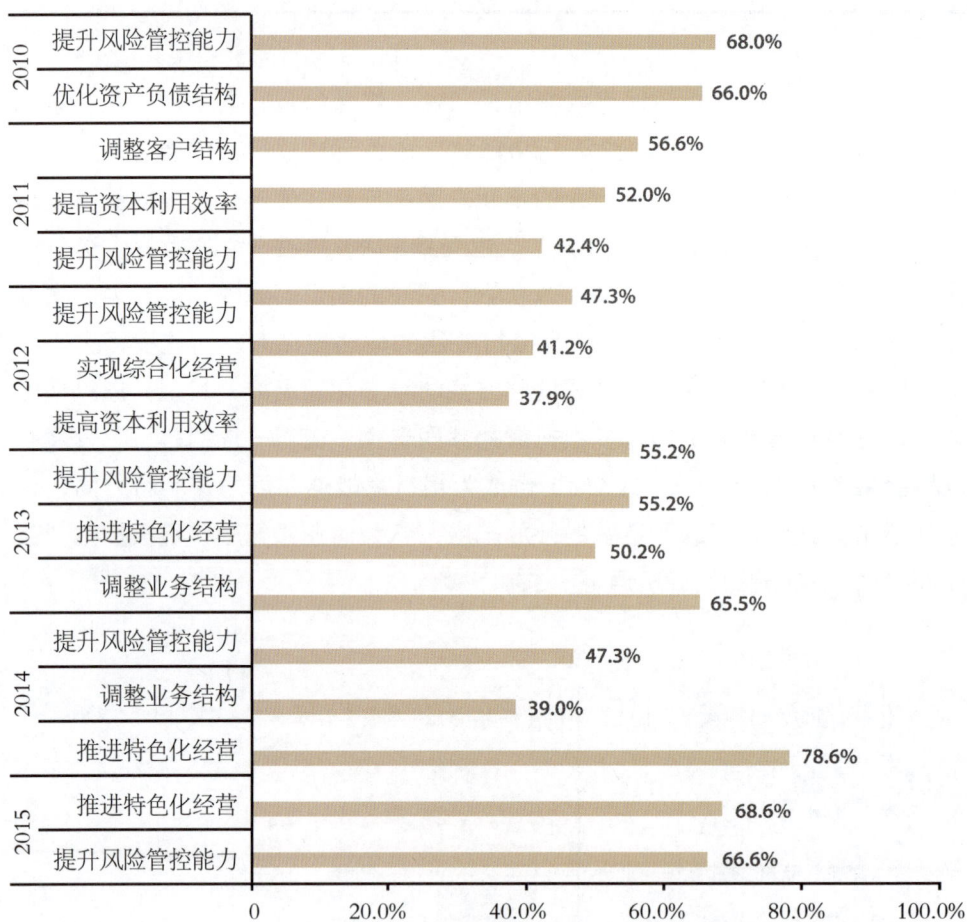

图2-2　2010—2015年中国银行业战略重点的变化

（图表数据）

年份	战略重点	百分比
2010	提升风险管控能力	68.0%
2010	优化资产负债结构	66.0%
2011	调整客户结构	56.6%
2011	提高资本利用效率	52.0%
2011	提升风险管控能力	42.4%
2012	提升风险管控能力	47.3%
2012	实现综合化经营	41.2%
2012	提高资本利用效率	37.9%
2013	提升风险管控能力	55.2%
2013	推进特色化经营	55.2%
2013	调整业务结构	50.2%
2014	提升风险管控能力	65.5%
2014	调整业务结构	47.3%
2014	推进特色化经营	39.0%
2015	推进特色化经营	78.6%
2015	提升风险管控能力	68.6%
2015		66.6%

一直以来中国银行业的经营战略存在普遍同质化倾向，不仅导致非理性的市场竞争，也限制了中国银行业的创新能力，并且无法满足金融市场日益差异化需求。实施差异化经营对中国银行业未来持续健康发展至关重要。对于实现差异化经营的关键点，本次调查中银行家把"战略定位"（82.0%）放在首要位置；其次，银行家也非常看重"市场定位"（81.5%）对差异化经营的作用；此外，"客户群体"（69.1%）和"产品体系"（65.0%）也同样受到银行家的重视。

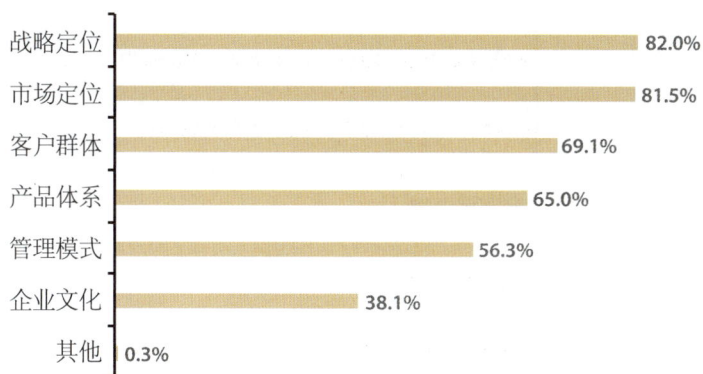

战略定位	82.0%
市场定位	81.5%
客户群体	69.1%
产品体系	65.0%
管理模式	56.3%
企业文化	38.1%
其他	0.3%

图2-3　实现银行业差异化经营的关键点

"十三五"规划建议中提出要推动区域协调发展，推动城乡协调发展。在区域定位中银行家的选择充分体现了对区域经济和城乡发展一体化的重视。七成多的银行家将"经济发达地区的中小城市"（73.2%）看做是下一步发展的重点地区，相较于2014年（55.1%）来说这些地区受重视程度进一步提升。"经济发达地区的大城市"（47.3%）重视程度较2014年（17.4%）也得到了明显提升，与"县域和小城镇"（48.7%）并驾齐驱，位列重点布局的次要区域。

具体到不同类型银行，在区域选择上存在一定的差异性。大型商业银行和股份制商业银行都把"经济发达地区的中小城市"和"经济发达地区的大城市"放在首要发展区域，大型商业银行选择上述两区域的占比分别为78.2%和65.5%，股份制商业银行占比分别为78.2%和65.3%。农村中小金融机构则表现出对"县域和小城镇"以及"农村"的青睐，其中选择"县域和小城镇"和"农村"的占比分别为85.6%和76.8%。

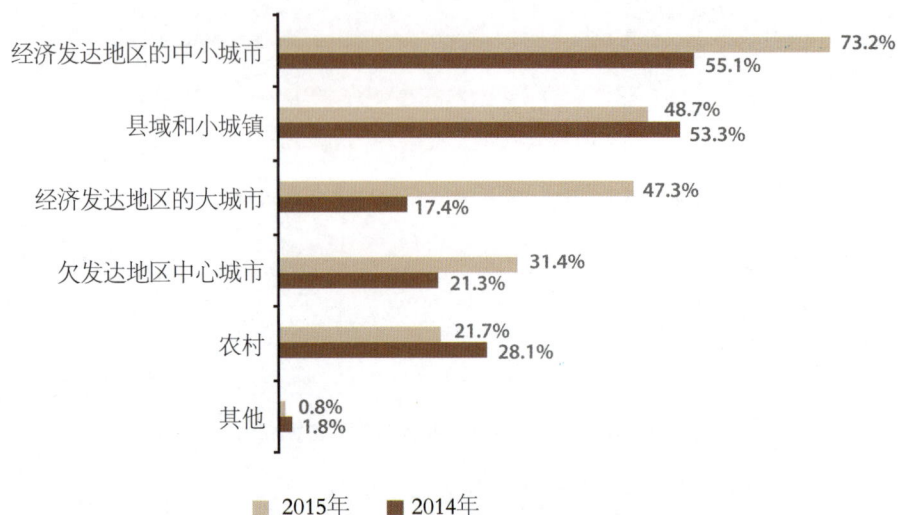

经济发达地区的中小城市 73.2% / 55.1%
县域和小城镇 48.7% / 53.3%
经济发达地区的大城市 47.3% / 17.4%
欠发达地区中心城市 31.4% / 21.3%
农村 21.7% / 28.1%
其他 0.8% / 1.8%

■ 2015年 ■ 2014年

图2-4 2014—2015年中国银行业下一步战略重点区域

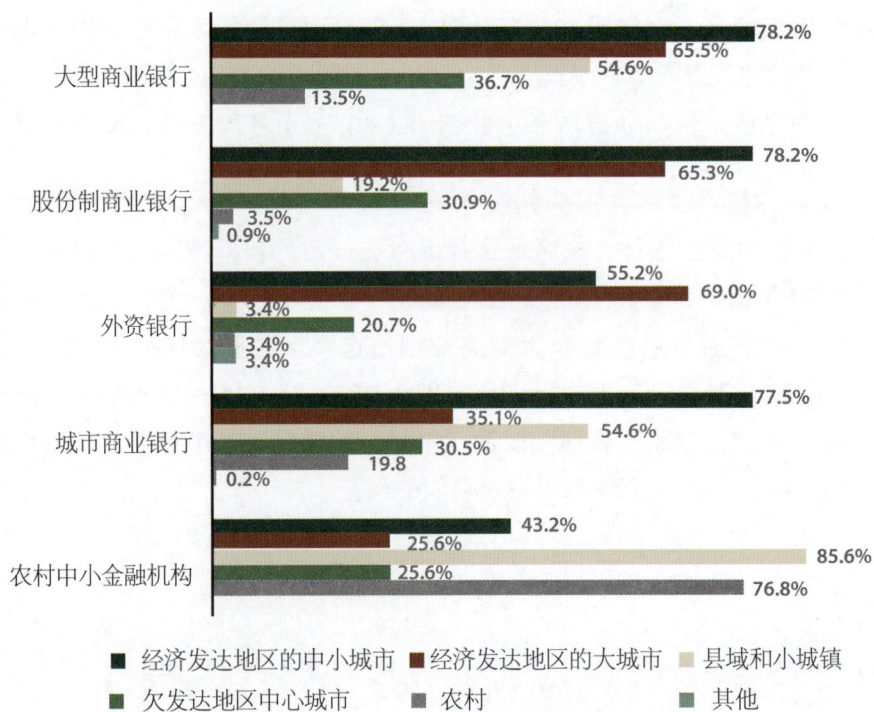

大型商业银行 78.2% / 65.5% / 54.6% / 36.7% / 13.5%
股份制商业银行 78.2% / 65.3% / 19.2% / 30.9% / 3.5% / 0.9%
外资银行 55.2% / 69.0% / 3.4% / 20.7% / 3.4% / 3.4%
城市商业银行 77.5% / 35.1% / 54.6% / 30.5% / 19.8 / 0.2%
农村中小金融机构 43.2% / 25.6% / 85.6% / 25.6% / 76.8%

■ 经济发达地区的中小城市 ■ 经济发达地区的大城市 县域和小城镇
■ 欠发达地区中心城市 ■ 农村 ■ 其他

图2-5 2015年各类银行下一步战略重点区域

对于客户群的选择，仍然延续了过去两年的特征。"小微企业客户"（86.9%）、"高净值个人客户"（70.3%）和"中型企业客户"（50.0%）依旧位列重点客户群的前三甲。除了受到政策号召和大型企业客户竞争激烈等因素外，客户利润贡献度高可能也是银行家持续看重小微企业客户的原因之一；而高净值个人客户金融资产等可投资资产总值较高，投资理财意愿强烈，金融需求多元化，是商业银行重要的潜在客户群，因此受到银行家的普遍看重。

具体到不同类型的银行，对于重点客户的选择也存在些许差别。大型商业银行更加侧重于"高净值个人客户"（80.0%）、"中型企业客户"（76.0%）和"小微企业客户"（72.0%）；农村中小金融机构在以"小微企业客户"（92.2%）和"高净值个人客户"（67.2%）为重点发展对象之外，还对"一般个人客户"（43.8%）予以重视；外资银行则更加看重"大型企业客户"（76.9%）、"高净值个人客户"（61.5%）以及"金融机构客户"（61.5%）。这体现出不同类型银行在客户群定位的差异上已经初见雏形。

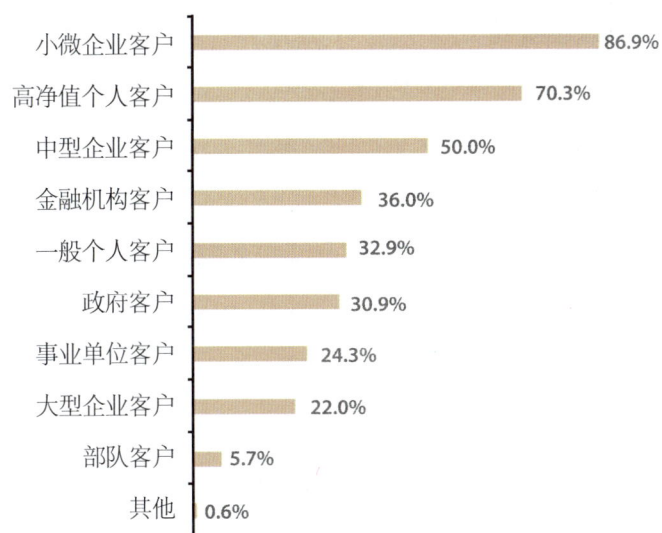

客户群	百分比
小微企业客户	86.9%
高净值个人客户	70.3%
中型企业客户	50.0%
金融机构客户	36.0%
一般个人客户	32.9%
政府客户	30.9%
事业单位客户	24.3%
大型企业客户	22.0%
部队客户	5.7%
其他	0.6%

图2-6　2015年中国银行业下一步重点发展的客户群

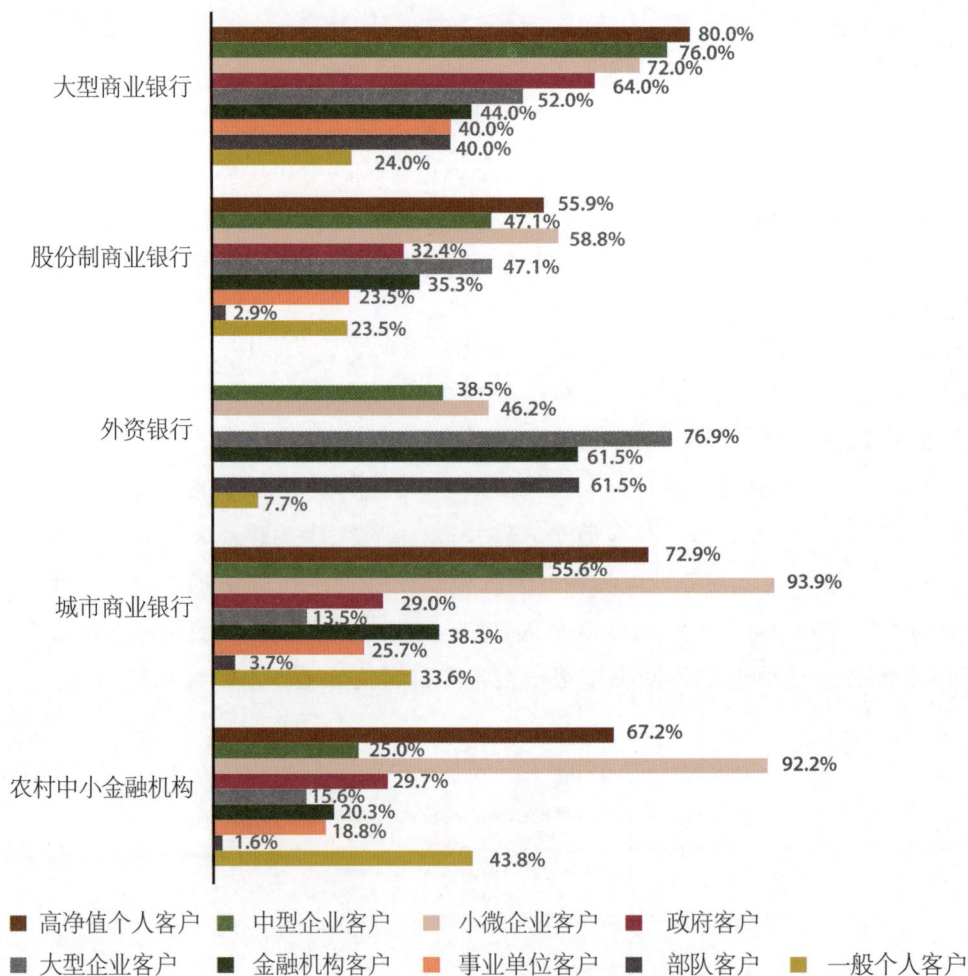

图2-7 2015年各类银行下一步重点发展的客户群

大型商业银行
- 80.0%
- 76.0%
- 72.0%
- 64.0%
- 52.0%
- 44.0%
- 40.0%
- 40.0%
- 24.0%

股份制商业银行
- 55.9%
- 47.1%
- 58.8%
- 32.4%
- 47.1%
- 35.3%
- 23.5%
- 2.9%
- 23.5%

外资银行
- 38.5%
- 46.2%
- 76.9%
- 61.5%
- 61.5%
- 7.7%

城市商业银行
- 72.9%
- 55.6%
- 93.9%
- 29.0%
- 13.5%
- 38.3%
- 25.7%
- 3.7%
- 33.6%

农村中小金融机构
- 67.2%
- 25.0%
- 92.2%
- 29.7%
- 15.6%
- 20.3%
- 18.8%
- 1.6%
- 43.8%

图例：
- ■ 高净值个人客户
- ■ 中型企业客户
- ■ 小微企业客户
- ■ 政府客户
- ■ 大型企业客户
- ■ 金融机构客户
- ■ 事业单位客户
- ■ 部队客户
- ■ 一般个人客户

二、中国银行业面临多重压力，信用风险防范难度凸显

随着宏观经济增速有所放缓，企业经营压力普遍增大，银行系统不良贷款余额和不良贷款率均有所提升，信用风险防范难度凸显。调查结果显示，近八成的银行家认为"信用风险防范，控制不良资产"（79.7%）是2015年银行业面临的最大压力。此外，超过六成的受访银行家表示在"增加存款"（63.4%）和"维持净息差水平"（62.5%）方面也存在较大压力。

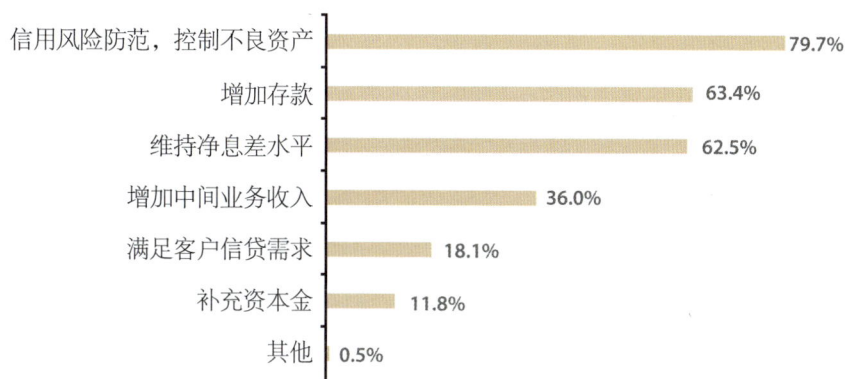

图2-8　2015年中国银行业面临的压力

三、综合化经营趋势明显，风险管控能力与综合化人才缺乏成为主要制约因素

在社会融资结构不断优化，间接融资占比下降，直接融资占比上升的趋势下，综合化经营在不少银行战略图谱中占据了举足轻重的地位。银行业对投贷联动业务的尝试就是在日益激烈的竞争中积极开展综合化经营的一种探索与创新。

调查结果显示，银行选择进行综合化经营是基于多方面的考虑。"满足客户多元化、综合化需求，为客户提供全方位的综合金融服务"（88.3%）是银行家最看重的原因。随着我国中产阶级人数增多，投资理财观念日益深入，客户需求不断朝着多元化、个性化发展。以客户为中心，满足客户多元化需求成为银行综合化经营的首要驱动力。此外，"扩大营收渠道，寻找新的利润增长点"（81.9%）；"应对金融脱媒、利率市场化等外部环境变化和挑战"（81.8%）；"业务多元化，降低经营成本、分散风险"（68.3%）都被银行家列为其开展综合化经营的原因。在当前存贷利差持续收窄，传统经营模式难以为继形势下，提供综合化服务，拓宽服务项目，可以帮助商业银行有效降低金融交易成本，增强盈利能力，获得规模经济与范围经济。

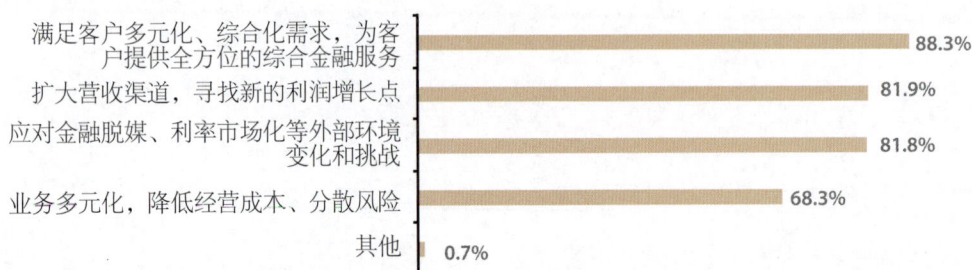

项目	百分比
满足客户多元化、综合化需求，为客户提供全方位的综合金融服务	88.3%
扩大营收渠道，寻找新的利润增长点	81.9%
应对金融脱媒、利率市场化等外部环境变化和挑战	81.8%
业务多元化，降低经营成本、分散风险	68.3%
其他	0.7%

图2-9　银行开展综合化经营的原因

对于优先考虑的综合化经营方向，"消费金融"（70.8%）和"金融租赁"（59.2%）是过半数银行家优先考虑的方向。这与消费金融和金融租赁公司目前准入门槛相对较低，监管审批相对宽松不无相关。并且消费金融和金融租赁业务与商业银行传统业务相似度高，开展难度相对较低，是商业银行试水综合化经营很好的切入点。此外，外资银行在优先考虑综合化经营方向上将"消费金融"（55.2%）和"证券"（51.7%）视为重要方向。从侧面体现出银行开展综合化经营与自身定位的切实结合。

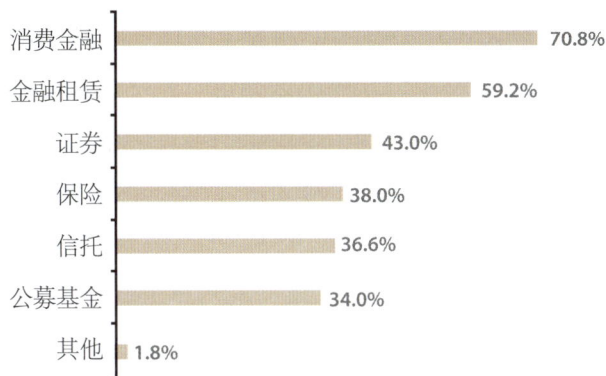

消费金融　　　　　　　70.8%
金融租赁　　　　　59.2%
证券　　　43.0%
保险　　38.0%
信托　36.6%
公募基金　34.0%
其他　1.8%

图2-10　银行优先考虑综合化经营的方向

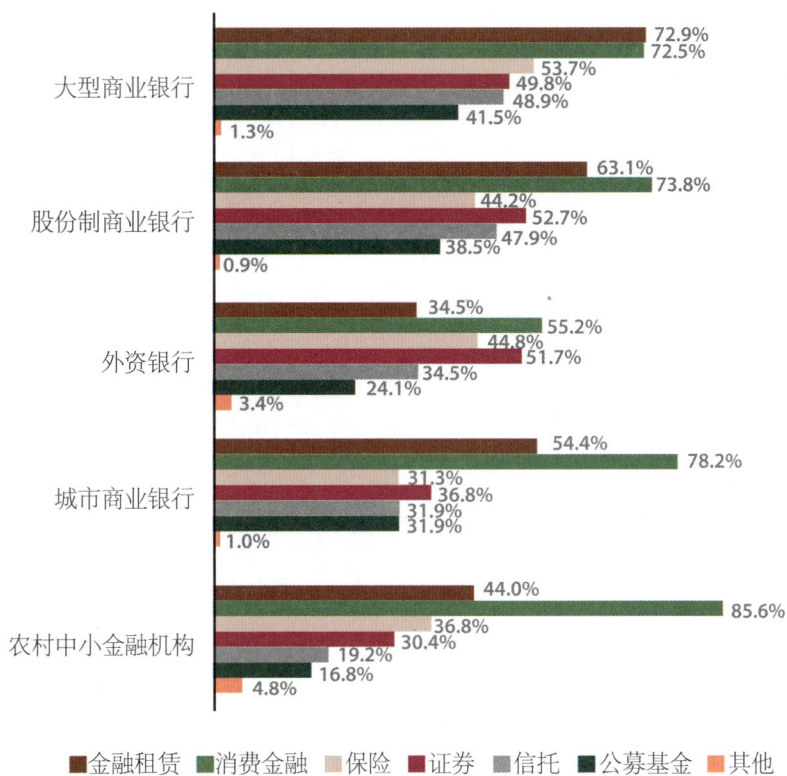

大型商业银行
72.9%
72.5%
53.7%
49.8%
48.9%
41.5%
1.3%

股份制商业银行
63.1%
73.8%
44.2%
52.7%
47.9%
38.5%
0.9%

外资银行
34.5%
55.2%
44.8%
51.7%
34.5%
24.1%
3.4%

城市商业银行
54.4%
78.2%
31.3%
36.8%
31.9%
31.9%
1.0%

农村中小金融机构
44.0%
85.6%
36.8%
30.4%
19.2%
16.8%
4.8%

■金融租赁　■消费金融　保险　■证券　信托　■公募基金　■其他

图2-11　各类银行优先考虑综合化经营的方向

对于银行开展综合化经营面临的主要困难，"经营风险复杂化，全面风险管理能力欠缺"（71.4%）和"综合化人才缺乏，无法支持业务开展"（70.3%）是银行家认为综合化经营主要的两大障碍。究其原因主要体现在两个方面：一方面，我国金融生态环境仍不健全，相关法律法规尚未跟上综合化经营的发展步伐；另一方面，由于中国银行业过去经营模式单一，现在要"变被动为主动"实行综合化转型，难免缺乏战略协同、跨领域经营管理的人才。

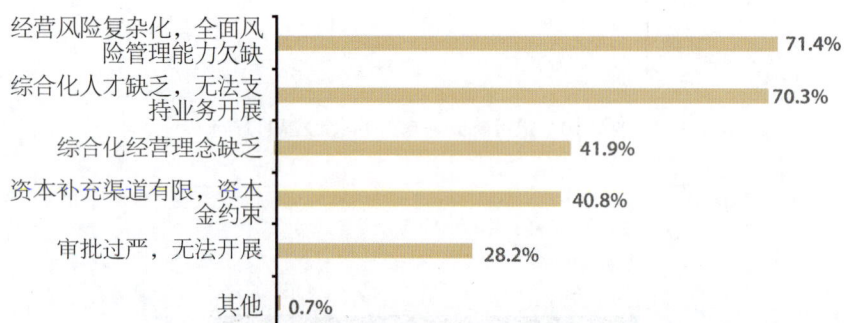

经营风险复杂化，全面风险管理能力欠缺	71.4%
综合化人才缺乏，无法支持业务开展	70.3%
综合化经营理念缺乏	41.9%
资本补充渠道有限，资本金约束	40.8%
审批过严，无法开展	28.2%
其他	0.7%

图2-12　银行开展综合化经营面临的主要困难

四、信用卡、银行理财、互联网金融成为银行设立子公司的主要倾向

为契合银行业混合所有制改革，银行业务分拆设立子公司大幕已经开启，业务拆分也是实现综合化经营的重要途径。目前信用卡（40.9%）、银行理财（39.7%）等业务较为市场化，其运作比较成熟，成为许多银行家选择的业务拆分首要倾向。而互联网金融（39.1%）由于其特点鲜明、业务相对独立，也被银行家认为适合设立子公司进行独立运营。

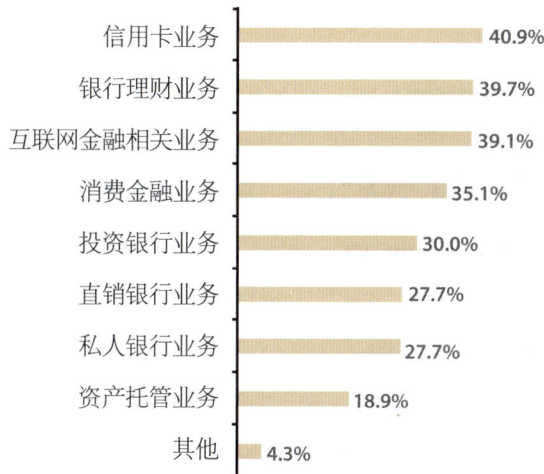

信用卡业务　　　　　　40.9%
银行理财业务　　　　　 39.7%
互联网金融相关业务　　 39.1%
消费金融业务　　　　　 35.1%
投资银行业务　　　　　 30.0%
直销银行业务　　　　　 27.7%
私人银行业务　　　　　 27.7%
资产托管业务　　　　　 18.9%
其他　　　　　　　　　 4.3%

图2-13　银行家对设立子公司独立运营业务的倾向

此次调查报告显示，对于设立子公司独立运营的倾向，整体银行家的选择相对分散，但不同银行类型的银行家选择又相对集中。来自大型商业银行和股份制商业银行的银行家在子公司设置上有较明确的倾向：大型商业银行倾向于"互联网金融相关业务"（80.0%）、"信用卡业务"（68.0%）和"投资银行业务"（52.0%）；股份制商业银行倾向于"信用卡业务"（91.2%）、"私人银行业务"（88.2%）、"银行理财业务"（70.6%）和"互联网金融相关业务"（67.6%）。而来自城市商业银行以及农村中小金融机构银行家的选择比较分散，反映出中小型金融机构在运营理念上存在差异。

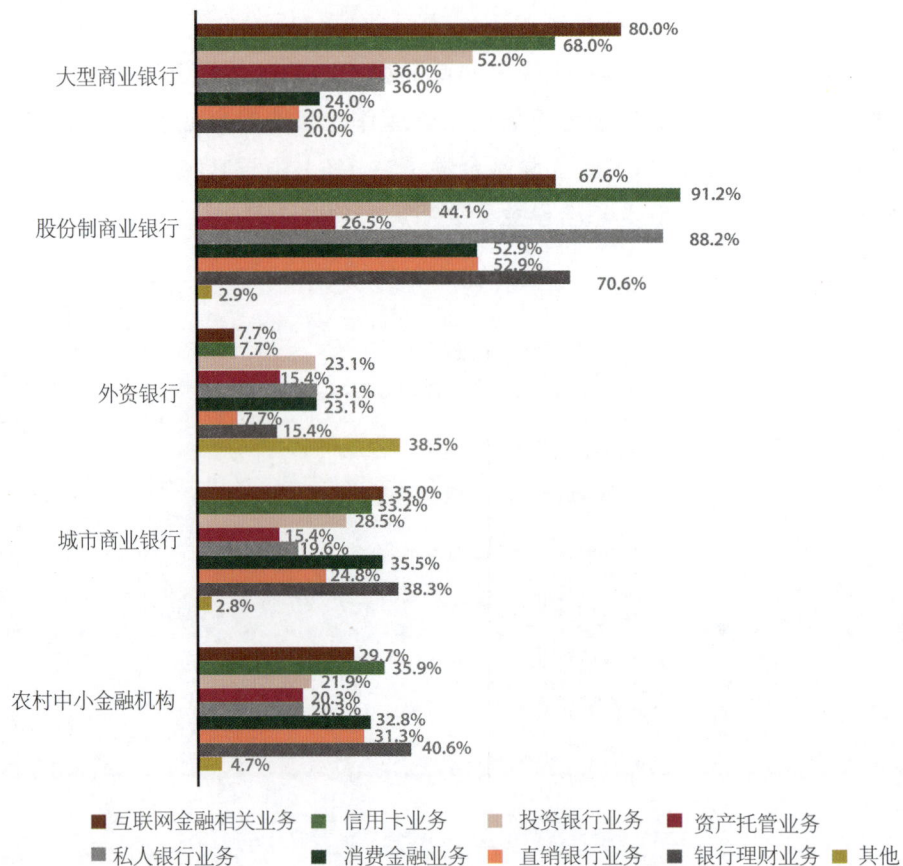

图2-14　各类银行设立子公司独立运营的倾向

大型商业银行
- 80.0%
- 68.0%
- 52.0%
- 36.0%
- 36.0%
- 24.0%
- 20.0%
- 20.0%

股份制商业银行
- 67.6%
- 91.2%
- 44.1%
- 26.5%
- 88.2%
- 52.9%
- 52.9%
- 70.6%
- 2.9%

外资银行
- 7.7%
- 7.7%
- 23.1%
- 15.4%
- 23.1%
- 23.1%
- 7.7%
- 15.4%
- 38.5%

城市商业银行
- 35.0%
- 33.2%
- 28.5%
- 15.4%
- 19.6%
- 35.5%
- 24.8%
- 38.3%
- 2.8%

农村中小金融机构
- 29.7%
- 35.9%
- 21.9%
- 20.3%
- 20.3%
- 32.8%
- 31.3%
- 40.6%
- 4.7%

图例：
- 互联网金融相关业务
- 信用卡业务
- 投资银行业务
- 资产托管业务
- 私人银行业务
- 消费金融业务
- 直销银行业务
- 银行理财业务
- 其他

五、服务"一带一路"等国家战略是中国银行业国际化的首要关注点

中国银行业开办国际业务由来已久，尤其在近年来取得了快速的发展。当前中国企业"走出去"和人民币国际化的不断加速，为银行业国际化提供了更为广阔的机会。

此次调查中，七成银行家认为"服务'一带一路'等国家战略"（73.4%）是中国银行业进行海外发展的首要关注点。其次，"不断优化产品和业务模式，服务中资企业'走出去'"（62.6%）和"国际化专业人才培育与建设"（58.6%）也广受关注。这表明，中国银行业的海外发展，不仅是追随国家经济发展战略，也非常关注对客户的服务，以及自身产品、服务、人才等各方面的建设和提升。

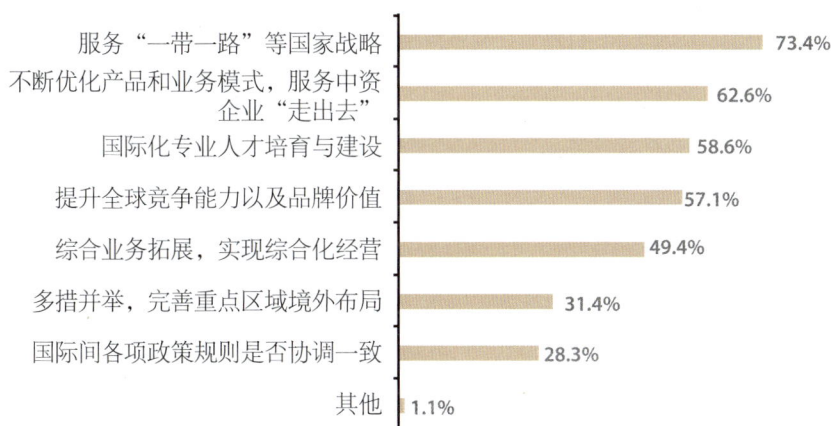

服务"一带一路"等国家战略	73.4%
不断优化产品和业务模式，服务中资企业"走出去"	62.6%
国际化专业人才培育与建设	58.6%
提升全球竞争能力以及品牌价值	57.1%
综合业务拓展，实现综合化经营	49.4%
多措并举，完善重点区域境外布局	31.4%
国际间各项政策规则是否协调一致	28.3%
其他	1.1%

图2-15　中国银行业海外发展重点关注点

对于国际化过程中可能面临的挑战，大多数银行家认为，"自身业务发展还不够完善"（76.7%）和"海外经营形势更加复杂"（76.6%）对银行业国际化战略的威胁最大。这反映出当前国际经济环境的分化态势加大了中国银行业"走出去"的风险，也映射出中国银行业与欧美发达国家银行同业相比还略显稚嫩，应对国际复杂形势的能力和自身业务发展能力有待提升。

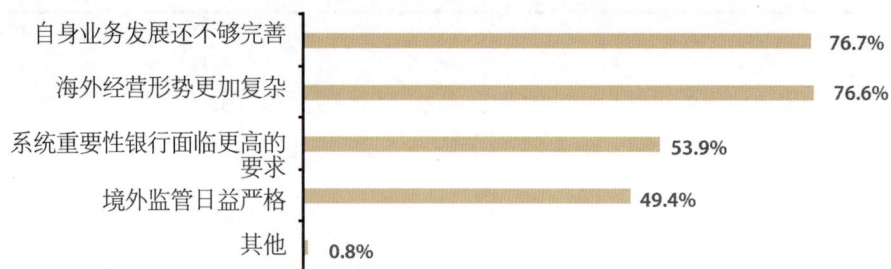

自身业务发展还不够完善 ——— 76.7%

海外经营形势更加复杂 ——— 76.6%

系统重要性银行面临更高的
要求 ——— 53.9%

境外监管日益严格 ——— 49.4%

其他 ▌ 0.8%

图2-16　中国银行业国际化进程中面临的挑战

访谈手记之二

中国邮政储蓄银行副行长邵智宝、北京农商银行行长助理田晖谈银行业支持"大众创业、万众创新"

课题组：您认为"大众创业、万众创新"最需要哪些金融支持和保障？

邵智宝（中国邮政储蓄银行）：一是丰富创业融资新模式。要支持互联网金融发展，引导网络借贷平台规范发展，鼓励小微企业和创业者通过股权众筹等方式募集资金；丰富完善创业担保贷款政策，支持保险资金参与创业创新；探索灵活多样的抵押和担保机制，建立适合大众创业的抵押担保方式。

二是建立和完善创业投资引导机制。建立科技型中小企业创业投资引导基金、融资型担保机构和公共服务平台，通过市场机制引导社会资金和金融资本支持创新创业。做大直接融资平台，重点支持种子期、初创期的科技型中小微企业。

三是创新银行支持方式。通过实施差别化的存款准备金率、存款保险费率、税收政策等方式，鼓励银行加大对科技型小微企业的信贷支持。推动银行与其他金融机构加强合作，对创业创新活动给予有针对性的股权和债权融资支持。推动银行发展投贷联动、投保联动、投债联动等新模式。

四是拓宽创业投资资金供给渠道。建立和完善适应经济新常态下大众创业需要的普惠金融组织体系。适度放宽小微金融机构设立的条件，完善"创业投资＋债券投资＋上市融资"的投融资体系，拓宽创业企业投融资渠道。

课题组：您如何看待银行支持"大众创业、万众创新"？银行在支持"大众创业、万众创新"应发挥什么作用？

邵智宝："大众创业、万众创新"正在成为我国经济发展的新动力，商业银行在其中具有义不容辞的责任。但创业企业通常很难满足银行对客户的要求。银行应当发挥的作用主要有四个方面。一是要大力倡导普惠金融服务理念。深刻认识到支持"大众创业、万众创新"的意义，使大众创业中涌现出来的各类小微企业发展壮大。二是加快金融产品创新步伐。开发适应小微企业特征的金融产品，对创业创新活动给予有针对性的资金支持。同时，针对不同小微客户经营特点，积极向企业提供结算、融资、理财、咨询等一站式系统化的金融服务。三是简化信贷流程，优化服务模式。在有效防控风险的前提下，适当下放审批权限，放宽贷款核准条件，简化贷款审批程序。同时，要充分运用大数据、云计算等技术，挖掘互联网金融潜力。四是创新适合大众创业的抵押担保方式，扩大抵押物范围。逐步转变以不动产抵押为重心的授信模式，破解大众创业抵押难、融资难的问题。

田晖（北京农商银行）：推动"大众创业、万众创新"是中国在创新全球化和新一轮科技革命的机遇和挑战做出的重要部署。银行业应抓住新的市场机遇、积极应对新形势下的风险与挑战，以改革创新更好地服务大众创新。

例如，北京农商银行坚持"立足首都、服务'三农'、服务企业、服务百姓"的市场定位，不断深化改革创新、逐步转变发展方式、调整全行信贷结构。将小微业务作为全行发展的战略重点，为全行小微业务的精细化管理奠定了基础。此外，对于北京国企产业链上的一些中小企业，分别设了相关机构做好相关工作。同时，加大社区银行发展力度，推进互联网金融发展，为大众创新创业提供更便捷的服务。

课题组：相比成熟企业，创新创业型小企业风险相对较高，贵行对此在风险管理上有何措施？如何平衡风险和收益？

邵智宝：首先要加强风险管理措施。一是在产品设计方面坚持稳健性原则。二是严把准入关，在审贷分离的原则下，适当调整审批制度。三是高度重视贷后检查工作。四是依靠先进的计算机系统，持续开展风险监测和数据分析。五是对客户风险特征信息进行系统筛选，有的放矢地进行风险排查和现场检查。六是持续开展高风险客户退出、分支行月度风险预警，对不良贷款重点客户实行名单制管理。

其次，要平衡好风险和收益的关系。一是坚持小额分散的客户开发理念，实现风险和收益的平衡。二是根据机构能力进行差异化授权，机构

能力和权限相匹配，管控风险的同时拓展收益。

课题组：贵行作为国内拥有营业网点最多，服务客户量最多的银行，针对"大众创业、万众创新"有何针对性的产品和业务，其特点和优势是什么？贵行重点看好哪些行业和领域？

邵智宝：（一）针对性的产品和业务。在支持"大众创业、万众创新"方面，邮储银行不断创新金融产品，丰富创业创新融资模式。一是引入政府增信机制，健全"政银"合作产品序列。结合政府小微金融扶持政策，创新政府增信、政府账款担保、政府推荐、政府补贴四大"政银"合作模式，研发了包括对接工信、税务、政采等政府部门的专项产品。二是加强担保创新体系建设，推进产品创新机制。积极引入"三农"特色押品，借以解决广大农村市场融资担保物不足的问题；进一步拓宽质押品的准入范围，满足双创主体的多元融资需求；积极创新了小微企业税贷通信用贷款业务。三是发展投贷联动，拓宽创业投融资渠道。积极以资本市场为依托，为新三板中小科技企业提供债权融资、股权融资、咨询顾问等系列金融服务。融资产品多式样，整体综合融资金额根据企业资质不设上限。

（二）特色和优势。一是全主体覆盖。拥有近4万个实体网点，覆盖了我国100%的城市和98%的县域地区，填补了200多个乡镇的金融服务空白，电子银行客户过亿人。二是全产品序列。目前，针对小微客户经营特点，不断创新担保方式，充分满足初创型、成长型和成熟型小微企业创新创业的特色需求。三是全周期支持。在小微金融实践中，始终坚持"进步，与您同步"的发展理念，创造性地研发贴合满足不同主体全生命

周期融资需求的全国性和区域性产品。

（三）看好的行业和领域。按照国家"十三五"规划，"一带一路"、"京津冀经济圈"、"长江经济带"、"自由贸易区"等区域发展战略，《中国制造2025》行业导向，未来节能环保、清洁能源、航天工业、现代农业、交通运输业（包括新能源汽车、铁路、港口、智慧城市、游轮运输）、医药卫生（包括医疗信息化、生物医药、医疗器械）、TMT（互联网+）等行业以及产业转型升级，资源环境和生态保护，人口健康发展，新型城镇化创新发展等领域将成为"十三五"期间建设的重点和发展方向，邮储银行也将进一步加大对这些行业和领域的金融支持力度。

课题组： 2014年起，邮储银行连续两年与共青团中央合作举办"邮储银行杯"中国青年涉农产业创业创富大赛，迄今已完成数亿元银行贷款与授信。这项活动是否为贵行支持"大众创业、万众创新"提供了便利？

邵智宝： 2010年以来，邮储银行连续5年在全国举办创富大赛系列活动，特别是2014年首次与团中央、农业部、广东省政府联合举办，有效撬动、整合各方资源，培育形成了"帮扶小微企业、助力百姓创业创富"的良好氛围。

一是创业服务优。自2014年起，邮储银行组织专家、学者、企业家组成"创富导师团"，开展"创富论坛"、"幸福创富下乡行"、创富考察、创富培训等配套活动。培育出"贺根牛肉"、"免洗净菜"、"墙体绿化"等一大批有影响力的创业项目。二是创富效果强。举办五年

来，邮储银行创富大赛吸引了数十万人咨询、报名，官方微博的粉丝数量超过30万，报名参赛项目几乎覆盖全部主流创业领域，在全社会掀起了一股创富热潮。

下阶段，将与共青团中央、中国银行业协会合作，继续举办创新创业创富大赛，打造以"一个联盟、四大平台"为基础的创富综合平台。逐步构建一个由多部门、多企业参与，面向多层次、多领域创新创业企业、支持小微企业发展的"生态圈"。

课题组： 中国邮政储蓄银行立足于服务"三农"、服务中小企业、服务社区，请问农村地区的中小企业与城市地区相比有何不同？银行在开展农村中小企业相关业务时有什么需要特别注意的地方？

邵智宝： 城乡中小企业的差异集中体现在"两少两弱"上：一是融资渠道少，金融供需矛盾突出。二是有效抵质押物少，一些资产无法办理相关资产的抵押备案登记手续。三是抵御风险能力弱。四是信息披露弱，信息不对称严重。

在服务农村中小企业方面，邮储银行的成功实践提示商业银行要注意以下五点坚持：一是要坚持普惠金融的原则。要放下架子、扑下身子服务农村实体经济；要熟悉农村、了解涉农产业，与农村小微企业有感情；要关注农村弱势群体和经济工作薄弱环节金融服务、金融产品的可获得性。二是要坚持商业可持续。在注重包容性的同时，强调满足商业可持续，这也是商业银行区别于财政转移支付及公益组织等的重要属性。三是要坚持创新发展。进行机构创新、产品创新、制

度创新和技术创新。四是要坚持稳健经营。秉承"研究风险先于业务"开办，实现风险管理与业务发展的平衡推进。五是要坚持合作共赢。注重加强与政府和其他机构的合作，对接政府政策、小微信贷风险补偿基金。

课题组：贵行认为支持"大众创业、万众创新"能否促进"京津冀一体化"战略的实施？

田晖：客观分析风险的同时，"大众创业、万众创新"将为京津冀协同发展下的首都经济带来巨大机遇。京津冀协同发展持续推进，将促使三地的商品、要素和资源更好地流通、交易和整合、共享，本地资源的"走出去"和津冀资源的"走进来"都将为银行创造更多的金融服务需求，更为银行"走出去"提供有利条件。

课题组：北京农商银行作为一家全国领先的农商行，认为农商行在与其他银行相比，在支持"大众创业、万众创新"方面有何优势？

田晖：北京农商银行一直涉农服务，网点多，产品丰富，能够满足新需求。农村还有熟人文化，以前大家对农信社比较熟，以后的信息来源可能还是通过这种熟人调查获取，因此要在原有的体系下通过模型建立方式，使得管理定量性。另一个工作就是，通过熟人文化，形成"政府一银行一农村"政策传递，与农委配合。农村就是两种方式，一种是自己干，另一种就是土地包出去，让大企业承包。

与其他银行相比，北京农商银行具有以下优势：一是点多面广，服务触角广阔。二是立足"三农"，亲农亲民情深。在很多的乡镇，北京农商行是唯一的金融机构。三是服务本土，优惠政策良多。在政策争取上更有优势。开辟业务绿色通道，在信贷资源异常紧张时，对中小微业务始终保证优先处理、优先放款。四是经营链条短，工作效率高。北京农商银行总支两级的经营结构，比一般银行链条短，形成一个很好的小微保障支持。

课题组：北京农商银行的定位是"立足城乡、服务'三农'、服务中小企业、服务市民百姓"。请问农村地区的创业创新型中小企业有何特点？向他们提供金融服务的过程有没有特别需要注意的地方。

田晖：农村地区的创业创新型中小企业的特点：一是规模小且分散。二是经营组织形式单一，缺乏有效的管理和营销体系。三是中小企业对于农业劳动力约束力弱，主要依赖家族、血缘关系。四是中小企业创业资源短缺，直接控制的内部资源不足。

面对新形势下农村创业群体的强烈融资需求，需要加大对互联网金融的创新力度，推动业务模式创新。目前，北京农商银行在互联网金融创新方面主要有两方面重点工作。一是推动"棉e贷"产品落地。"棉e贷"是指与全国棉花交易市场开展合作，通过电子网络系统平台为全国棉花交易市场会员提供仓单质押模式的融资服务。二是与燕京啤酒合作，研究探索对其上游客户等异地企业提供网络融资服务。

课题组：北京农商银行是北京市拥有最多网点的银行，金融服务覆盖北京所有182个乡镇，请问北京市的创业创新型中小企业有何特点？

田晖：一是创新精神，创业过程包括新的产品或新的服务的诞生，对科技成果实现产业化和新发明、新产品孕育起着重要作用。二是风险相对较高，这类企业存在着资源、实力等众多方面的先天不足，抗风险能力较弱。三是北京市大力推动科技文化双轮驱动，所以北京市存在更多的科技含量较高、文化属性强的中小企业。

第三部分
业务发展

　　随着中国银行业各项业务创新的发展，同业竞争日趋激烈，业务重点稳中有变，在国家政策的带动下，城市基础设施业成为信贷支持的首选行业。在公司金融业务中，小微企业贷款、供应链融资、资产证券化受到银行家的广泛重视，资产证券化的重要性稳步攀升。个人消费贷款仍然是个人金融业务的重点，同业业务重点则回归到传统的同业存拆放业务，投行业务与资产管理业务日益成为推动银行业务转型的重点。

一、大型商业银行与股份制商业银行在银行家眼中更具竞争优势

在对银行未来三年业务竞争力提升最快的业务领域调查中，大型商业银行和股份制银行的各类业务竞争力总体仍然较强，城市商业银行、外资银行、政策性银行、农村银行类金融机构、民营银行具有不同的业务特色。

与其他几类银行相比，大型商业银行和股份制银行的各项业务发展较为均衡。大型商业银行是我国长期以来占据主导地位的金融机构，在资产业务和负债业务等传统业务领域占据行业龙头地位，也是未来竞争力提升最快的业务领域。股份制银行经营机制较为灵活，可以充分利用金融改革创新的优势，在中间业务和表外业务领域较快地提高竞争力，这两类业务竞争力占比分别为68.5%和63.3%。

城市商业银行和民营银行的总体竞争力水平较弱。城市商业银行的负债业务竞争力提升最快，占比32.5%，其余三类业务竞争力占比均不足三成。

外资银行竞争力提升较快的是中间业务（23.4%）和表外业务（22.5%），对传统的资产和负债类业务关注度较低。政策性银行的资产业务竞争力提升较快（27.8%）。而农村银行类金融机构的负债业务竞争力提升快（29.7%），其他几类业务发展较为薄弱。

从不同业务种类来看，在资产业务和负债业务的竞争力提升中，大型商业银行居于首位，两类业务分别占59.3%和50.5%，均位列第一，略高于股份制银行。在中间业务和表外业务领域，股份制银行以占比68.5%和63.3%居于首位，较大幅度高于大型商业银行。调查结果一定程度上显示了大型商业银行与股份制银行在不同业务领域的相对竞争优势，同时也表明股份制银行在业务灵活性和创新层面日渐超越大型商业银行。

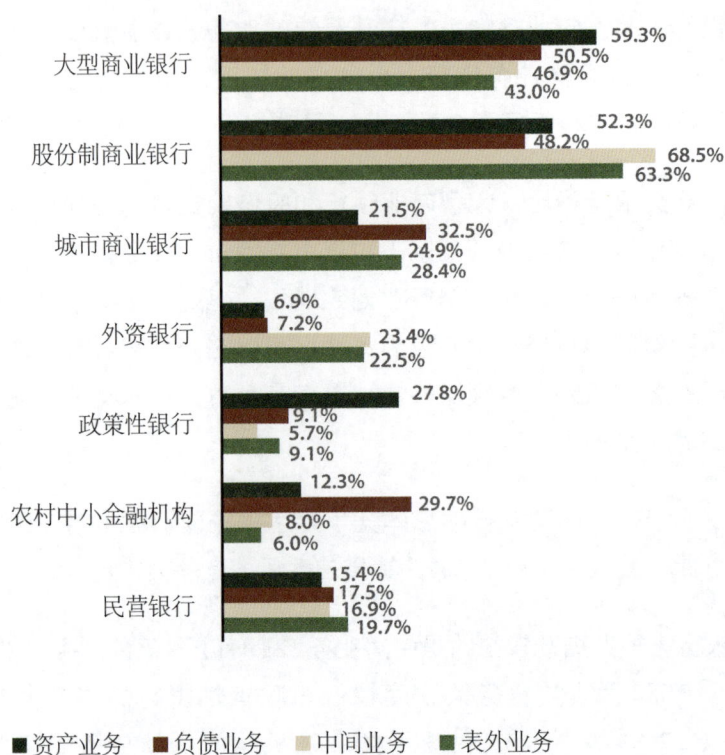

大型商业银行
　　59.3%
　　50.5%
　　46.9%
　　43.0%

股份制商业银行
　　52.3%
　　48.2%
　　68.5%
　　63.3%

城市商业银行
　　21.5%
　　32.5%
　　24.9%
　　28.4%

外资银行
　　6.9%
　　7.2%
　　23.4%
　　22.5%

政策性银行
　　27.8%
　　9.1%
　　5.7%
　　9.1%

农村中小金融机构
　　12.3%
　　29.7%
　　8.0%
　　6.0%

民营银行
　　15.4%
　　17.5%
　　16.9%
　　19.7%

■资产业务　■负债业务　■中间业务　■表外业务

图3-1　预期2015年及未来三年不同类型银行竞争力提升最快的业务

二、信贷重点支持行业转向城市基础设施业，预期不良上升行业多为顺周期行业

2015年，城市基础设施业成为银行信贷投向的最重点支持行业，选择此项的银行家占比高达67.2%，较2014年占比54.8%有了较大提升。医药业、信息技术服务业、公路铁路运输业、农林牧渔业依次以超过半数的比例位列第二至五名。对比近三年的调查结果发现：一是农林牧渔业位次下降较快，由2014年、2013年的信贷支持首位下降至2015年第五位；二是医药业、公路铁路运输业信贷支持比例上升较快，医药业由2014年的52.1%上升至2015年的57.2%，公路铁路运输业信贷支持比例则首次超过半数，由2014年的43.5%上升至2015年的54.1%。这些改变一定程度上反映了商业银行正在根据下行的宏观经济形势，合理调整信贷投放的规模和方向，优化信贷结构，重点投资基础设施行业，并扩大公共产品和公共服务供给，打造中国经济的引擎。

城市基础设施业 ───────────────────────── 67.2%

医药业 ───────────────────────── 57.2%

信息技术服务业 ───────────────────────── 55.5%

公路铁路运输业 ───────────────────────── 54.1%

农林牧渔业 ───────────────────────── 51.6%

物流业 ───────────────────────── 49.9%

旅游业 ───────────────────────── 47.6%

社会服务业 ───────────────────────── 45.5%

传播文化业 ───────────────────────── 43.4%

电力燃气业 ───────────────────────── 43.2%

航空航天业 ───────────────────────── 41.3%

港口业 ───────────────────────── 36.7%

机械制造业 ───────────────────────── 34.0%

商贸业 ───────────────────────── 31.3%

食品饮料业 ───────────────────────── 30.1%

住宿餐饮业 ───────────────────────── 24.8%

石油化工业 ───────────────────────── 23.5%

建筑安装业（或土木建筑业） ───────────────────────── 15.8%

船舶制造业 ───────────────────────── 13.0%

纺织业 ───────────────────────── 10.7%

房地产业 ───────────────────────── 10.0%

造纸业 ───────────────────────── 8.0%

冶金业（含钢铁、有色金属） ───────────────────────── 6.6%

其他 ───────────────────────── 4.7%

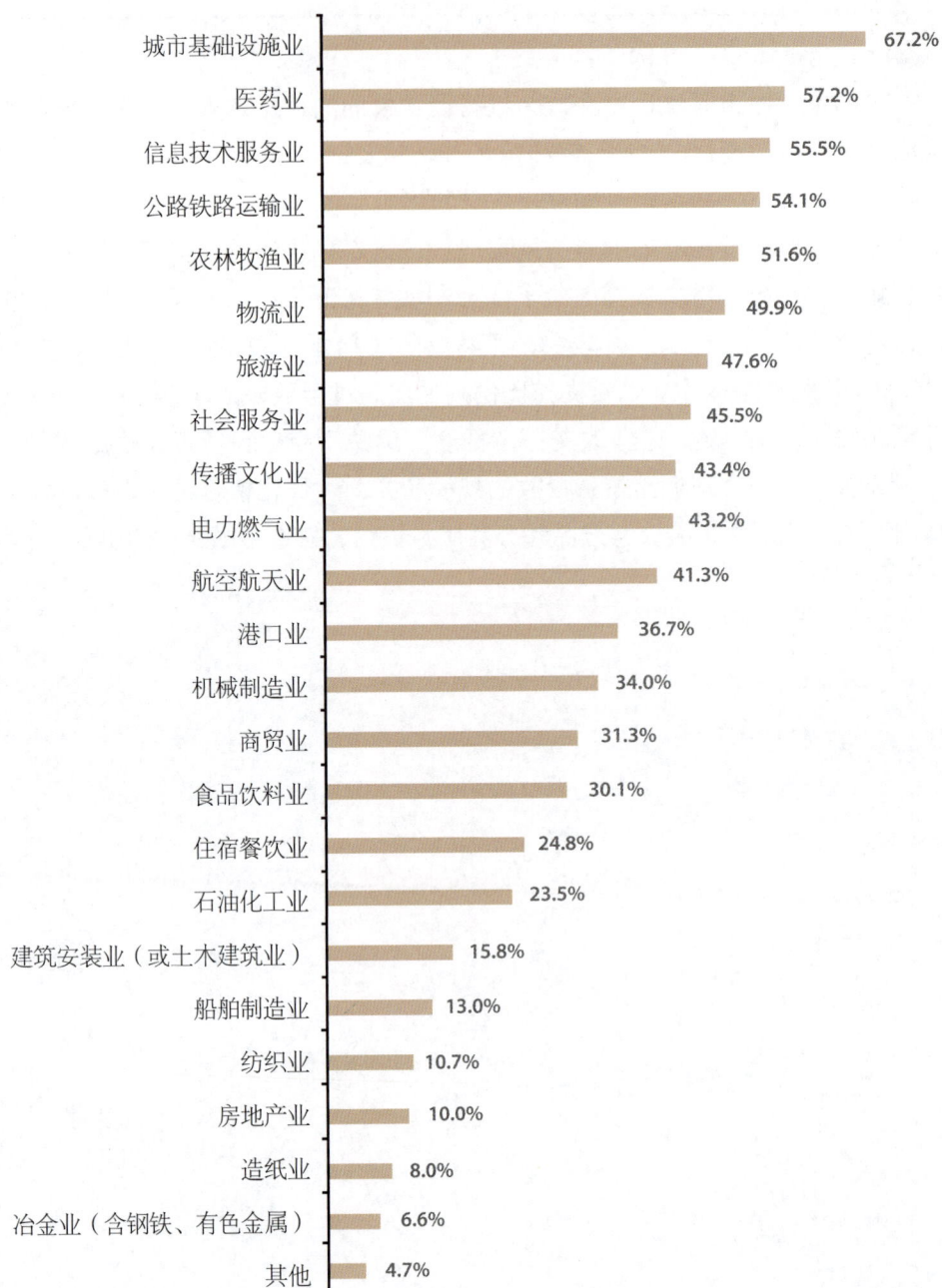

图3-2 2015年贷款投向重点支持的行业

农林牧渔业 ████████████████████████ 59.2%

城市基础设施业 ██████████████████████ 54.6%

信息技术服务业 ██████████████████████ 53.6%

物流业 ██████████████████████ 53.1%

医药业 █████████████████████ 52.1%

传播文化业 ████████████████████ 48.6%

社会服务业 ████████████████████ 48.2%

旅游业 ███████████████████ 47.1%

公路铁路运输业 ██████████████████ 43.5%

电力燃气业 █████████████████ 42.0%

商贸业 █████████████████ 41.3%

航空航天业 ████████████████ 39.7%

机械制造业 █████████████ 31.3%

食品饮料业 ████████████ 29.7%

港口业 ████████████ 29.5%

石油化工业 ████████████ 29.2%

住宿餐饮业 ███████████ 26.7%

建筑安装业（或土木建筑业） █████ 13.3%

船舶制造业 █████ 12.4%

纺织业 ████ 11.9%

造纸业 ███ 7.9%

冶金业（含钢铁、有色金属） ██ 7.0%

房地产业 ██ 5.1%

其他 █ 3.0%

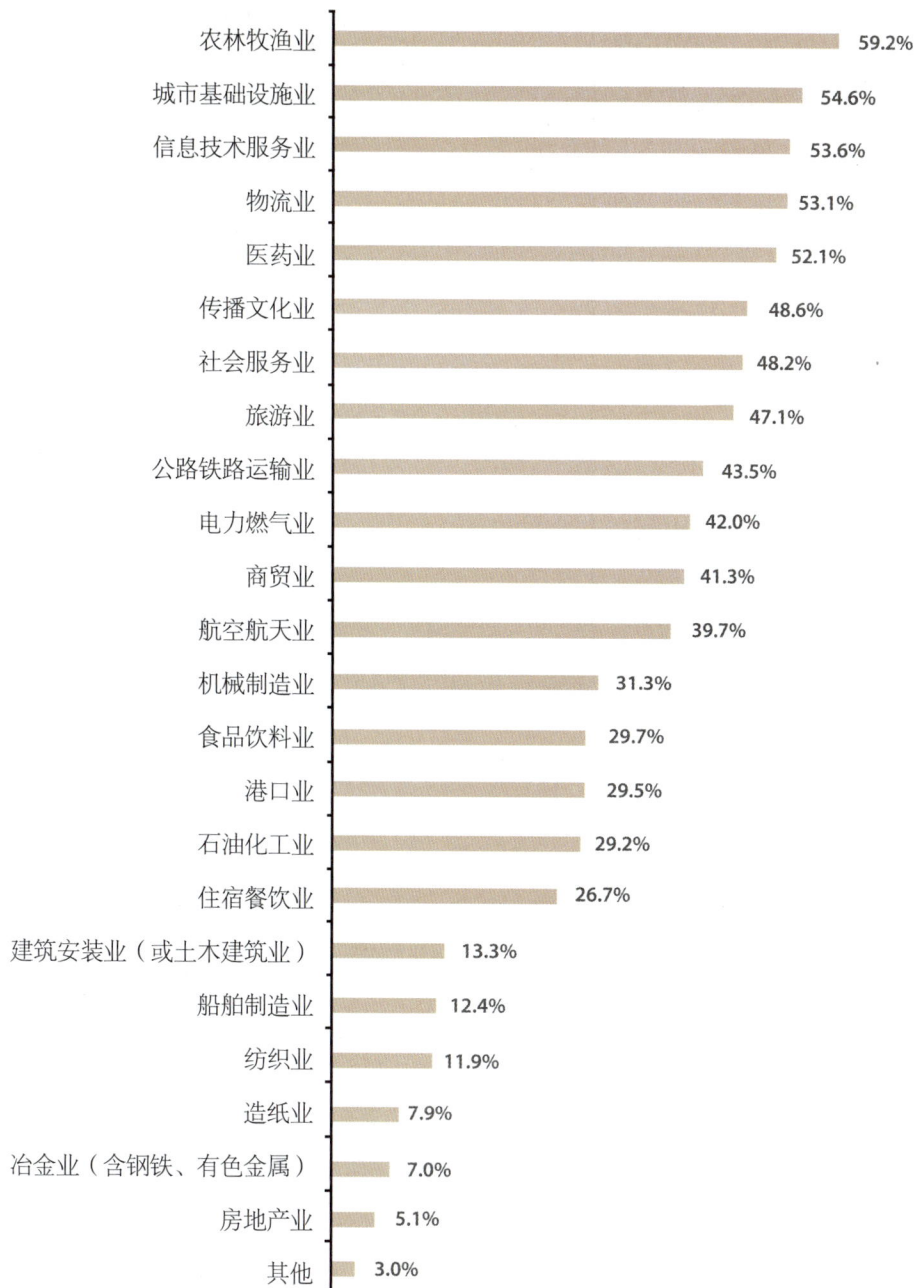

图3-3　2014年贷款投向重点支持的行业

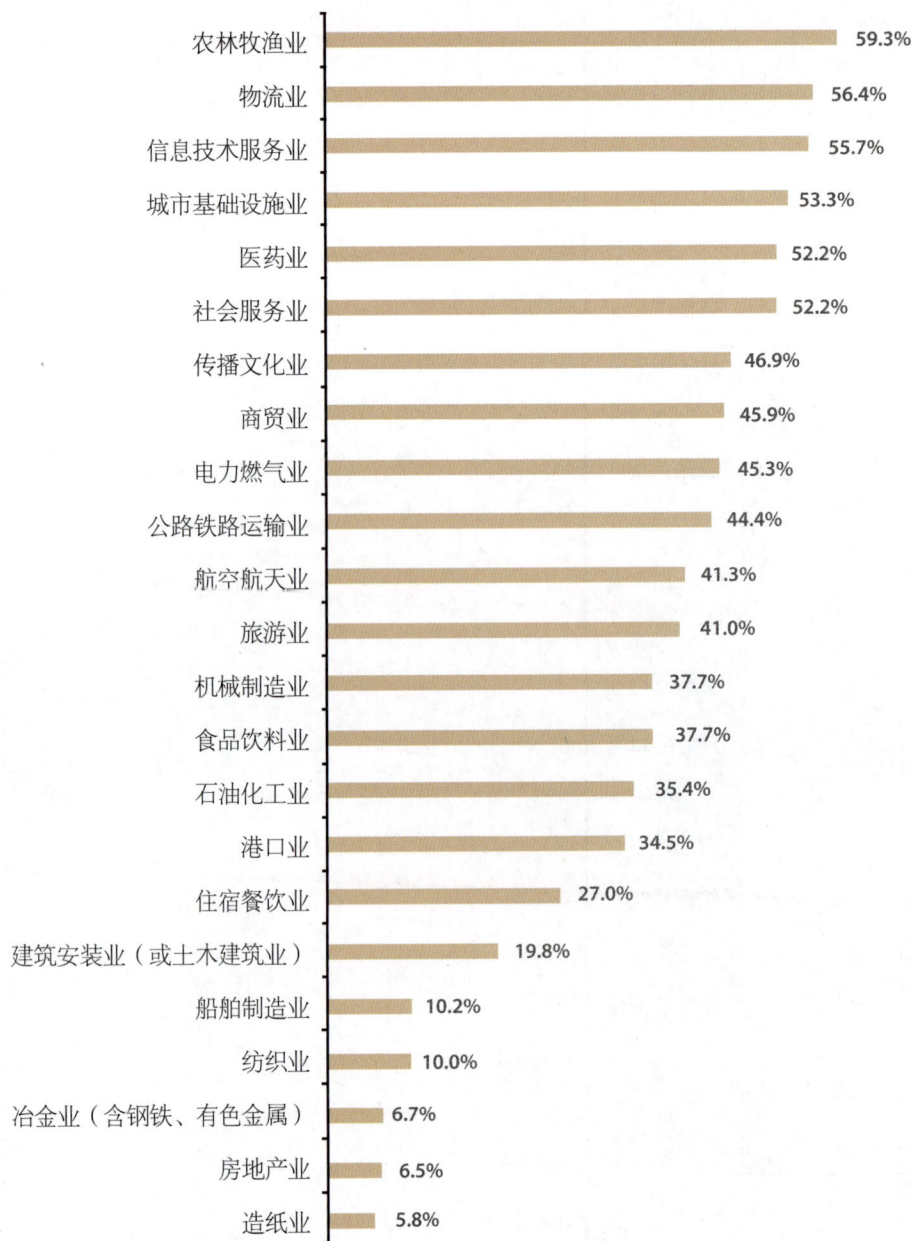

行业	占比
农林牧渔业	59.3%
物流业	56.4%
信息技术服务业	55.7%
城市基础设施业	53.3%
医药业	52.2%
社会服务业	52.2%
传播文化业	46.9%
商贸业	45.9%
电力燃气业	45.3%
公路铁路运输业	44.4%
航空航天业	41.3%
旅游业	41.0%
机械制造业	37.7%
食品饮料业	37.7%
石油化工业	35.4%
港口业	34.5%
住宿餐饮业	27.0%
建筑安装业（或土木建筑业）	19.8%
船舶制造业	10.2%
纺织业	10.0%
冶金业（含钢铁、有色金属）	6.7%
房地产业	6.5%
造纸业	5.8%

图3-4 2013年贷款投向重点支持的行业

在银行信贷重点限制的行业中，冶金业（含钢铁、有色金属）位居首位，占比达58.9%；选择重点限制房地产业信贷的银行家较大幅度减少，位次由2014年首位下滑至第二位，占比由2014年的67.9%下降至2015年的56.8%；造纸业、纺织业、船舶制造业的信贷限制位于第三到五名，占比与

2014年相比没有发生明显变化。在我国化解过剩产能、转变产业结构和经济增长方式的政策导向下，银行开始收紧高能耗、产能过剩行业的信贷发放，对冶金、造纸、纺织、船舶制造等行业维持较高的信贷限制力度。

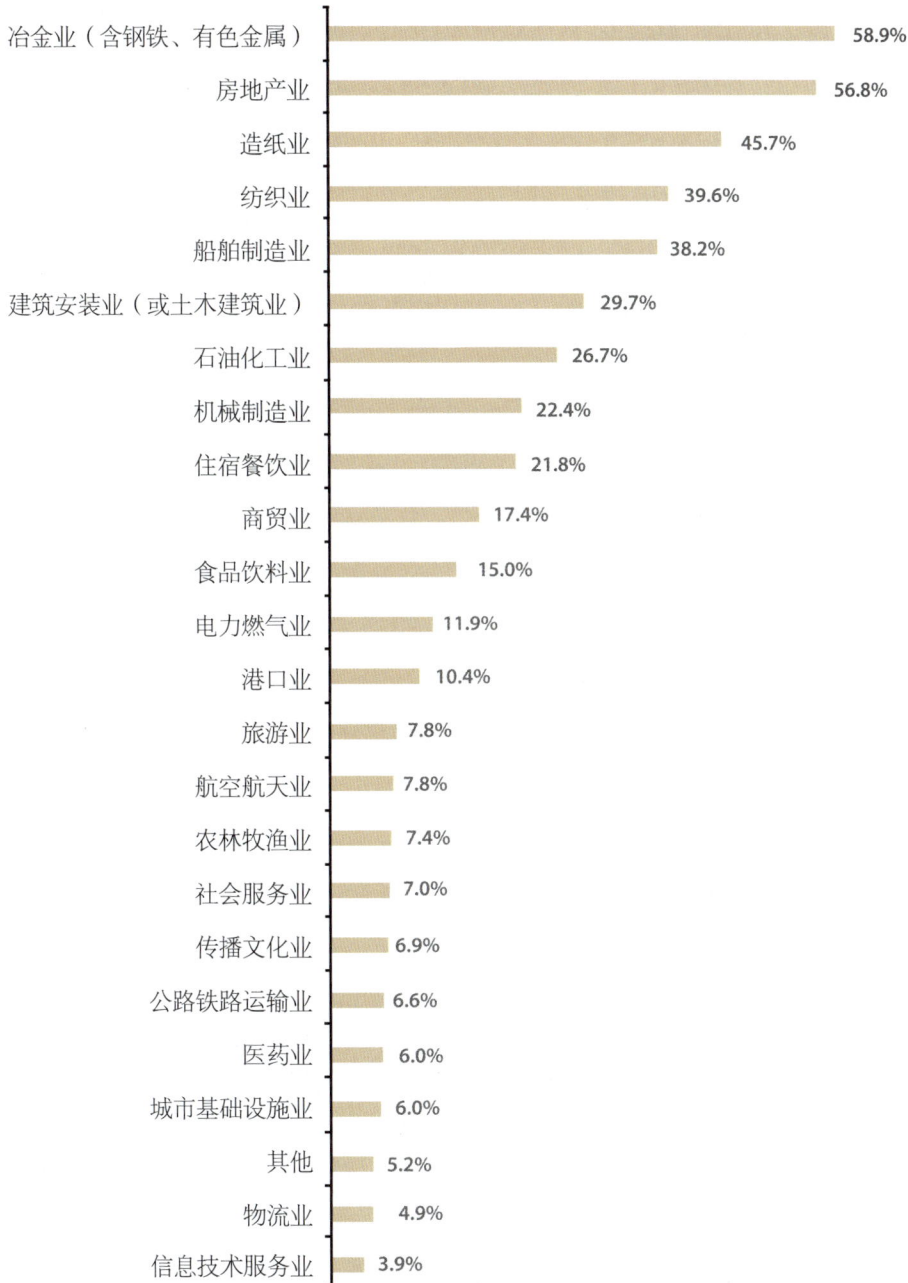

行业	百分比
冶金业（含钢铁、有色金属）	58.9%
房地产业	56.8%
造纸业	45.7%
纺织业	39.6%
船舶制造业	38.2%
建筑安装业（或土木建筑业）	29.7%
石油化工业	26.7%
机械制造业	22.4%
住宿餐饮业	21.8%
商贸业	17.4%
食品饮料业	15.0%
电力燃气业	11.9%
港口业	10.4%
旅游业	7.8%
航空航天业	7.8%
农林牧渔业	7.4%
社会服务业	7.0%
传播文化业	6.9%
公路铁路运输业	6.6%
医药业	6.0%
城市基础设施业	6.0%
其他	5.2%
物流业	4.9%
信息技术服务业	3.9%

图3-5　2015年贷款投向重点限制的行业

行业	比例
房地产业	67.9%
冶金业（含钢铁、有色金属）	58.9%
造纸业	48.1%
船舶制造业	42.5%
纺织业	40.3%
建筑安装业（或土木建筑业）	37.3%
机械制造业	23.9%
石油化工业	23.8%
住宿餐饮业	21.5%
食品饮料业	17.6%
港口业	15.8%
商贸业	15.3%
电力燃气业	14.7%
公路铁路运输业	11.7%
航空航天业	10.2%
城市基础设施业	9.9%
农林牧渔业	9.5%
社会服务业	9.4%
物流业	8.5%
旅游业	8.2%
医药业	8.1%
传播文化业	8.1%
信息技术服务业	6.3%
其他	3.6%

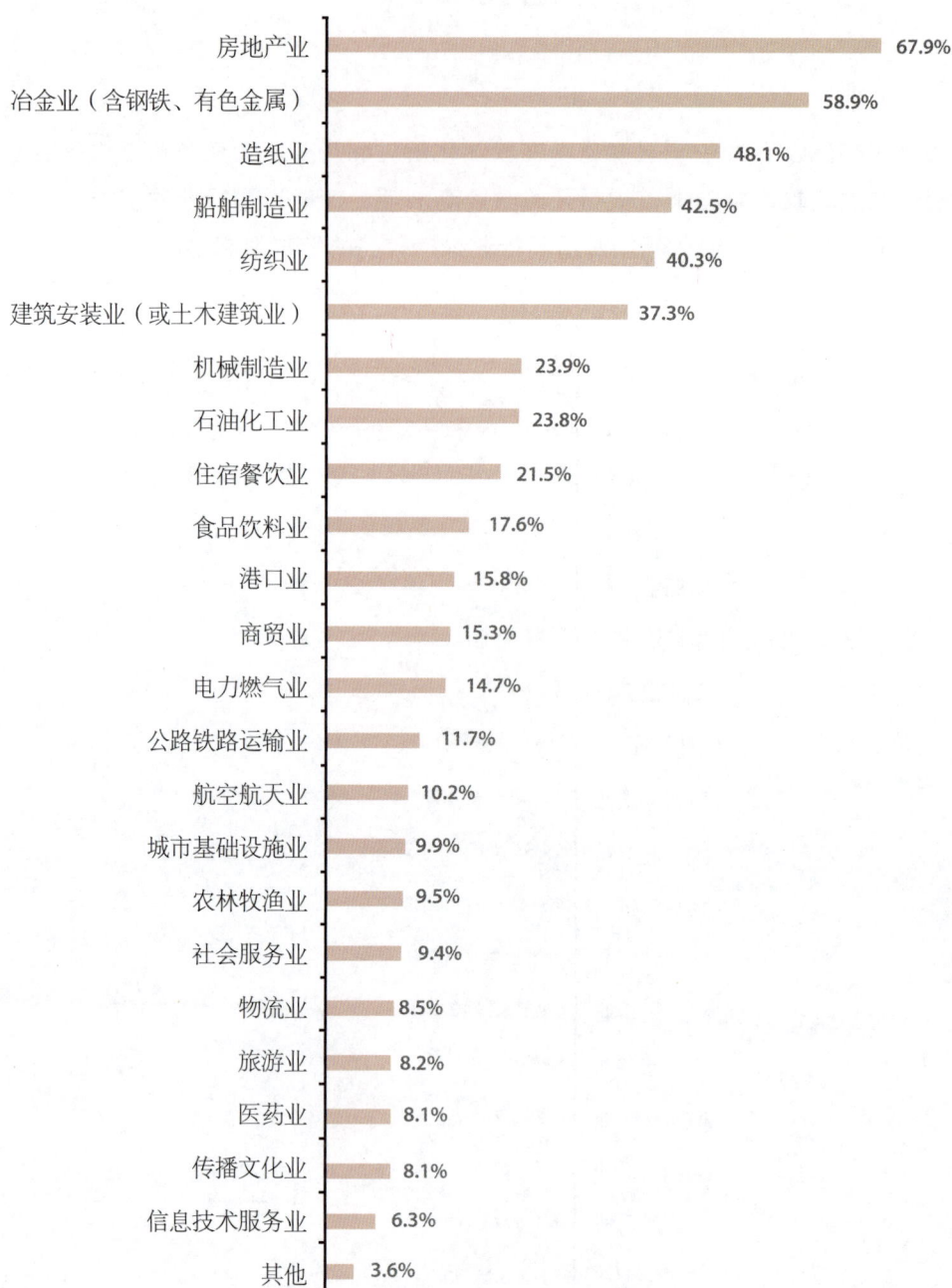

图3-6　2014年贷款投向重点限制的行业

　　根据中国银监会发布的数据显示，截至2015年第三季度末，商业银行不良贷款余额为11 863亿元，不良贷款率为1.59%，银行资产质量下降。在2015年银行家认为预期不良率上升行业调查中，冶金业（含钢铁、有色金属）由2014年的35.9%大幅上升至2015年的48.5%，超越房地产业，成为银行家认为预期不良上升行业榜首。银行家认为纺织业、船舶制造业等产能过剩行业预期不良上升的可能性也有大幅提升，选择纺织业银行家由2014年的13.8%升至2015年的24.2%，船舶制造业由2014年的19.4%升至2015年的22.8%。这是由于受宏观经济增长放缓和市场需求下滑等因素影响，部分产能过剩行业下行压力加大。

银行家认为不良贷款爆发主要集中于制造业、批发业和零售业等，房地产业不良贷款反弹不明显。加之2015年上半年，房地产市场尤其是一线城市楼市成交量正在回暖，增强了银行家对房地产业的信心，房地产业预期不良率上升占比由2014年的48.7%下降至2015年的36.0%。

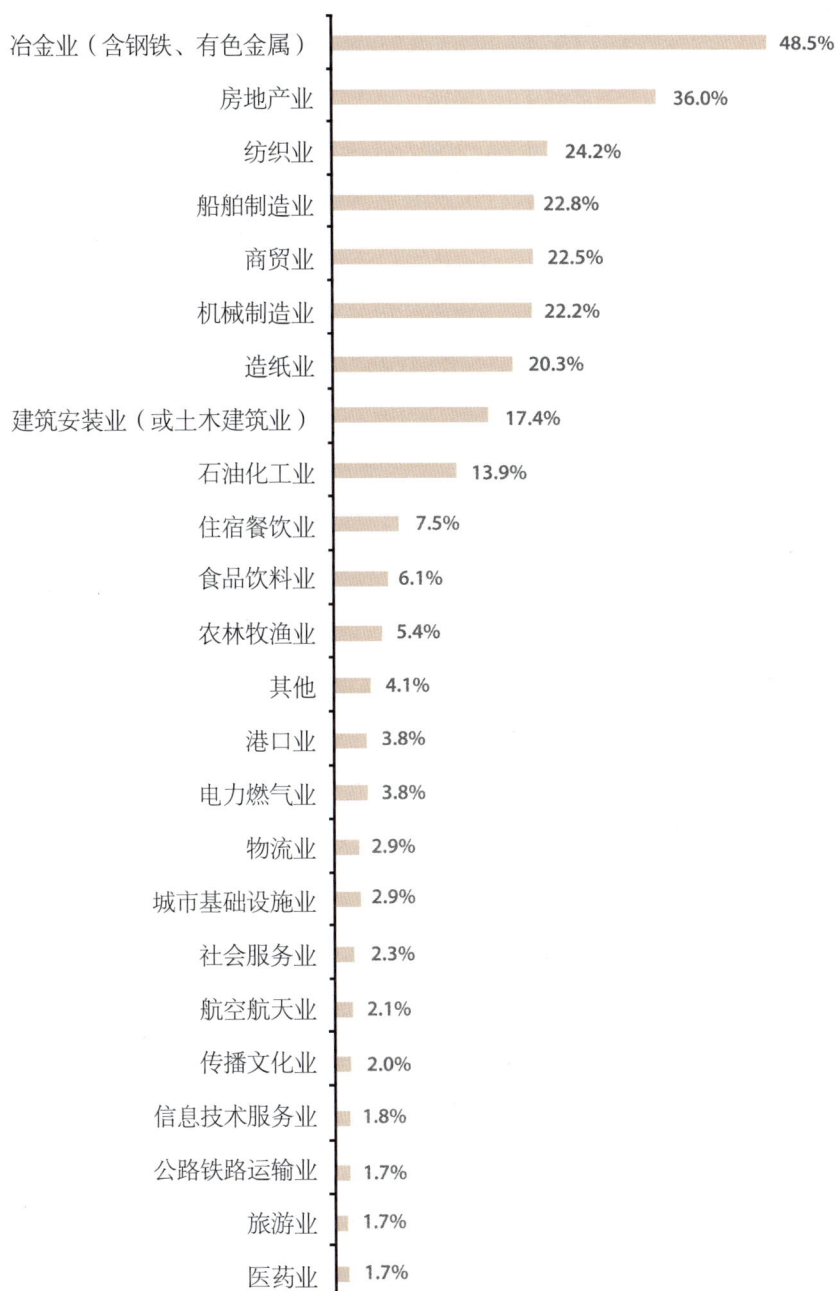

行业	占比
冶金业（含钢铁、有色金属）	48.5%
房地产业	36.0%
纺织业	24.2%
船舶制造业	22.8%
商贸业	22.5%
机械制造业	22.2%
造纸业	20.3%
建筑安装业（或土木建筑业）	17.4%
石油化工业	13.9%
住宿餐饮业	7.5%
食品饮料业	6.1%
农林牧渔业	5.4%
其他	4.1%
港口业	3.8%
电力燃气业	3.8%
物流业	2.9%
城市基础设施业	2.9%
社会服务业	2.3%
航空航天业	2.1%
传播文化业	2.0%
信息技术服务业	1.8%
公路铁路运输业	1.7%
旅游业	1.7%
医药业	1.7%

图3-7　2015年银行家认为预期不良率上升的行业

房地产业 48.7%

冶金业（含钢铁、有色金属） 35.9%

船舶制造业 18.4%

造纸业 15.9%

机械制造业 14.9%

纺织业 13.8%

建筑安装业（或土木建筑业） 12.4%

商贸业 10.8%

住宿餐饮业 6.3%

石油化工业 5.9%

其他 5.6%

城市基础设施业 4.2%

农林牧渔业 4.1%

食品饲料业 3.2%

医药业 2.8%

港口业 2.7%

电力燃气业 2.1%

公路铁路运输业 2.1%

社会服务业 1.7%

旅游业 1.6%

物流业 1.4%

航空航天业 0.8%

传播文化业 0.8%

信息技术服务业 0.6%

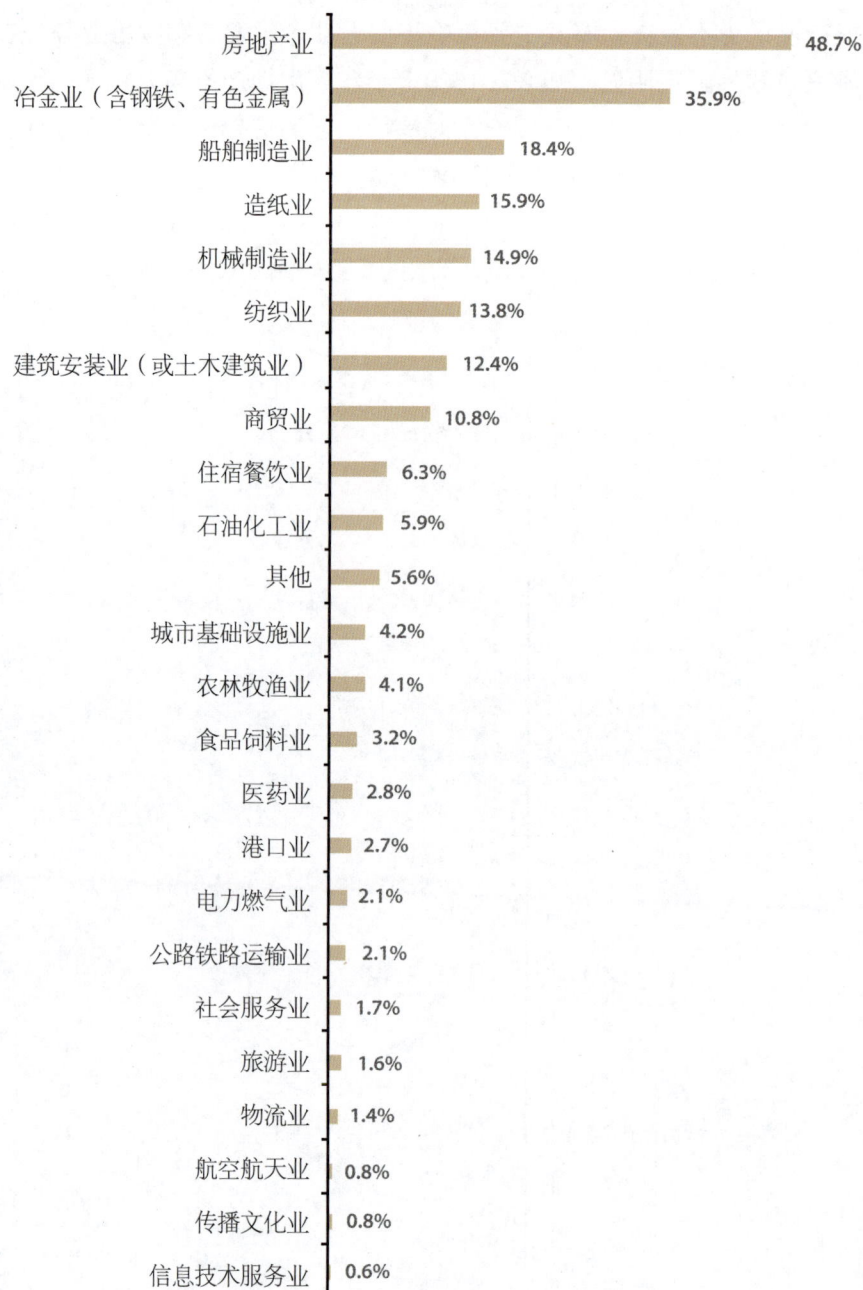

图3-8　2014年预期不良率上升的行业

三、资产证券化在公司金融业务中的重要性有所上升

近年来，银行积极调整信贷投放方向，有效地支持了小微企业等传统金融服务中较薄弱的环节。银行还不断创新商业模式，为小微企业提供多样化的金融服务。2015年，小微企业贷款已经连续四年成为银行公司金融业务发展的最重要内容，选择此项的银行家占比高达64.7%。

调查显示，供应链金融业务连续三年位于公司金融业务发展重点的第二位。2015年，国务院发布《关于大力发展电子商务加快培育经济新动力的意见》，鼓励中国银行业开展创新的供应链金融服务。发展供应链金融业务可以拓宽银行产品线，开拓上下游中小企业市场，降低贷款风险，增加银行综合收益。目前，供应链金融已经成为中国银行业客户竞争和业务竞争的重要领域，已有一些商业银行推出了在线供应链金融，运用互联网和大数据，突破传统供应链开户流程、授信流程、贷后管理等方面的瓶颈。

2015年以来，银监会多次鼓励加快发展信贷资产证券化业务，通过资产证券化缓解资本充足率压力，盘活存量资金。调查显示，资产证券化在公司金融业务中的重要性由2014年的第六位（30.8%）上升至2015年的第三位（46.5%）。信贷资产证券化有利于提高银行资本充足率，并将流动性差的各类资产转化为在市场交易的证券，极大地提高了银行资产流动性，实现银行从资产存量经营转变为流量经营，符合商业银行交易型银行转型的方向。

此外，受益于"一带一路"等政策利好，选择发展项目融资的银行家占比也有大幅提升，由2014年的29.7%上升至2015年的40.7%。

小微企业贷款	64.7%
供应链融资	48.3%
资产证券化	46.5%
国际结算及贸易融资	44.3%
项目融资	40.7%
集团客户贷款	40.4%
现金管理	35.3%
资产托管	33.5%
债券承销	33.1%
结构化融资	32.7%
票据贴现	31.3%
财务顾问	25.6%
并购贷款	18.8%
代客金融市场交易	17.6%
委托贷款	9.6%
其他	0.3%

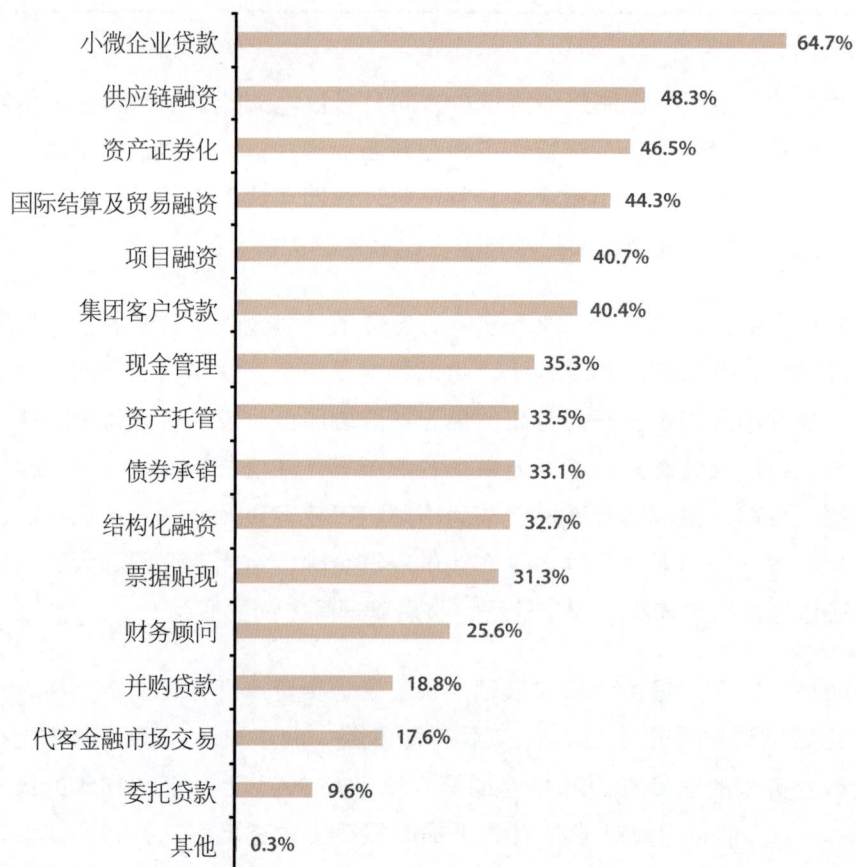

图3-9 2015年公司金融业务的发展重点

小微企业贷款	71.9%
供应链金融	50.1%
国际结算及贸易融资	36.5%
票据贴现	34.0%
集团客户贷款	31.1%
资产证券化	30.8%
现金管理	29.9%
项目融资	29.7%
结构化融资	29.7%
债券承销	24.0%
资产托管	23.3%
财务顾问	21.2%
代客金融市场交易	13.6%
并购贷款	10.3%
委托贷款	9.9%
其他	0.2%

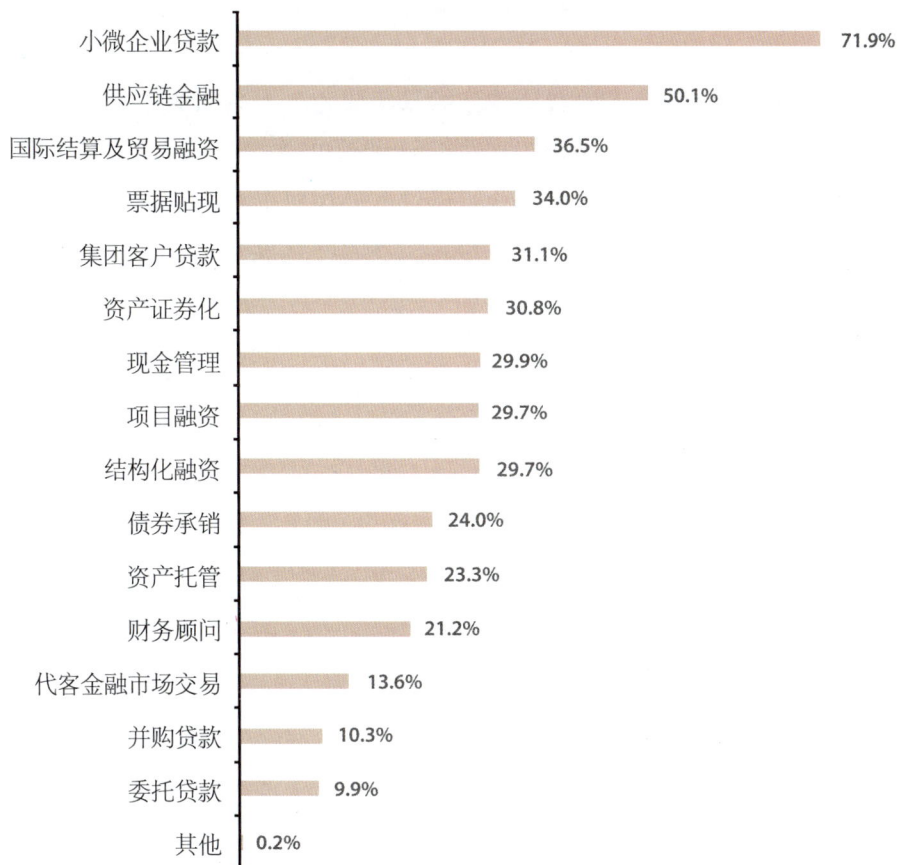

图3-10 2014年公司金融业务的发展重点

四、六成以上银行家认为个人消费贷款和财富
管理是个人业务发展的重点

调查结果显示，个人消费贷款连续三年成为个人金融业务中最重要的部分，选择此项的银行家占比由2014年的61.6%上升至68.7%，财富管理则连续三年居于第二位。选择信用卡业务的银行家由2014年的48.8%上升至55.1%，这是由于信用卡业务正在成为银行拓宽个人中间业务收入的突破口。此外，银行还可通过发展信用卡业务，实现存款的增长。目前，一些银行的信用卡业务体量小，未来仍有发展空间。个人经营性贷款占比由2014年的50.7%大幅下降至40.8%，其他各项个人金融业务的位次和占比没有发生明显变化。

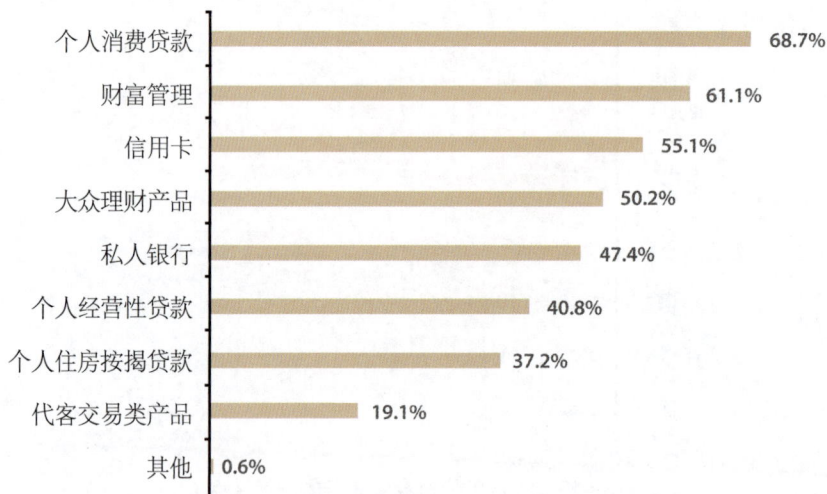

个人消费贷款	68.7%
财富管理	61.1%
信用卡	55.1%
大众理财产品	50.2%
私人银行	47.4%
个人经营性贷款	40.8%
个人住房按揭贷款	37.2%
代客交易类产品	19.1%
其他	0.6%

图3-11 2015年未来个人金融业务发展重点

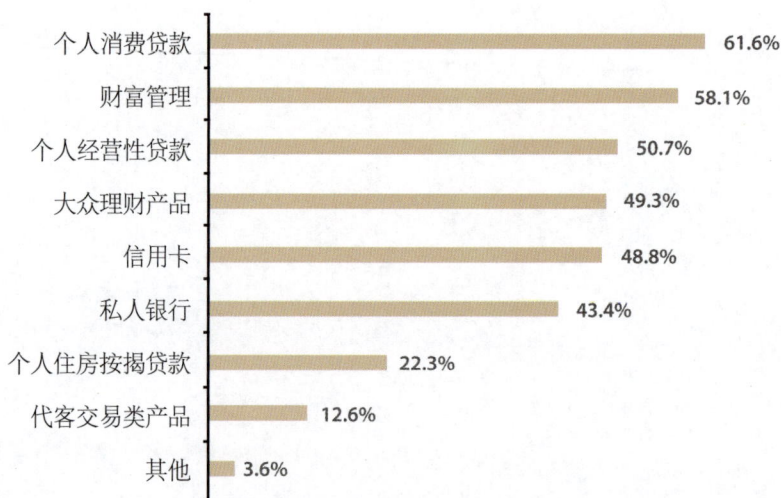

个人消费贷款	61.6%
财富管理	58.1%
个人经营性贷款	50.7%
大众理财产品	49.3%
信用卡	48.8%
私人银行	43.4%
个人住房按揭贷款	22.3%
代客交易类产品	12.6%
其他	3.6%

图3-12 2014年未来个人金融业务发展重点

在对信用卡业务态度的调查中，超过七成的银行家认为应大力发展或适度扩张，仅不足一成的银行家选择适当收缩或严格控制。在推进利率市场化的进程中，大中型企业贷款对银行利润的贡献度正在下降，信用卡业务对银行利润的贡献逐步上涨，推动信用卡业务快速发展成为当前环境下的必然选择。2015年上市银行半年报显示，我国上市银行信用卡发卡量增速普遍同比放缓，但未来一段时间内，银行还将着力发展信用卡业务，进行差异化、个性化竞争。

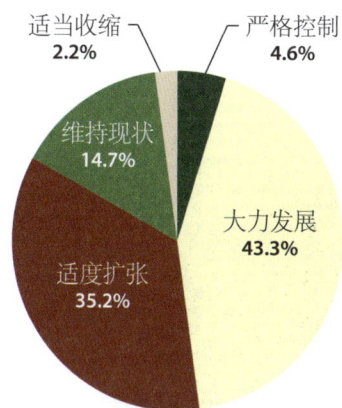

图3-13 银行家对信用卡业务的态度

五、传统同业业务重视程度提高

同业业务是银行同业之间调剂资金余缺的渠道，也是提高资金运作效率的途径，在经历了前期的快速发展后，目前进入了规范发展的阶段。在对同业业务所持态度的调查中，2015年，有42.3%的银行家认为要大力发展同业业务，这一比例较2014年的28.5%有了大幅提升。仅有2.4%的银行家认为同业业务需要适当收缩或严格控制，这一比例较2014年有所下降。

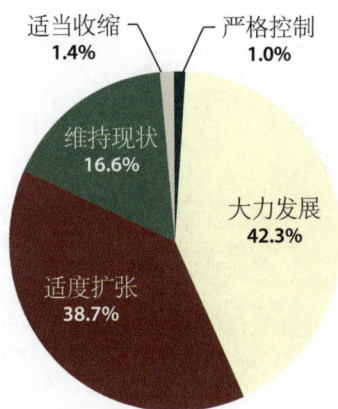

图3-14　2015年银行家对同业业务所持态度

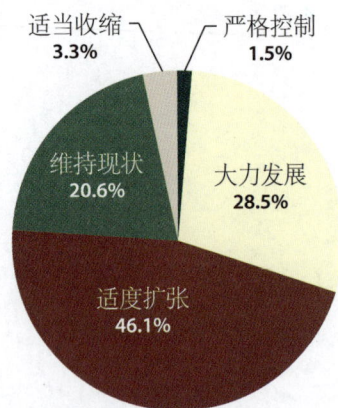

图3-15　2014年银行家对同业业务所持态度

同业业务发展重点的调查显示，传统的同业存拆放业务和票据贴现和转贴现仍是同业业务的主要发展方向，选择这两项的银行家占比分别为65.1%和61.8%。继2013年后，同业存拆放业务占比再次超过票据贴现和转贴现。选择通道类业务作为同业业务发展重点的银行家比例有较快上升，由2014年的19.3%升至2015年的24.3%，表明同业业务模式开始不局限于传统的同业存拆放和票据业务，正在加速创新产品和服务。其他各类同业业务的占比和位次与2014年相比差别不大。

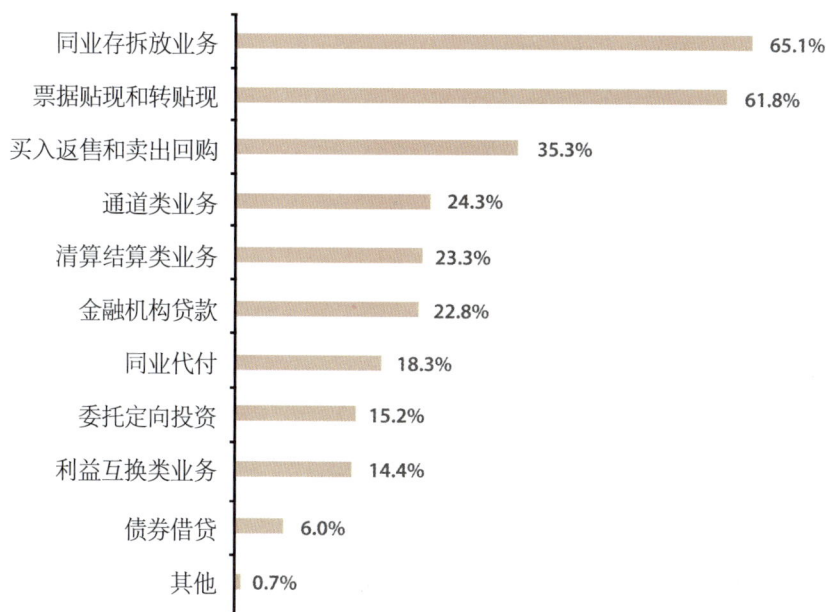

业务	占比
同业存拆放业务	65.1%
票据贴现和转贴现	61.8%
买入返售和卖出回购	35.3%
通道类业务	24.3%
清算结算类业务	23.3%
金融机构贷款	22.8%
同业代付	18.3%
委托定向投资	15.2%
利益互换类业务	14.4%
债券借贷	6.0%
其他	0.7%

图3-16　2015年同业业务发展重点

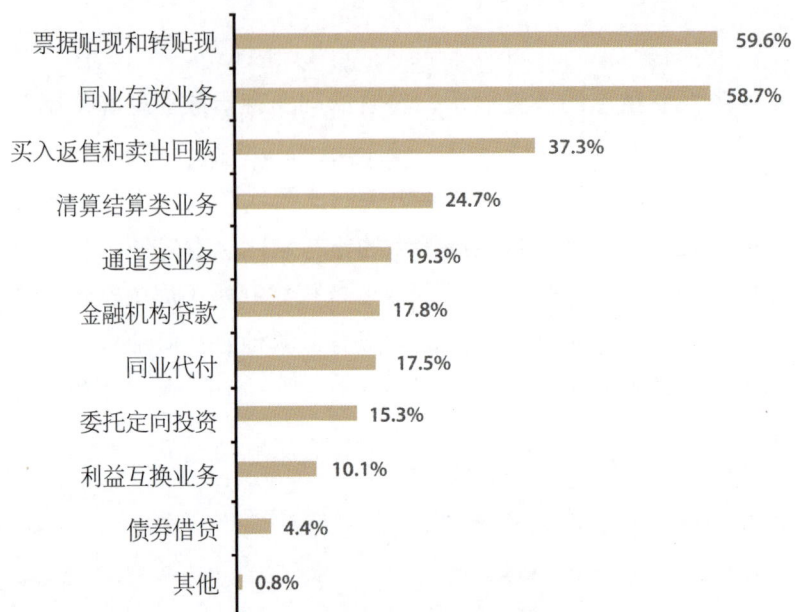

票据贴现和转贴现　59.6%
同业存放业务　58.7%
买入返售和卖出回购　37.3%
清算结算类业务　24.7%
通道类业务　19.3%
金融机构贷款　17.8%
同业代付　17.5%
委托定向投资　15.3%
利益互换业务　10.1%
债券借贷　4.4%
其他　0.8%

图3-17　2014年同业业务发展重点

六、投资银行业务和理财业务依然在中国银行业中间业务收入中占据重要地位

利率市场化改革解除了对银行存贷利差的保护，发展中间业务成为银行应对利率市场化冲击、保障盈利增长的有效措施。在对中间业务收入的调查中，投资银行业务收入、理财业务收入、结算类业务收入占据前三位，占比分别为56.3%、50.2%、42.6%。

与2014年调查结果相比，投资银行业务收入超过理财业务收入，成为中间业务收入的最重要来源。这表明在混业经营趋势逐渐加强的环境下，银行开展投行业务已经成为重要的经营模式，银行投行业务范围也正在拓展。

投资银行业务收入和理财业务收入已经连续两年成为中间业务收入的前两位，这意味着银行在利率市场化背景下，业务模式和盈利模式正在发生转变。由于互联网金融机构的竞争，电子银行业务收入排名则由2014年的第三位（44.6%）下滑至2015年的第四位（35.0%）。

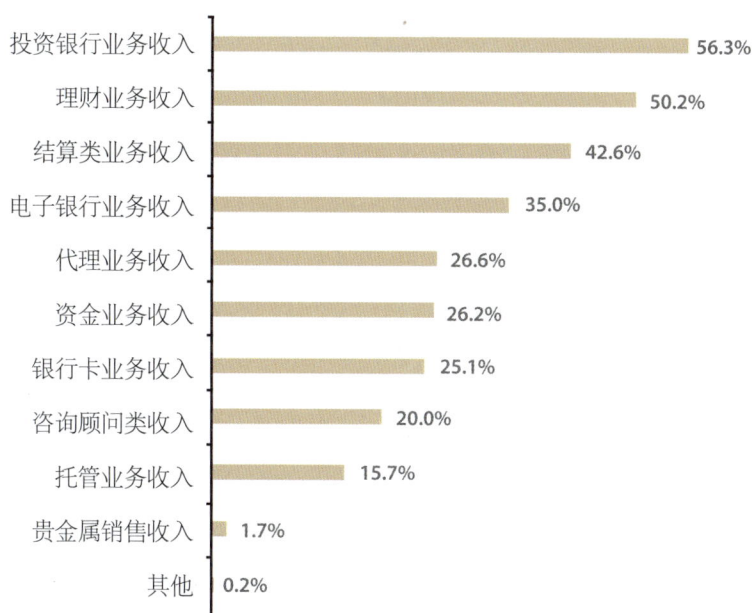

投资银行业务收入	56.3%
理财业务收入	50.2%
结算类业务收入	42.6%
电子银行业务收入	35.0%
代理业务收入	26.6%
资金业务收入	26.2%
银行卡业务收入	25.1%
咨询顾问类收入	20.0%
托管业务收入	15.7%
贵金属销售收入	1.7%
其他	0.2%

图3-18 2015年对中间业务收入重点的调查

理财业务收入　　50.4%

投资银行业务收入　　45.8%

电子银行业务收入　　44.6%

结算类业务收入　　37.7%

银行卡业务收入　　30.2%

代理业务收入　　29.5%

资金业务收入　　25.4%

咨询顾问收入　　23.1%

托管业务收入　　14.3%

贵金属销售收入　　3.1%

其他　　0.2%

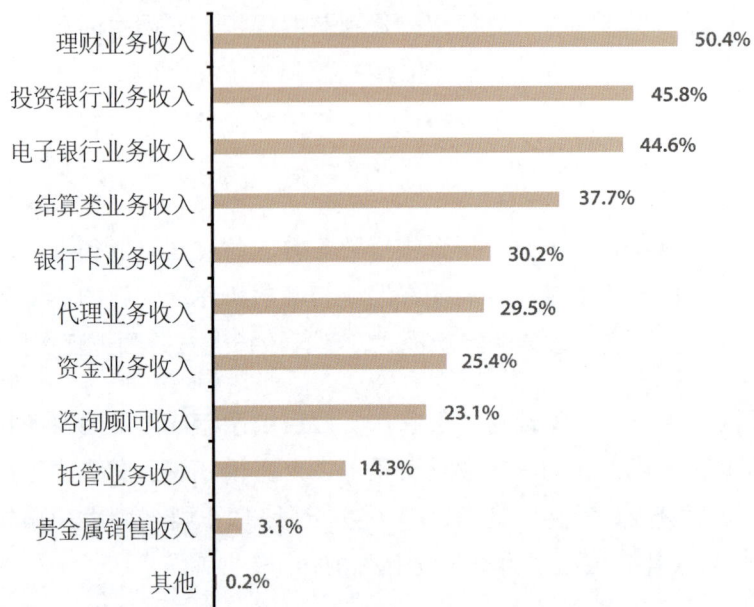

图3-19　2014年对中间业务收入重点的调查

七、大资管背景下，资产管理业务成为推动银行业务转型的重点

根据万得资讯统计，截至2015年9月末，中国银行业理财资金存量规模达20.00万亿元，较年初增长33.16%。在利率市场化与大资管时代的背景下，商业银行资产管理业务成为银行中间业务收入的重要来源，更是银行重点发展业务之一。在对发展资产管理业务态度的调查中，超过八成的银行家认为该业务应大力发展或适当扩张。

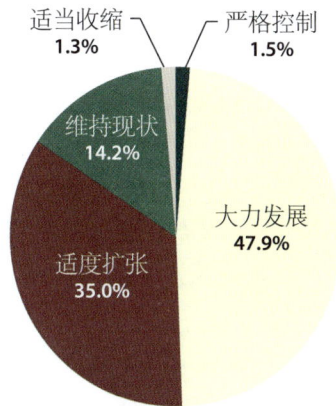

图3-20 2015年银行家对资产管理业务所持态度

在经济下行趋势下，银行向企业投放信贷的动力开始下降，企业融资结构呈多样化发展，银行开始转变信贷资产为主的经营模式，资产管理业务可以帮助银行应对外部压力，促进经营转型。其中近一半的银行（48.0%）认为资管业务是推动银行业务转型发展的重点，而认为资产管理是拓展其他业务的重要通道和新的利润增长点的银行家比例为15.0%和15.6%。由此可见，银行资产管理业务在战略战术层面均有重要意义。

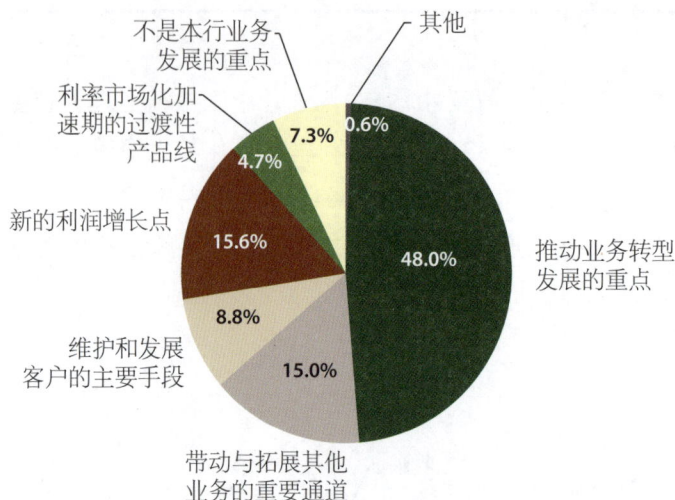

图3-21 2015年银行资产管理业务定位

在大型商业银行中，近七成（72.5%）的银行家认为资产管理业务最主要的任务是推动业务转型，而认为资产管理业务是银行利润新的增长点的占比达11.8%，拓展其他业务渠道的占比为9.6%。在股份制商业银行，选择推动业务转型的银行占比为49.5%，与大型商业银行相比少了近两成。而选择促进利润拓展其他业务渠道以及促进利润增长的银行比例明显增加，分别为17.7%和18.0%。在城商行和城市信用合作社中，银行家认为资产管理是银行业务转型重点、拓展其他业务渠道及利润新增长点的比例分别为41.0%、16.4%和19.3%，与股份制商业银行选择相同。同时可以发现城商行中有8.6%的银行家认为资产管理业务不是银行发展重点，这一比例高于大型商业银行和股份制商业银行。在农村中小金融机构中的比例更是翻倍达到16.0%，这与城商行、农商行等金融机构理财产品的研发能力不足以及业务开展受限有关。在外资银行中选择带动其他业务发展的银行占比为31.0%，但是也有31.0%的银行选择不是本行业务发展重点。主要原因在于国内的外资银行分化较明显，部分大型外资银行认为理财业务可以拓展业务渠道，而部分中小型外资商业银行则因为业务受限等原因，发展理财业务意愿较低。

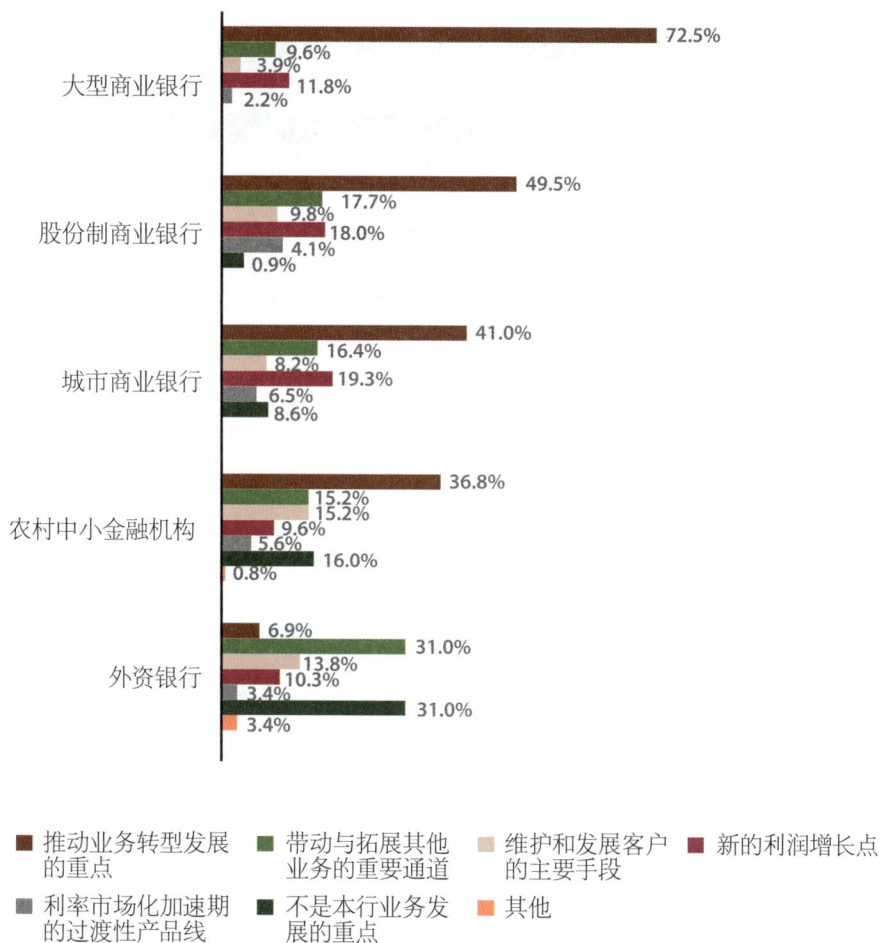

大型商业银行
72.5%
9.6%
3.9%
11.8%
2.2%

股份制商业银行
49.5%
17.7%
9.8%
18.0%
4.1%
0.9%

城市商业银行
41.0%
16.4%
8.2%
19.3%
6.5%
8.6%

农村中小金融机构
36.8%
15.2%
15.2%
9.6%
5.6%
16.0%
0.8%

外资银行
6.9%
31.0%
13.8%
10.3%
3.4%
31.0%
3.4%

- ■ 推动业务转型发展的重点
- ■ 带动与拓展其他业务的重要通道
- ■ 维护和发展客户的主要手段
- ■ 新的利润增长点
- ■ 利率市场化加速期的过渡性产品线
- ■ 不是本行业务发展的重点
- ■ 其他

图3-22　2015年不同类型银行资产管理业务定位

从理财资金投向上看，固定收益产品仍主导理财资金投向，证券化资产等结构化产品的规模持续上升。银行认为境内公司债券与企业债券、中期票据、短期融资券、私募债券产品（83.0%）与境内拆放、（逆）回购、同业拆放等货币市场资产（60.5%）是理财资金主要投资领域。近几年，两者受长短端利率波动影响，交替成为银行理财资金首要投向。另外，证券化资产等结构化产品（44.6%）取代非标准化债券或股权资产（37.2%）成为银行家认为的理财资金第三重点投资领域，非标资产在银行理财资金配置中的重要性有所下降。

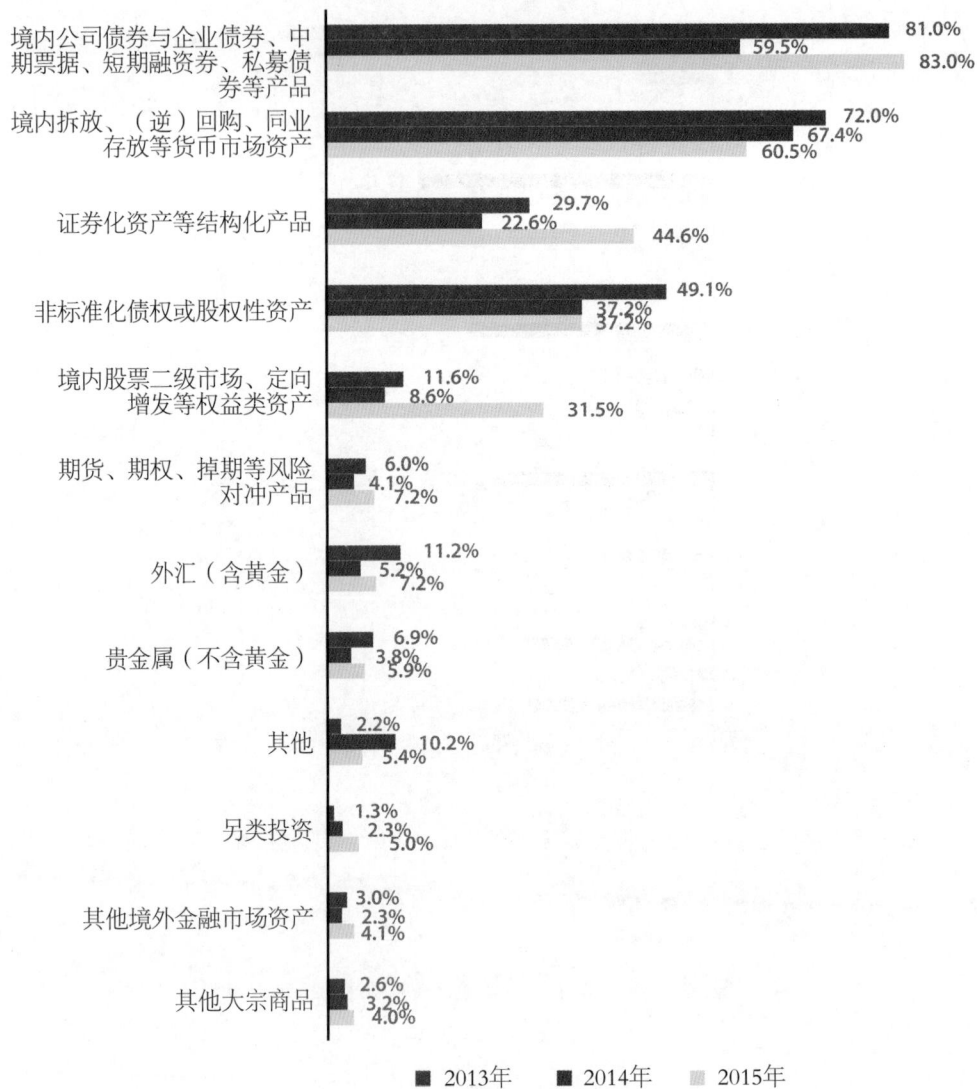

境内公司债券与企业债券、中期票据、短期融资券、私募债券等产品 — 81.0% / 59.5% / 83.0%

境内拆放、（逆）回购、同业存放等货币市场资产 — 72.0% / 67.4% / 60.5%

证券化资产等结构化产品 — 29.7% / 22.6% / 44.6%

非标准化债权或股权性资产 — 49.1% / 37.2% / 37.2%

境内股票二级市场、定向增发等权益类资产 — 11.6% / 8.6% / 31.5%

期货、期权、掉期等风险对冲产品 — 6.0% / 4.1% / 7.2%

外汇（含黄金） — 11.2% / 5.2% / 7.2%

贵金属（不含黄金） — 6.9% / 3.8% / 5.9%

其他 — 2.2% / 10.2% / 5.4%

另类投资 — 1.3% / 2.3% / 5.0%

其他境外金融市场资产 — 3.0% / 2.3% / 4.1%

其他大宗商品 — 2.6% / 3.2% / 4.0%

■ 2013年　■ 2014年　▨ 2015年

图3-23　2013—2015年银行资产管理资金投向

违约风险、资产价格波动风险和期限错配的流动性风险是银行资产管理业务面临的最主要风险。有56.8%的银行家认为，违约风险是银行理财业务所面临的最主要风险，该比例与2014年相比基本持平。而认为资产价格波动的风险的银行家比例则显著上升，达到52.3%。在非标资产投资受到严格监管条件下，理财资金参与资本市场程度增加，对资产价格波动的敏感性显著增强。期限错配产生的流动性风险（50.2%）较2014年下降5.2个百分点，银行家认为银行理财资金在期限错配问题上略有改善。同时，2015年认为产品存在销售不符合监管要求的风险（26.3%）、各方权利义务不清晰的风险（9.5%）也显著下降。前者得益于监管对银行理财销售规范的进一步加强以及银行内部对员工销售培训深入；后者随着委托贷款、信托贷款数量减少，银行理财项目投资的业务规范不断加强，各方权利义务定位不清的问题逐渐得到改善。

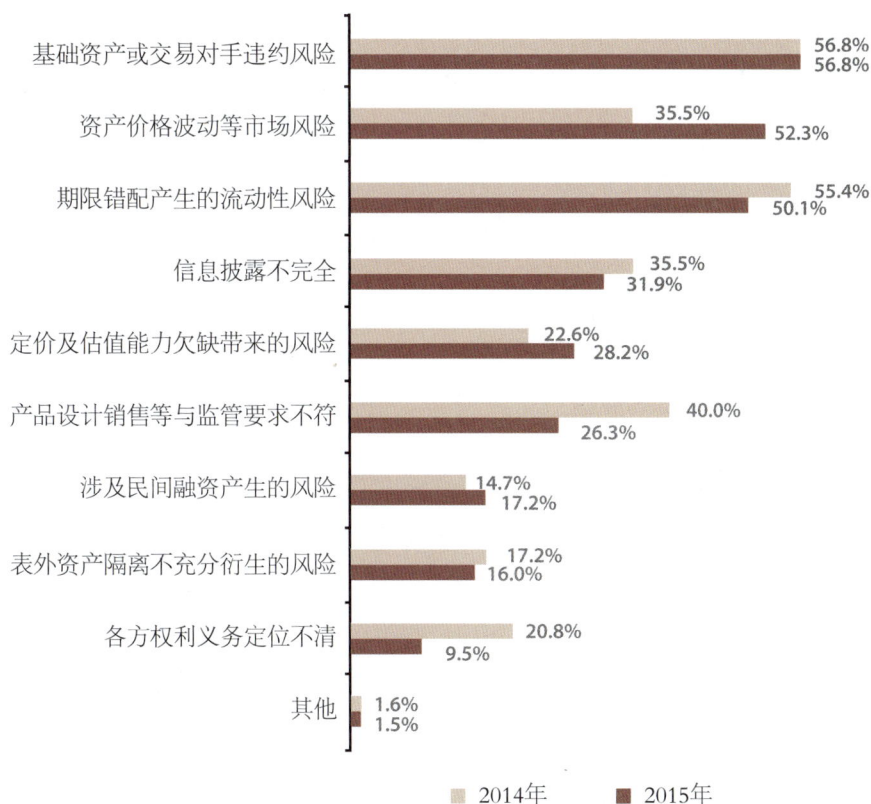

	2014年	2015年
基础资产或交易对手违约风险	56.8%	56.8%
资产价格波动等市场风险	35.5%	52.3%
期限错配产生的流动性风险	55.4%	50.1%
信息披露不完全	35.5%	31.9%
定价及估值能力欠缺带来的风险	22.6%	28.2%
产品设计销售等与监管要求不符	40.0%	26.3%
涉及民间融资产生的风险	14.7%	17.2%
表外资产隔离不充分衍生的风险	17.2%	16.0%
各方权利义务定位不清	20.8%	9.5%
其他	1.6%	1.5%

图3-24　2014—2015年银行资产管理业务主要风险

八、服务国家战略是支持自贸区建设的最主要动力，跨境结算为自贸区开展的业务重点

2015年3月24日，中共中央政治局审议通过广东、天津、福建自由贸易试验区总体方案，进一步深化上海自由贸易试验区改革开放方案。各银行积极参与自贸区建设。调查显示，服务国家战略和扩大盈利来源是银行支持自贸区建设的最主要动力，选择两者的银行家占比分别达到66.9%和45.6%，说明银行家认为支持自贸区建设是一举两得的选择。

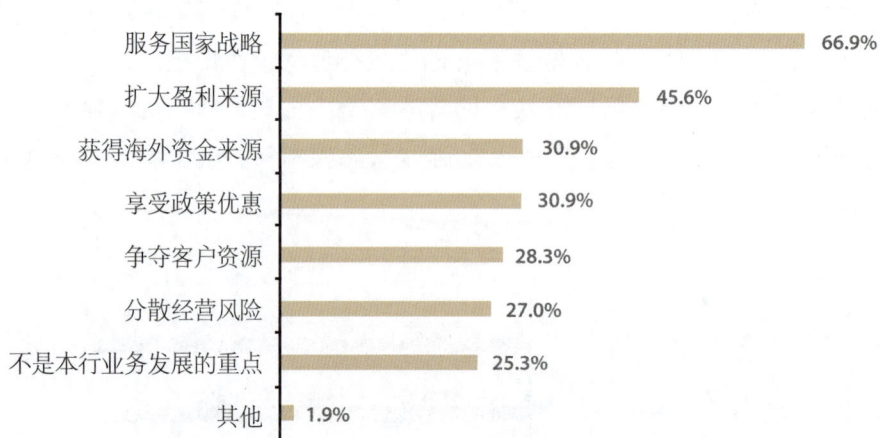

服务国家战略	66.9%
扩大盈利来源	45.6%
获得海外资金来源	30.9%
享受政策优惠	30.9%
争夺客户资源	28.3%
分散经营风险	27.0%
不是本行业务发展的重点	25.3%
其他	1.9%

图3-25　2015年银行支持自贸区建设的出发点

分银行类型看，政策性银行、大型商业银行、股份制商业银行以及外资银行所选不是本行业务发展比例较低，而城市商业银行以及农村中小金融机构选择比例较高。政策性银行、大型商业银行、股份制商业银行及外资银行业务开展地域覆盖自贸区，业务范围也覆盖自贸区业务，所以，在开展自贸区建设业务上有更强的动力。

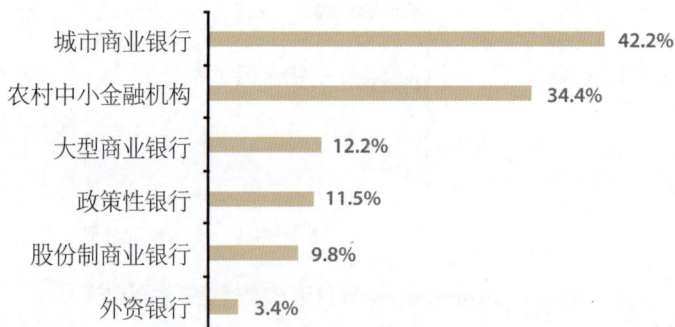

城市商业银行	42.2%
农村中小金融机构	34.4%
大型商业银行	12.2%
政策性银行	11.5%
股份制商业银行	9.8%
外资银行	3.4%

图3-26　2015年不将自贸区作为发展重点的银行类型分布

而银行加大对自贸区布局的理由不尽相同。在政策性银行方面，84.6%来自政策性银行的银行家认为服务国家战略是支持自贸区建设的主要原因，而出于扩大盈利来源、促进境内外融通，获得海外资金来源、享受政策优惠、分散经营风险、争夺客户资源目的支持自贸区建设的银行家相对较低。而大型商业银行以及股份制商业银行认为支持自贸区建设最重要的三个原因除了服务国家战略外还包括扩大盈利来源以及促进境内外融通。这说明二者在承担服务国家战略责任的同时，也从自身利益出发，通过支持自贸区建设实现自身发展。

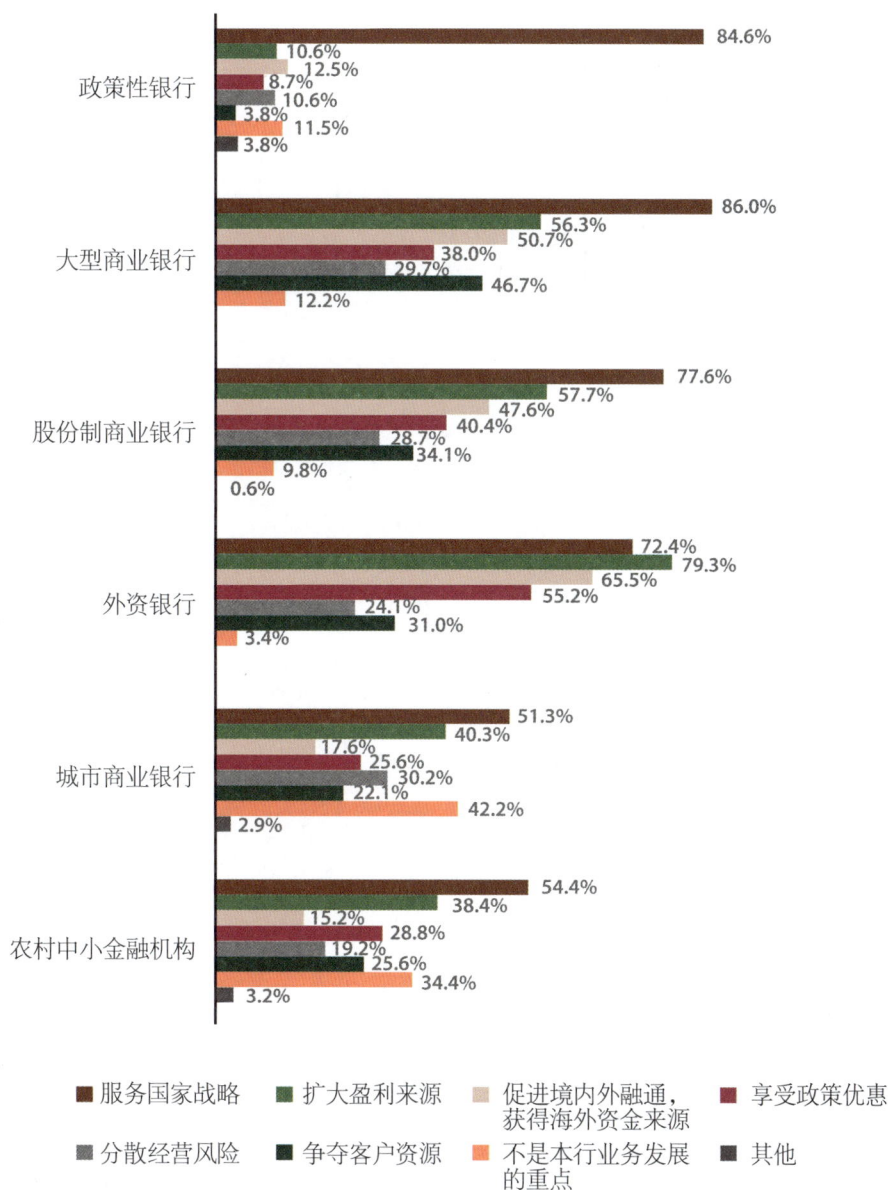

图3-27　2015年不同类型银行支持自贸区建设的出发点

在对中国银行业支持自贸区发展的重点业务调查中，选择跨境结算（60.0%）、跨境投融资（50.2%）和本外币资金结算（44.9%）为占比最高的三项。自贸区作为中国金融改革试验田，跨境结算及跨境投融资业务的开展，一方面，服务国家战略，有利于人民币国际化和国内资本市场对外开放的实现，另一方面，银行利用政策优势，开拓国际业务，有利于银行创造新的利润增长点。本外币资金结算作为银行国际金融业务的基础之一，在支持自贸区建设的作用不容忽视。

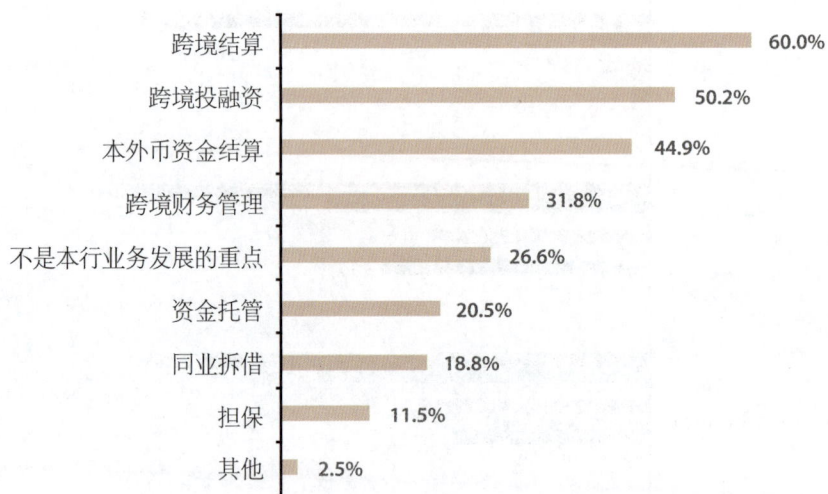

业务类别	占比
跨境结算	60.0%
跨境投融资	50.2%
本外币资金结算	44.9%
跨境财务管理	31.8%
不是本行业务发展的重点	26.6%
资金托管	20.5%
同业拆借	18.8%
担保	11.5%
其他	2.5%

图3-28 2015年银行支持自贸区业务建设的业务重点

九、银行家认为农村金融服务品种单一，创新农村金融产品需求迫切

调查显示，银行家认为目前农村金融存在最大的缺陷是金融服务品种单一，该选项占比高达77.0%；选择政策支持力度不足、金融创新观念落后及金融技术创新落后的银行家比例相近，均在45%~55%之间。虽然目前我国大力支持农村金融的发展，但是在实际运行中，由于农村金融规模相对较小，边际成本高，收益小，风险性较强，导致银行农村金融服务产品供给动力不足。随着农村经济发展，农村金融需求不断提高，农村金融的供求矛盾倒逼银行必须加强农村金融产品创新。

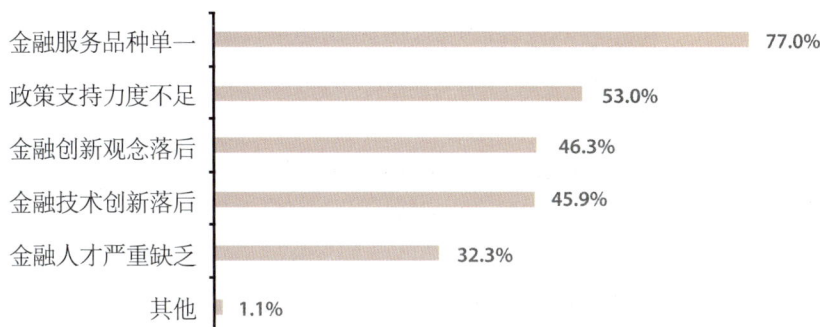

图3-29　2015年银行支持农村金融存在的缺陷

调查发现，80.3%的银行家认为创新农村金融产品是目前银行支持"三农"发展的工作重点，这与目前农村金融产品服务单一的现状相吻合。增加对农村信贷支持（60.6%）、优化农村金融机构网点布局（50.8%）是银行对农村金融支持的其他重要手段。

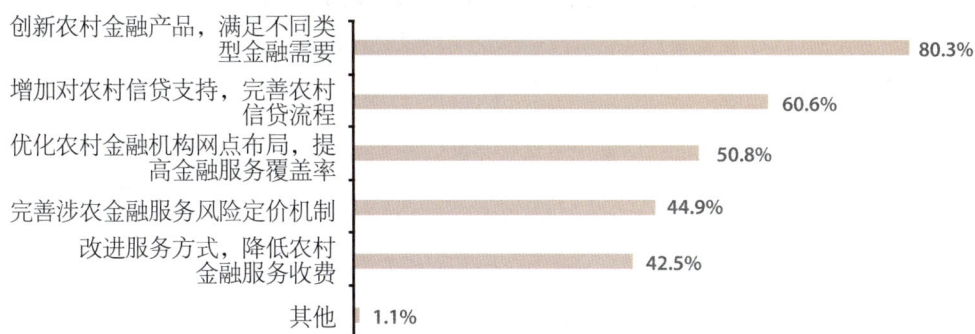

图3-30　2015年银行支持"三农"的工作重点

从不同类型的机构视角看，在各选项中，农村中小金融机构选择的各项比率明显高于其他银行。认为支持农村金融，银行应当创新金融产品、优化网点布局、增加农村信贷、完善涉农风险、改进服务方式的银行占比分别为88.0%、72.8%、86.4%、68.8%和60.8%；除了创新金融产品（该项各种类型银行中选择比率均很高），其余各项农村中小金融机构选择比率较第二位均高出约10个百分点。农村中小金融以支持农村金融发展为己任，在农村金融领域的支持积极性明显高于其他类型的银行，将成为支持农村金融发展的主力。

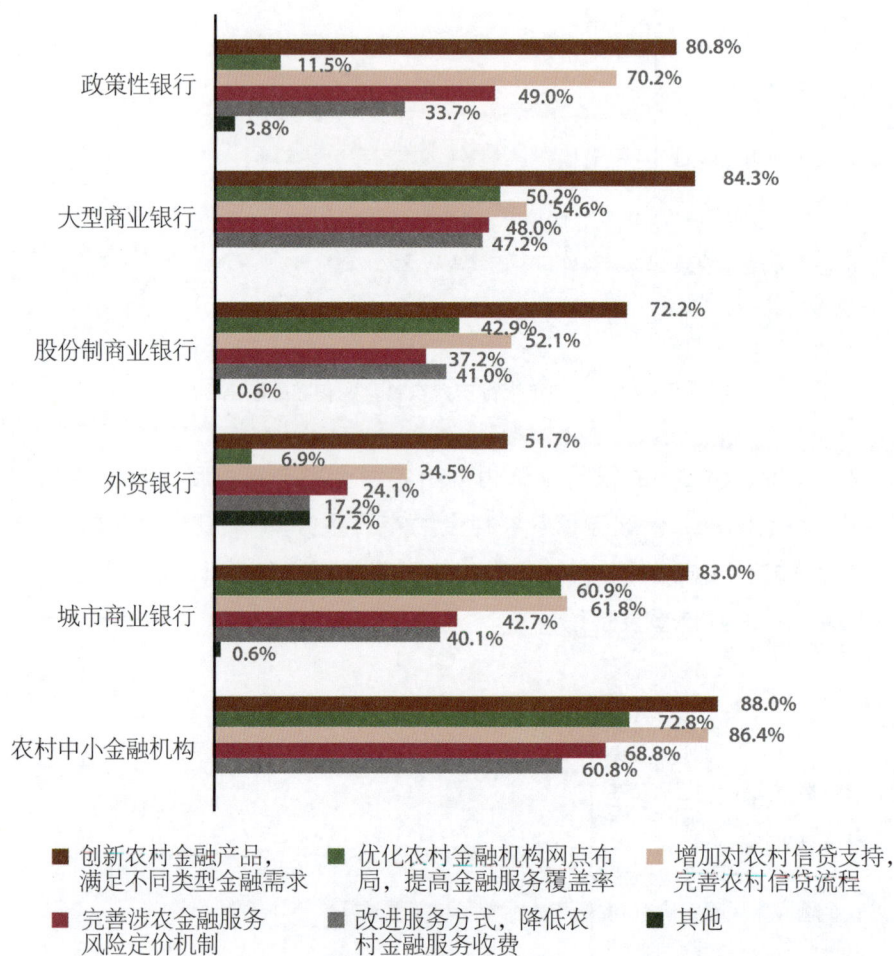

图例：
- 创新农村金融产品，满足不同类型金融需求
- 优化农村金融机构网点布局，提高金融服务覆盖率
- 增加对农村信贷支持，完善农村信贷流程
- 完善涉农金融服务风险定价机制
- 改进服务方式，降低农村金融服务收费
- 其他

图3-31　2015年不同类型银行支持"三农"的工作重点

访谈手记之三

中国银行公司金融部副总经理刘小宇、北京农商银行行长助理王正茂、西安银行副行长王欣谈银行业落实"三大战略"

课题组： 贵行对于国家提出的发展"一带一路"、"京津冀一体化"、"长江经济带"三大战略分别是怎样的态度，三大战略中贵行有无侧重点？是出于何种考虑？

刘小宇（中国银行）： 贯彻落实国家"一带一路"战略，中国银行具体有三方面的业务目标：一是要做好"一带一路"沿线国家"走出去"企业服务，争当"走出去"企业的首选银行；二是要推进"一带一路"沿线国家的人民币国际化业务，争做"一带一路"跨境人民币业务的主渠道银行；三是要完善"一带一路"沿线国家的机构网络布局，争取实现沿线国家机构覆盖率50%以上，并通过远程服务和海外项目营销工作组实现业务全覆盖。2015年，中国银行力争支持"一带一路"建设相关授信不低于200亿美元，未来三年授信金额达到1000亿美元。

中国银行成立了由行领导牵头的总行、分行层面多个联动工作小组，共同研究和推动支持京津冀协同发展的相关工作，大力拓展三地同城的金融服务，加大支持产业迁移、升级和整合项目，积极叙做基础设施、城镇化、生态环保一体化建设项目，做好对迁移客户群的金融服务。

中国银行2015年工作会议将"支持长江经济带建设，抓住基础设施互联互通、综合立体交通走廊建设、产业转移和结构调整机遇，提供全方位优质金融服务"作为全年重点工作之一。在此精神指引下，全行积极推动各项相关工作。

王正茂（北京农商银行）： 根据北京农商银行的业务特点和网点布局，三大战略工作重点在京津冀一体化战略。为了为确保支持京津冀协同发展各项工作组织到位、有序推进，北京农商银行成立了"对接京津冀协同发展领导小组、办公室、专项工作组"，由董事长王金山同志担任组长，相关行领导为成员，负责支持对接京津冀协同发展的领导决策、统筹协调和组织实施，并还出台了《北京农商银行对接支持京津冀协同发展的战略行动计划》。

从资产业务方面看，京津冀一体化不仅仅是产业经济的调整，同时也将北京农商银行的业务范围扩展至京津冀的范围，促进一些创新性业务的发展，有助于银行传统资产业务优势的延续，获取新的客户资源。

王欣（西安银行）： 作为城商行，西安银行机构布局全部集中在陕西境内，"一带一路"战略与本行当前业务契合度最高，西安银行将从以下三个方面，融入"一带一路"战略，加快创新，转型发展：

一是发挥区位优势。陕西省作为"一带一路"的核心区域，是丝绸之路经济带的新起点，是面向中亚、南亚、西亚国家的通道以及商贸物流枢纽，西安银行将发挥区位优势，围绕重点领域、项目、企业，抓住发展机会，加快发展。

二是优化经营策略。西安银行将坚持扎根地方经济，对接国家"一带一路"战略部署和陕西地方经济转型，以创新驱动实现转型发展，谋划实施商业银行+投资银行+金融租赁+金融消费+资产管理+基金管理等多元化发展战略，提升对"一带一路"战略的综合化、多元化服务能力。

三是走多元化、综合化道路。西安银行将在传统的信贷支持基础上，通过推动金融市场业务、投行业务创新，开展和探索以汽车金融公司、互联网金融、产业基金、融资租赁、金融租赁等方式，支持"京津冀一体化"和"长江经济带"战略以及"一带一路"沿线经营地域空白。例如，通过PPN工具有效支持了乌鲁木齐城市基础设施建设；通过项目收益债工具支持了银川市重大PPP项目的建设运营。

课题组：贵行支持三大战略的布局重点分别位于哪些地区或城市？考虑的主要因素是什么？将采取哪些措施来支持一带一路、京津冀一体化及长江经济带的发展？

刘小宇：

"一带一路"方面

截至2015年9月末，中行已在中国内地以及44个国家和地区为客户提供全面的金融服务，在"一带一路"沿线覆盖18个国家，主要分布在俄罗斯、蒙古、东南亚、中亚、中东欧、西亚北非等国家和地区；中行跟进的重点项目方面，马来西亚、蒙古、越南、印度尼西亚、俄罗斯、哈萨克斯坦等国数量较多。考虑到未来"一带一路"沿线国家将成为中国经济"走出去"的核心目标市场，中行将东南亚、中东欧、俄罗斯、哈萨克斯坦等作为重点关注地区。

在具体工作层面，中行主要围绕以下几方面落实构建"一带一路"金融大动脉的战略。一是"练好内功"，为中国企业"走出去"和全球经营铺设完善的服务网络，进一步增加在相关国家网点数量，争取成为当地主流银行；二是"内外兼顾"，既要争做"一带一路"走出去项目企业的首选银行，又要服务好"一带一路"沿线国家走进来企业；三是"勇当先锋"，争做"一带一路"跨境人民币业务的主渠道银行，推动人民币在"走出去"及当地重大项目中的运用，扩大跨境人民币贷款规模，继续做好海外人民币债券发行业务；四是"源头发力"，整合内部资源，加大对"一带一路"地区分行的资本金、固定资产投入配置。建立起项目营销海外工作组机制，从总行、境内外分行选派业务骨干组成项目营销海外工作组。

"长江经济带"方面

截至2015年6月末，中国银行"长江经济带"沿线项目已有42个项目进入投放阶段，总授信金额627亿元人民币，已实际投放项目金额317亿元人民币。截至2015年6月末，储备项目共计181

个，拟授信总金额2339亿元人民币，其中，已发起或拟发起授信项目总金额1750亿元人民币，尚在前期营销沟通中项目总金额593亿元人民币。

已完成措施：一是将"长江经济带"工作列入全行重点工作，大力推进。二是成立"长江经济带"业务拓展联动工作小组，创新内部业务管理、营销一体化机制。三是设立"长江经济带"战略重点客户清单式管理体系。

后续推进措施：一是与"长江经济带"相关的各级政府机构保持紧密沟通，从顶层设计抓机遇，占领业务发展制高点。二是制定"长江经济带"发展策略并匹配专项资源支持，从政策制度要保障，汇聚条线支援的凝聚力。三是与总行"一带一路"、"自贸区"工作组密切联动。

王正茂：从空间布局上看，北京农商行相关工作的重点将放在天津。目前，北京农商行与天津农商行业务合作已有进展。

河北的唐山、保定、廊坊、张家口等城市组成的这一区域中也是北京农商行的重点布局区域。9月25日，北京市和河北省联合发布了《北京（曹妃甸）现代产业发展试验区产业发展规划》，作为深入落实京津冀协同发展战略的重要突破口。随着业务转移，北京农商行与河北有尚有合作空间。廊坊、保定将作为北京产业疏解的主要接受区域，目前保定已经调整了行政区划，北京农商行将围绕客户外迁发展的机遇，做好跟踪服务。另外，从北京周边交通路网看，目前部分河北城市间的相互交通也需要通过北京进行周转，河北在发展成为大的商品集散地过程中，周边交通基础设施也需要升级，北京农商行也将为

此提供服务与支持。

2022年，北京将与张家口联合主办冬奥会，奥运会的举办将对场馆建设、公路建设、环境治理等产生投资需求，并将带动全民健身、休闲、文化、旅游等服务产业发展。

王欣：关于区域布局，西安银行支持"一带一路"的重点位于陕西省内主要城市，以西安市为核心；同时积极向银监会申报，期望通过领头羊"先行先试"的优势，获得在丝绸之路经济带省外沿线及经济紧密区设立分支机构资格，拓展服务区域范围。

关于支持措施和发展重点，西安银行将重点围绕以下四个方面：

一是搭建多元化综合化服务平台。申请非银行金融牌照和相关业务资质，如资产管理子公司、基金管理公司以及金融租赁公司，申请B类债券主承销资格及证券投资基金托管资格，从类信贷业务、资产业务和投资银行业务等不同领域加大对"一带一路"战略的服务支撑。加快业务布局建设，借力丝绸之路经济带政策契机，发展互联网金融，做好"金丝路"信用卡及省内首家直销银行"新丝路Bank"，通过互联网尤其是移动互联网拓展客户，实现互联网金融服务新模式，为"一带一路"沿线国家和地区人民提供优质便捷金融服务。

二是以信息科技为支撑加快业务模式创新。加大信息科技投入，运用互联网金融思维，强化自身服务渠道建设，加强与信托、证券等第三方机构合作，共同挖掘、推动优质客户，通过投贷

联动、结构化融资、新三板等形式，充分利用债券市场、股权市场进行直接融资。

三是推进人民币清算业务。西安银行将依托国际金融业务经验以及已延伸至中亚东亚的业务实力，积极申报成为丝绸之路经济带沿线主要的人民币清算银行，实现金融服务的跨境延伸，为"一带一路"战略铺开提供良好的基础设施。

四是通过信贷结构调整推动地方经济转型升级。第一，支持制造业转型升级，助力工业腾飞。重点支持航天航空、飞行控制，城市电网建设与改造工程、热电联产等项目；深入支持省内战略新兴产业、汽车关键零部件、专用设备制造、高端数控机床、军工装备、电子元器件、生物制药等方面融资需求，推动陕西"制造"向"智造"转型，带动产业链发展。第二，低碳节能，加大对绿色信贷支持力度。在投放中加大对节能减排项目、环境治理项目以及能效信贷的融资支持，重点解决加工生产企业、污水处理企业、环境保护企业的资金难题，加快改善生产生活环境，提升环境质量，促进经济、社会和环境的可持续发展。第三，支持外向型企业"走出去"。支持在能源、冶金、化工、高新技术、装备制造、商贸物流、有色金属、通讯设备、航空、旅游等行业优势明显、特色鲜明的行业集团客户以及与之配套的中小企业快速发展，快速"走出去"，消化过剩产能，带动产业结构调整。

课题组： 对于三大战略涉及区域的不同特点，在产品和服务方面贵行有何针对性设计？

刘小宇： "一带一路"涉及64个国家以及国内多个省份和地区，相比于其他两个战略，金融需求跨地区、跨文化的差异性明显，而且投资规模大、周期长。中行将利用自身国际化、多元化、一体化、专业化等独特的优势服务国家"一带一路"战略。

在京津冀地区产品创新方面。第一，中行努力开展信贷业务创新，打破区域划分限制，为集团客户、异地项目提供更简洁的授信支持；借助网络平台，通过"网络通宝"等电子业务提升中小企业服务水平。第二，结合互联网模式在通关一体化、交通一体化、医疗一体化等领域支持京津冀协同发展；做大在线融资业务，通过股商存管等业务对接天津渤海商品交易所、河北河钢交易中心，实现股商存管和供应链金融对接。第三，提前布局京津冀地区城市公交、出租一卡通的互联互通，推动ETC等业务的发展；研究推出一体化的系列银行卡产品，推广园区卡、社保卡、校园卡、中铁银通卡和中银速通卡等。

王正茂： 在积极参与京津冀一体化战略实施方面，根据现实情况，北京农商行计划通过两种方式开展相关业务：

一是直接服务。对于由一体化产生的交通运输、基础设施、公共工程、园区建设等项目建设，以及传统客户由于外迁产生的金融服务需求，北京农商行将以直接参与的方式拓展相关业务，比如北京农商行目前已经参与的京津冀交通项目共5个，其中：铁路项目1个，轨道交通项目3个，公路项目1个，贷款余额77.64亿元。此外还购买了北京市首都公路发展集团有限公司非公开定向债务融资工具3亿元，天津城市基础设施建设投资集团有限公司非公开定向债务融资工具2亿元，天津农商银行二级资本债1亿元。

二是开展机构间合作。北京和天津、河北在经济特点、产业结构等方面存在较大差异，三地金融机构的业务特色、创新能力也各有侧重。北京农商行已经梳理出了15个可以对接、合作的业务领域，包括资金业务、信贷业务、涉农业务、银行卡业务、投资银行业务、个金业务、支付业务等，目前北京农商行已经与河北农信联社开展了理财业务、资金业务的合作。

课题组：贵行在开展"一带一路"、"京津冀一体化"、"长江经济带"业务时重点支持的行业分别是什么？为什么？

刘小宇：从产业分布来看，"一带一路"重点项目主要有"聚集基础设施互联互通""促进贸易规模持续增长""推动产业项目走出去""加快能源资源引进来"四个特点。结合自身业务情况，中行重点支持的行业主要包括我国和沿线国家间存在地域、资源和经济结构互补性的石油、天然气、电力、装备制造等行业，以及与海、陆、能源等互联互通相关的铁路、公路、港口、仓储物流、电网、油气管道等基础设施建设领域，支持高铁、核电等具备技术优势企业和产能过剩行业。

根据京津冀协同发展国家规划内涵，中行重点支持京津冀地区的交通一体化建设、市政基础设施建设、产业迁移及升级、战略新兴产业、生态环保以及住房、医疗、教育、旅游、社保等公共服务行业。

"长江经济带"战略要求实现沿线省市互联互通，规划了大量交通基础设施建设项目，提升黄金水道功能，建设综合立体交通走廊。近期，中国银行将重点支持铁路、公路、航道、港口、机场、物流等行业领域的项目。中期，在综合立体交通走廊建成的基础上，沿线相关产业转型升级、产业结构调整、新型城镇化建设将加快步伐。涉及信息化、电子科技等高技术行业；高端装备、汽车、船舶、轨道交通等装备制造行业；家电、纺织、服装等民生消费行业；电力、石化、钢铁、有色等能源、资源行业；金融保险、现代物流、旅游休闲现代服务业。中国银行将继续支持上述领域项目。

王正茂：京津冀一体化战略的实施将会对多个行业带来机遇，第一，交通运输业。从京津冀三地的交通运输方式上看，包括公路、铁路、航空、港口、城市轨道五种方式。交通运输业将成为北京农商行支持的重要行业之一。

第二，在首都功能疏解、卫星城建设的过程中，必然会出现新的城市建设需求，包括水、电、汽、暖等公共设施，以及配套的教育、医疗设施等，这些都需要投入大量的资金，这也将成为北京农商行重点支持的领域。目前北京农商行通州项目已经开始启动，投入包括一系列配套设施以及功能区调整。

第三，环保行业也是北京农商行重点支持行业。随着这几年多个城市雾霾频繁发生，环保问题再度引发社会关注。北京农商行将加大绿色低碳、节能节水、再生利用将加大投入力度。

第四，北京农商行将加大污染治理的投入。京津冀地区将在完善防护林建设、水资源保护、水环境治理、清洁能源使用等领域开展合作，加快大气、水和土壤等污染治理项目建设，以及防风固沙、农田及城市园林等生态修复工程的大力发展，有关产业的发展也将是北京农商行大力关注与支持的。

王欣： 西安银行将主要从以下领域贯彻"一带一路"战略：一是打造丝路经济带的小微金融引擎。努力做深、做精、做透本地市场，通过机制创新（专营制）、技术创新（线上+线下）、产品创新（推出了小微企业金融服务品牌"盈动力"，盈动力包括创易通、融易通和展易通三大核心产品系列，共计30多款特色产品，全面满足处于创业、成长、快速发展等不同时期的企业金融需求），以优质服务助力当地企业成长壮大，积极配合国家小微金融政策落地生根。二是支持陕西优势产业快速发展。以及陕西省自身的资源禀赋，重点支持化工、电子信息、航空航天、汽车、新材料、生物医药和文化旅游等七大潜力产业；关注国家重要投资方向，如水利工程建设、综合地下管廊建设等，寻找目标客户。三是倾力支持科技创新型产业发展。通过知识产权贷款和科技贷等多种举措，重点支持高端装备制造、网络信息、节能环保、电子商务、新能源、新材料、生物医药和航空航天等重大科技自主创新项目和企业发展，促进高科技、新兴产业发展。四是加大对涉外企业的服务力度。借助外资股东优势，加快发展国际业务；加大对国际贸易企业的支持力度，加大对外贸易企业提供便利的贸易融资服务，以海关丝绸之路经济带通关一体化改革为契机，积极推进关税电子支付创新，提高企业通关效率。

课题组： 您认为商业银行在支持"一带一路"、"京津冀一体化"、"长江经济带"三大战略中面临的挑战和制约有哪些？您认为监管机构是否应出台相应的政策来支持银行相关业务的开展？

刘小宇：

在支持"一带一路"发展战略中所面临的挑战和制约主要有：

1. "一带一路"沿线各国态度不一。一些国家对我国"一带一路"倡议仍抱有戒心，在具体合作过程中表现出观望心态或比较消极的态度，或在合作过程中出现政策摇摆和反复。

2. "一带一路"沿线各国发展水平不一，地缘政治关系复杂，国别风险较高，加上部分国家法律不健全，对商业银行的风险管控能力提出了较高要求。

3. 存在项目完工和履约风险。"一带一路"区域部分国家之间缺乏政治互信，利益诉求不同，多边合作项目特别是基础设施互联互通建设推进难度较大。

4. 中资银行的海外机构布局仍需加强，经营能力有待提高。在"一带一路"沿线国家，花旗银行在超过30个国家设有机构，汇丰银行和渣打银行的机构数量也远超中资银行。

5. 监管合规风险。"一带一路"区域各国的金融监管环境差异较大，部分国家存在外汇管制、外资银行进入限制，部分国家对商业银行的分行实施较为严格的子行化管理，限制了商业银行当地分支机构参与大项目的能力。

在支持"长江经济带"发展战略中所面临的挑战和制约主要有：

1. 政策前景：《指导意见》发布以来，实质推广措施有限，国家层面的具体要求和措施亟待出台，各地政府亦未见明确行动方案，企业多呈观望态势。

2. 区域协调：长江经济带战略涉及11个省市，各省市发展水平参差不齐，利益诉求多样，地方保护主义盛行，政策难以协调一致，产业迁移短期难见效果。

关于对监管机构的政策建议，中行认为需要重点加强以下几方面的工作：

1. 银行业"走出去"是一项系统工程，需要国家的顶层设计和通盘考虑。中国"走出去"银行大多为国有控股的大型银行，都能够积极响应国家倡议，执行力度一般较大，这是我国的独特优势。国家的统筹设计和安排，能避免盲目扩张带来的不利影响，防止个别金融机构在"一带一路"业务拓展方面急于进取，有时甚至忽视市场化原则这一基础和前提开展业务，造成隐患。

2. 需要建立有效的合作机制与模式。中方目前各家金融机构都在参与"一带一路"建设，但仍然缺乏一些有效的合作机制或模式，不利于形成整体合力。建立有效的合作机制与模式能够帮助中资银行"协同有序"地"走出去"，促使金融机构团结、协调一致地服务改革开放大局。

3. 建议监管机构对于商业银行在京津冀三地的协同服务、信贷投入、产品创新给予政策支持。

4. 增强政府融资平台监管的灵活性。地方政府融资平台主导的基础设施建设是长江经济带沿线项目的重要组成部分，在不放松当前对政府融资平台监管的前提下，增强政策的弹性和灵活性，有助于激活地方政府和企业参与相关项目的积极性。

5. 适当增加财税金融的支持力度。长江经济带沿线各省发展程度差异较大。对相对欠发达的中西部地区适当加大财税金融支持力度，有助于缓解各省发展差异、拉平省际合作壁垒，对于实现长江经济带沿线各省均衡发展意义重大。

6. 鼓励设立产业投资基金。鼓励设立省级或跨省产业投资基金，主导重点项目投资、整合各方面资源，引导银行资金、社会资本合作，形成杠杆撬动效应。

王正茂：北京农商行在参与京津冀一体化战略实施过程中，也面临一定障碍：

一是北京农商行尚未取得跨区域发展和综合化经营的监管许可，对北京农商行异地贷款增速也有限制，不利于大规模拓展异地业务。目前北京农商行不仅无法在其他城市设立网点，异地贷款也存在困难。

二是北京农商行在部分新业务资质上还有不足，为客户提供综合化金融服务的能力有限。因此，在业务范围方面，希望能够获得其他银行平等待遇。

三是北京农商行的产品体系与京外客户的需求还有差距，仍需进一步完善。

四是三地的财税、监管政策有一定差异，河北、天津的政策环境与北京存在一定差异。

如果能够得到监管支持，随着部分机构外迁，希望同时向外拓展分支机构达到维护客户目的。京津冀一体化作为国家战略，金融服务在此过程中也将一体化。针对京津冀一体化建议如下：一是监管部门能够制定一系列配套监管措施，统一金融监管、财税、工商等政策，优化政策环境；二是支持北京农商行实现跨区域经营，放松适度调整异地业务监管政策，增强北京农商行直接服务客户的能力；三是建立重大项目定期发布机制，降低信息获取成本；四是考虑到京津冀一体化战略实施的初期必然首先带动与房地产相关产业的发展，建议放松相关监管政策，以适应战略实施的需求。

第四部分
风险管理和内部控制

根据中国银监会发布的2015年第三季度主要监管指标数据，商业银行不良贷款余额11863亿元，较上季末增加944亿元；商业银行不良贷款率1.59%，较上季末上升0.09个百分点。同时，2015年以来，央行多次放开存贷款利率限制，利率市场化不断推进，以及互联网金融等，都加剧了中国市场金融脱媒的进程，并进一步挤压了银行的业务空间。因此，在这种背景下，通过调查与采访，我们对当前中国银行业的整体风险情况和内部控制水平进行综合评价，以期提高银行业的内部控制和风险管理水平。

一、信用风险在当前风险管理工作中最受关注，声誉风险的管理效果最受认可

根据本年度银行家对所在银行风险管理工作重点给出的评分结果（1分表示满意程度最低，5分表示满意程度最高），信用风险、操作风险、合规风险、市场风险、信誉风险和流动性风险的得分均为平均分（4.18分）以上，凸显出了相关类别风险管理的重要性；其中信用风险得分达到4.6分，位列第一，并显著高于其他风险类别，显示在当前信用环境下行、不良率攀升的背景下，其管理工作受到银行家的普遍关注。

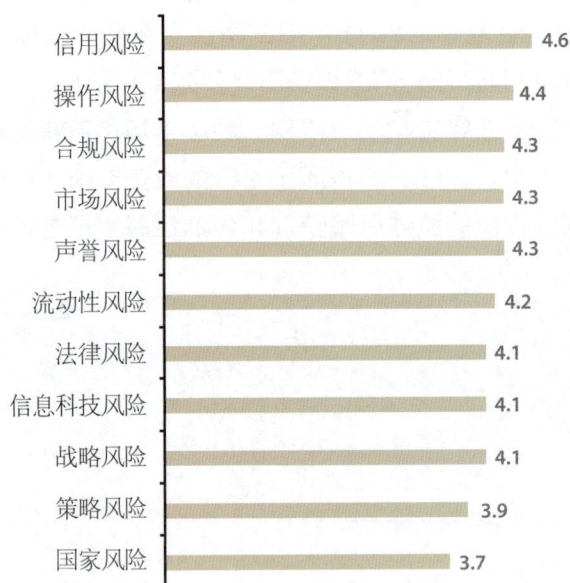

风险类别	得分
信用风险	4.6
操作风险	4.4
合规风险	4.3
市场风险	4.3
声誉风险	4.3
流动性风险	4.2
法律风险	4.1
信息科技风险	4.1
战略风险	4.1
策略风险	3.9
国家风险	3.7

图4-1　2015年中国银行业风险管理工作重点评价

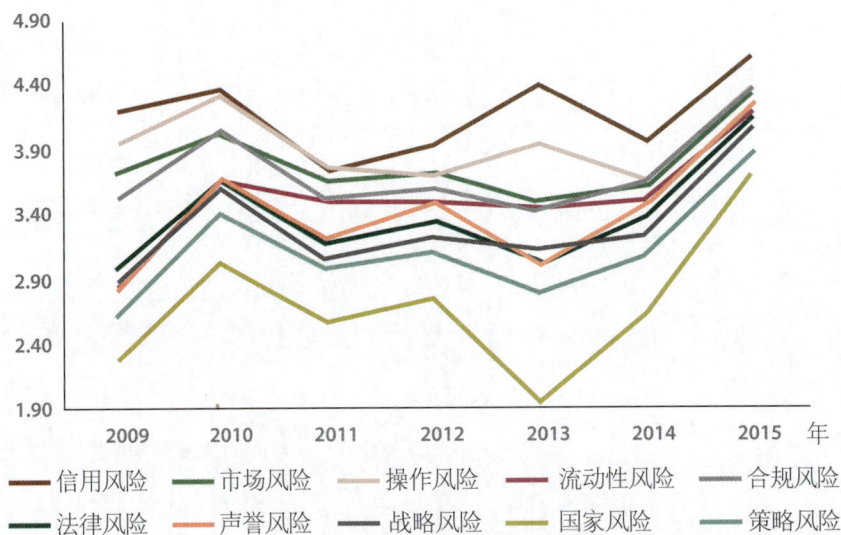

图4-2　2009—2015年中国银行业风险管理工作重点评价

对比过去七年中国银行业风险管理工作的重点可以看出，作为资本管理高级方法实施第一支柱的组成部分，信用风险、操作风险、市场风险始终是中国银行业风险管理工作的核心，其得分也常常位列前三。值得注意的是，第一，信用风险在各年打分中均获得较高分数，其中有六年为最高分，显示中国银行业多年以来面临的最主要风险始终是信用风险，也反映出其业务结构未在根本上发生变化；第二，个别年份操作风险得分较高，其中有一年还得到最高分，显示银行业操作风险涵盖范围较广、诱发因素较多、暴露程度较高；第三，近年来合规风险得分呈上升态势，在本年调查中更是超过市场风险，列第三，显示随着中国监管政策环境的不断完善以及银行业务领域的不断拓展，银行面临的合规风险也越发明显。相比之下，国家风险和策略风险的受关注程度则比较低。总体来看，本年度各类风险的受关注程度较过去七年有大幅度提高，均达到历史高位，也显示银行家对风险管理工作的重视程度不断提升。

根据银行家对2015年所在银行风险管理水平给出的评分结果（1分表示满意程度最低，5分表示满意程度最高），各类风险管理水平的得分基本都集中在4.2分左右，整体较高。其中对声誉风险管理水平的评价得分最高，达到4.3分（2014年为4.0分），表明自2012年以来面对越来越多、越来越突发的负面风险事件，中国银行业致力于改进自身声誉风险管理能力，主动加强负面舆情监测和管控，管理水平持续提升，满意度不断提高。同时也反映出中国银行家更加关注银行的品牌和商誉效应，各项经营管理举措将更具长期性和战略性。

与过去四年的可比口径得分结果相比，本年各项风险管理水平的得分也达到历史最高，均位于4.0分以上，显示经过多年努力，中国银行业风险管理水平整体得到快速提升，银行家的自身满意度也持续提高。就各项风险管理水平得分的排序变化看，法律风险管理水平得分4.2分排名第二，较2014年大幅跃升两个位次；信用风险管理水平得分4.2分排名第五，较2014年提高一个位次；其他风险管理水平的得分因为上述变化而升降互见。这表明，一方面，当前中国正在稳步推进依法治国进程，全社会法治意识不断提升，而银行经营管理活动面临的法律环节本就较多，也因此培养了一支素质相对较高的人才队伍，银行家对自身法律风险的管理水平相对比较满意；另一方面，随着中国宏观经济增长步入下行通道，各类信用风险事件不断暴露，银行家对自身信用风险管理水平的担忧已持续一段时间，但随着宏观经济环境逐步明朗，银行采取的信用风险管控措施逐步落实到位，上述担忧开始有所缓解，满意度也略有回升。

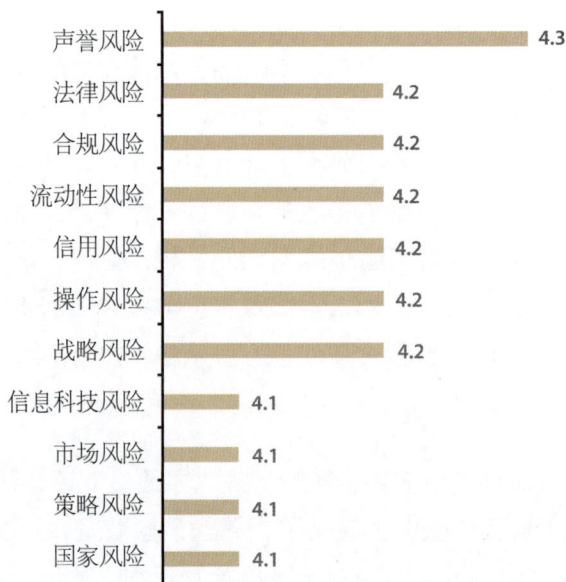

声誉风险　4.3
法律风险　4.2
合规风险　4.2
流动性风险　4.2
信用风险　4.2
操作风险　4.2
战略风险　4.2
信息科技风险　4.1
市场风险　4.1
策略风险　4.1
国家风险　4.1

图4-3　2015年中国银行业风险管理工作评价

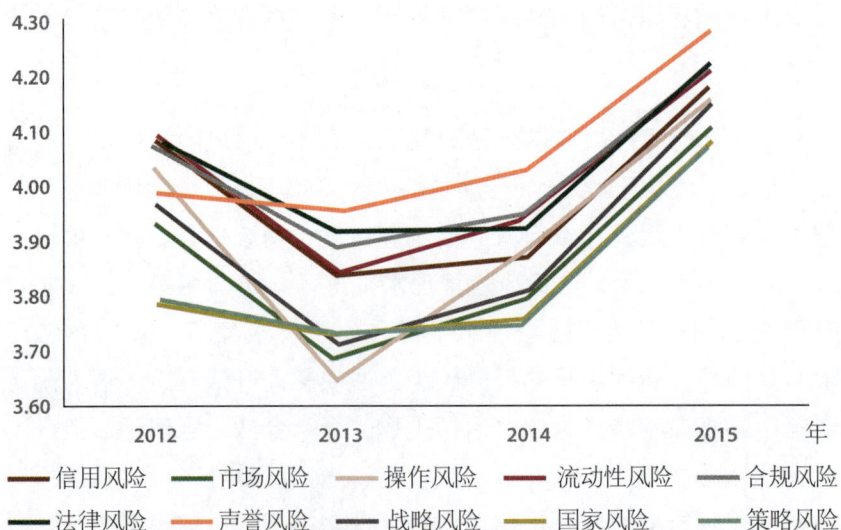

图4-4　2012—2015年中国银行业风险管理工作评价

二、产能过剩行业和小微企业贷款风险成为银行家关注的首要信用风险

信用风险是商业银行所面临的基本风险，也是目前中国商业银行面临的最主要金融风险。受当前中国宏观经济增速下滑、经济结构调整持续深入等因素的影响，国内部分行业和部分地区的信贷违约事件频发高发，银行业信用风险暴露进一步增加。

从中国银行业面临的外部风险看，2015年银行家对产能过剩行业贷款所带来的信用风险最为关注，有82.1%的银行家认为产能过剩行业贷款是本行2015年面临的最主要的信用风险事件，主要是因为钢铁、水泥、建材、船舶、光伏等产能过剩行业面临经济周期下行和结构调整的双重压力，经营环境更趋艰难，整体行业信用风险不断攀升。同时，有57.6%的银行家认为小微企业贷款风险是应该关注的首要信用风险。在当前经济环境下，小微企业面临着经营压力大、成本上升、融资困难等一系列问题，银行小微企业贷款不良率也相应呈持续上升的态势。但是，小微企业贷款风险的暴露既有上述宏观经济因素的影响，更多还是我国银行业在小微企业贷款技术、流程和整体风险控制体系方面的缺陷造成的。随着我国银行业转型的推进，客户结构下沉是大势所趋，小微企业在银行业目标客户群中的地位也将更加重要。因此，未来我国银行业需要加强对小微企业的研究，从技术、流程等方面全方位提高小微企业贷款业务的管理水平。

同时，调查显示，房地产开发性贷款（46.3%）、贸易融资和供应链贷款（37.9%）和地方政府融资平台贷款（31.9%）风险也较高。2015年9月，国家统计局发布的数据显示，自2014年起，房地产投资增速已连续20个月呈下滑趋势，行业现状堪忧。随着全球经济复苏过程中区域经济环境复杂性的凸显、产业升级步伐的不断加快，以及市场竞争日趋激烈、行业集中度高等因素的影响，贸易融资和供应链贷款风险也有抬头的趋势；而虽然中国政府已经陆续出台多项旨在化解地方政府债务风险的政策举措，但地方政府融资平台，尤其是县域地方政府融资平台和部分金融风险较高地区的地市级地方政府融资平台偿债风险仍然相对较高。

相对而言，银行家普遍认为，银行理财业务和同业业务的风险是基本可控的，2015年的选择占比仅为3.6%和2.5%。这主要是因为大型商业银行仍然是理财产品的主要发行者，其产品杠杆率相对较低，风险抵补空间较大，

而且产品平均周期相对较长，显著降低了流动性风险；特别是由于大量理财产品资金投向有政府隐性担保的资产，如债券市场产品、信托产品等，违约风险相对较小。此外，一方面，传统同业业务开展时间较长，场内报价和结算模式以及以大型金融机构为主的参与主体，大幅降低了违约风险；另一方面，新型同业业务虽然在前些年获得较快增长，但其参与主体仍然局限于某些全国股份制商业银行和个别大型商业银行，业务存量相对较小，加之随着监管政策的趋严以及各商业银行普遍加强内部管控，其业务风险也相对较低。

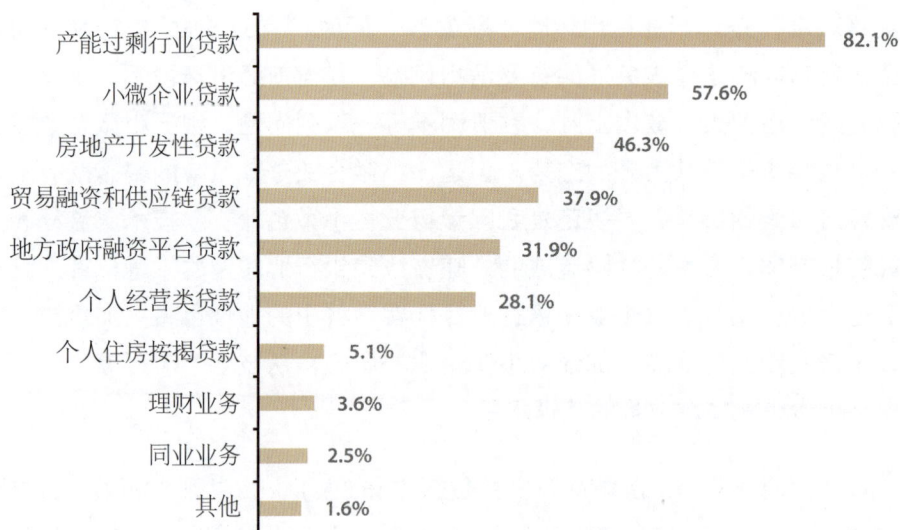

类别	百分比
产能过剩行业贷款	82.1%
小微企业贷款	57.6%
房地产开发性贷款	46.3%
贸易融资和供应链贷款	37.9%
地方政府融资平台贷款	31.9%
个人经营类贷款	28.1%
个人住房按揭贷款	5.1%
理财业务	3.6%
同业业务	2.5%
其他	1.6%

图4-5　2015年中国银行业信用风险关注度评价

三、利率市场化对商业银行的发展提出了新的挑战

随着中国利率市场化进程深入推进，利率市场化已被银行家认为是2015年银行面临的最主要的市场风险。事实上，利率市场化将会深刻影响银行的资产负债结构，而包括资产结构调整、主动负债增加、表外资产增长等都会显著放大利率波动以及由此带来的重定价风险、基差风险等，并将在短期内确定性地挤压银行存贷利差空间。这对于一直以来以存贷利差为主要利润来源以及依赖基于此种盈利模式而形成的风险管理模式的中国银行业的冲击将会是显著的。在此背景下，各家商业银行的市场风险管理能力及其盈利能力势必出现分化，并进一步推动银行经营的转型升级和市场竞争的加剧。因此，在针对中国银行业市场风险关注程度的调查中，有82.3%的银行家选择此项，显著高于其他因素。

同时，分别有55.6%、51.6%和50.1%的银行家认为"资本市场波动加大"、"国内货币政策调整时点和幅度的不确定性"和"人民币汇率双向波幅加大"是银行业2015年面临的最主要市场风险事件。值得关注的是，资本市场波动的选择占比超过了国内货币政策和汇率这两项传统风险因素。这表明其对中国银行业影响日益加大，这主要体现在几个方面：一是股票市场对银行储蓄存款的分流作用将进一步缩窄银行的负债来源，增加银行主动负债的风险承担；二是企业直接融资渠道的拓展将减少对于银行贷款的需求，资产重定价风险较高，而其中以股票（股权）质押的信贷资产风险敞口也将进一步加大；三是由银行管理或代销的客户理财资金参与资本市场将直接面临市场风险。

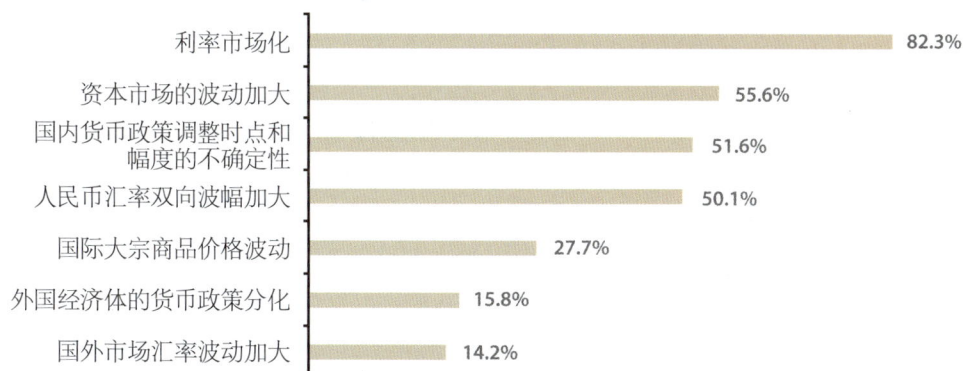

图4-6　2015年中国银行业的市场风险关注度评价

商业银行市场风险管理是识别、计量、监测和控制市场风险的全过程，而计量和控制可谓是其中的关键。银行家对市场风险管控手段的选择也表现出了一致性，分别有77.8%和71.1%的银行家选择以"提高风险控制手段自动化水平"和"提高量化评估能力"作为重点。提高风险控制手段自动化水平一方面可以节约人力成本，提高风险控制的科学性和准确性；另一方面在当前市场波动较大的环境下，也有利于提高风险控制的及时性和有效性。量化评估手段的广泛应用及其评估能力的提高是银行风险管理的必然趋势，且在市场风险管理领域表现得尤为明显，通过将市场数据、头寸数据、参考数据等进行综合量化分析并通过动态指标予以反映，以此更好地辅助决策将有利于更加有效地管控市场风险。长期以来，与国际大型商业银行相比，中国银行业仍然较多地采用定性手段进行风险判断和审视。这与当前的大数据、大资管时代及其对更高量化能力的需求之间形成强烈的冲击，银行家显然已然认识到其中的差距，并已陆续采取应对措施，而提高量化评估能力的基础就在于强化数据质量管理，有55.9%的银行家选择此项作为市场风险管理的重点。

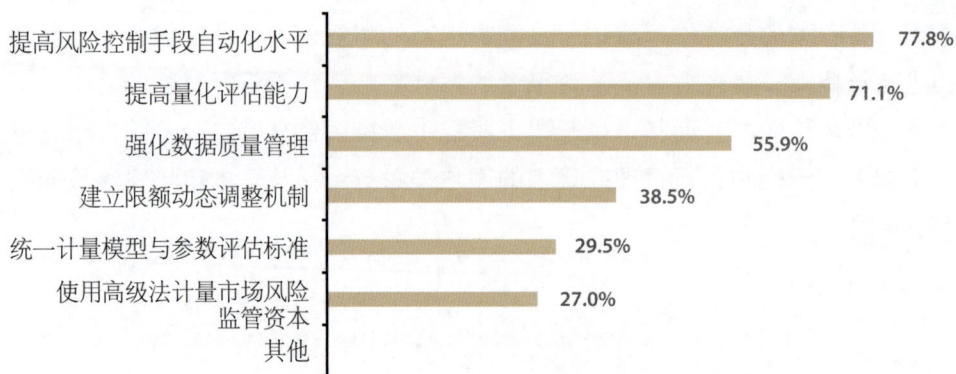

图4-7　中国银行业加强市场风险管理的重点

四、资产负债期限错配和其他投资产品分流成为流动性风险上升的主要诱因

调查显示，"资产负债期限结构不匹配"（63.5%）和"其他投资产品分流银行存款"（62.0%）被认为是2015年银行面临的最主要的流动性风险事件。一方面，从目前中国银行业整体资产负债结构看，以活期存款、同业存拆等为代表的短期负债和以中长期项目贷款、个人按揭贷款等为代表的中长期资产仍然占据较大比重。另一方面，随着中国利率市场化深入推进，普通存款对于投资者的吸引力不断降低，对商业银行流动性水平的影响日益显现。

随着近两年来中国银行业信用风险暴露的上升，债务人延期支付现象频繁发生并有愈演愈烈的趋势，有45.2%的银行家将此作为2015年面临的最主要的流动性风险事件，可见中国银行业信用风险和流动性风险间的交叉传染特征已更趋明显。

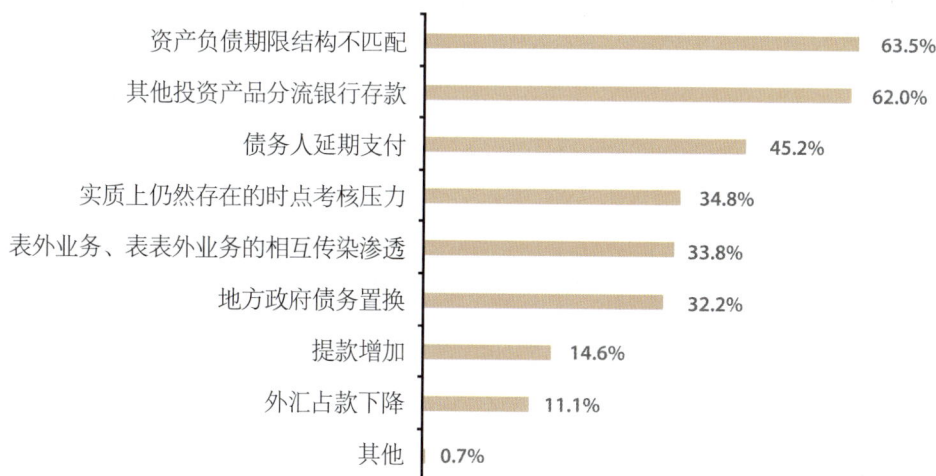

资产负债期限结构不匹配	63.5%
其他投资产品分流银行存款	62.0%
债务人延期支付	45.2%
实质上仍然存在的时点考核压力	34.8%
表外业务、表表外业务的相互传染渗透	33.8%
地方政府债务置换	32.2%
提款增加	14.6%
外汇占款下降	11.1%
其他	0.7%

图4-8　2015年中国银行业的流动性风险关注度评价

针对流动性风险的管理，与流动性风险事件相对应，79.5%的银行家认为应该"优化资产负债期限结构"。包括优化储备资产结构、建立分层次的流动性准备，进一步降低信贷资产占比、提高非信贷资产比重，增加贷款种类、提高贷款的变现能力，加强主动负债、降低非稳定负债比例等都可成为调整优化资产负债结构的主要着力点。

同时，55.8%的受访者认为应该"强化风险限额指标的监控和预警"。从

2008年的国际金融危机到2013年6月全国银行业出现的"钱荒"风波，都显示了流动性风险管理对于商业银行的重要性。表明良好的流动性风险管理是商业银行持续稳健经营的关键因素之一。因此，中国银行业亟须建立一整套完善的流动性风险管理监测预警体系，并将其摆在相较于其他风险而言更加重要的位置，以期形成流动性风险日常管控的长效机制。

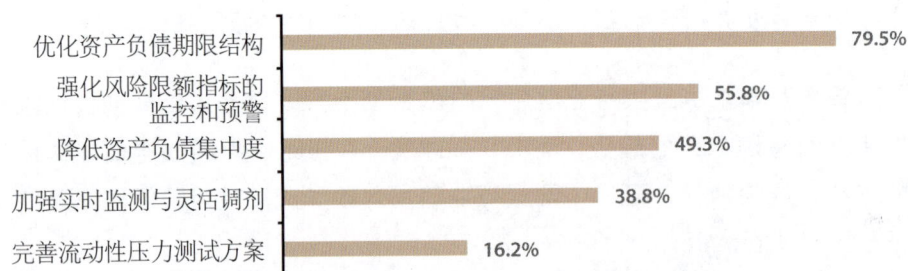

图4-9 中国银行业加强流动性风险管理的重点

五、操作风险仍然更加关注"人"的问题

调查显示，有66.3%和60.6%的银行家分别认为"银行内关键人员流失或缺乏"和"银行内部人员越权行为"是2015年银行业面临的最主要的操作风险事件。这表明操作风险仍然是商业银行的"内部风险"，而"人"是所有风险源最为关键、最为活跃的因素。因而相应人员的缺失势必在短期内形成较高的操作风险隐患，而近年来不断蔓延的银行业关键人员流失状况则进一步加剧了上述风险。此外，逾越自身职权范围也被认为是破坏既有内部控制设计、降低内部控制有效性和适当性的关键因素之一。

与之相反的是，仅有22.0%和11.5%的银行家认为"科技投资风险"和"外部采购和供应商风险"是最主要的操作风险事件，"系统漏洞和黑客攻击"也仅获得35.2%的银行家选择。由此可见，尽管近年来中国银行业整体信息化程度提高，尤其随着互联网金融的日益兴起，金融互联网建设也快速推进，且一些信息科技风险事件也屡见报端，但相比于由人员造成的操作风险，由信息系统造成的信息科技风险尚未受到银行家重点关注。

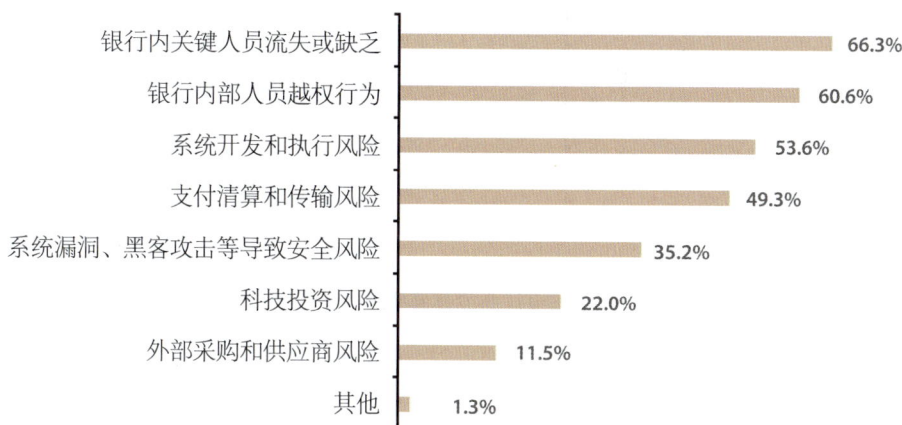

图4-10　2015年中国银行业的操作风险关注度评价

调查显示，"培养员工的操作风险意识"（71.0%）被银行家认为是未来一段时间银行应该首要采取的操作风险管理措施。与信用风险、市场风险相比，操作风险几乎覆盖了银行经营管理的方方面面，包括人员、系统、制度、流程等都可能诱发操作风险。如前所述，银行的操作风险仍然很大程度上来自于员工的缺位和失位，乃至行为失范。因而持续加强员工教育管理、不断培养员工的操作风险意识就显得尤为重要。

同时，加强风险管理系统的配套建设和风险管理工具的推广应用也是加强操作风险管理、提高操作风险管理水平的重点。调查显示，选择"持续优化操作风险管理信息系统"和"深化操作风险管理工具应用"的比例分别达到65.7%和64.8%。值得关注的是，仅有21.8%的银行家认为"使用高级法计量操作风险监管资本"是加强操作风险管理的主要方面，这表明《巴塞尔新资本协议》在中国银行业落地并与日常风险管理相结合仍然任重道远。

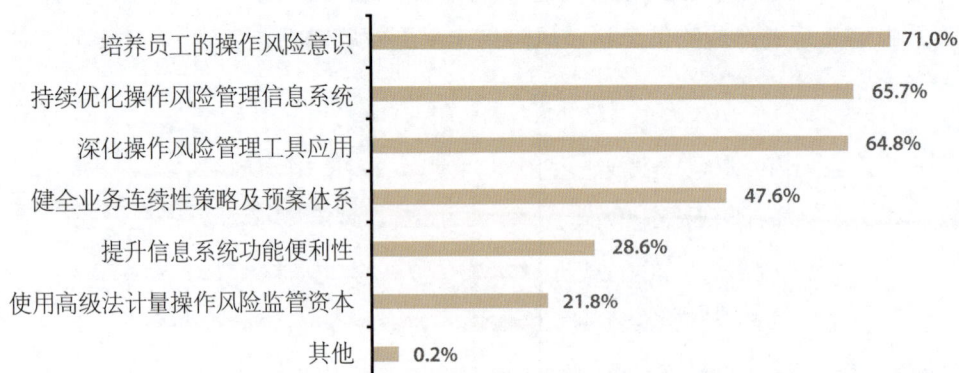

培养员工的操作风险意识	71.0%
持续优化操作风险管理信息系统	65.7%
深化操作风险管理工具应用	64.8%
健全业务连续性策略及预案体系	47.6%
提升信息系统功能便利性	28.6%
使用高级法计量操作风险监管资本	21.8%
其他	0.2%

图4-11　中国银行业加强操作风险管理的重点

六、商业银行合规风险关注度普遍不高，关联交易最受关注

　　"合规"是银行业稳健运行的基本内在需求，也是商业银行文化的重要组成部分。针对中国银行业合规风险关注度的调查显示，银行家的选择相对较为分散，各风险事件的选择占比普遍集中在三成到四成。所谓"合规"，主要是"合外部规"，在既有的监管和政策环境下，银行可以通过修订内部规章制度、调整业务流程、完善相关操作系统等予以对应，且新政策出台都有一定的缓冲期。因此，银行的防控自主性相对较大。同时也反映出中国银行业整体跨境经营程度不高，尚未受到来自陌生监管区域不同合规环境的影响。

　　在上述所有风险因素中，"关联交易"被认为是银行2015年面临的最主要的合规性风险事件，选择占比接近一半。从一个侧面显示中国商业银行的经营触角更为广泛，股权、债权关系也更为复杂，加之越来越多的银行业金融机构已经或正在谋求上市，触及关联交易规制及其信息披露要求的可能性也越来越高。值得注意的是，近期境内监管和货币政策当局一直较为关注的"将经营成本转嫁给客户"（39.6%）、"强制捆绑金融产品"（38.8%）等"七不准"事项以及"涉洗钱或恐怖融资"（26.8%）等均未受到银行家的普遍关注，有可能是银行家已经采取必要应对举措，也有可能是银行家对其风险重视程度还不足。

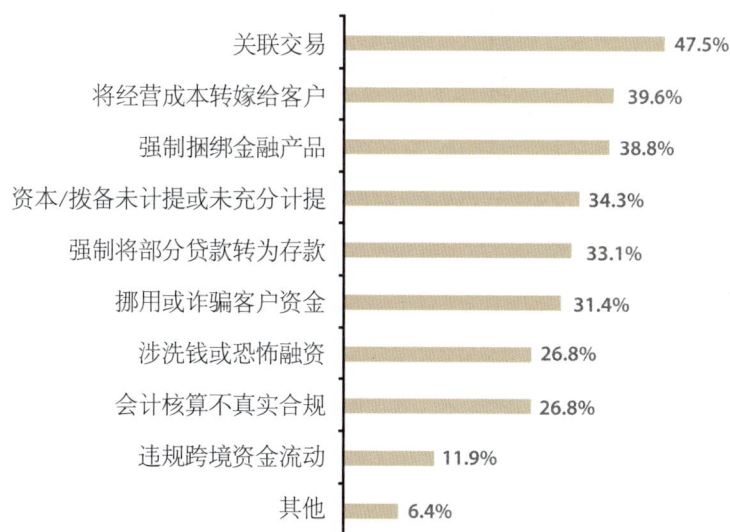

项目	百分比
关联交易	47.5%
将经营成本转嫁给客户	39.6%
强制捆绑金融产品	38.8%
资本/拨备未计提或未充分计提	34.3%
强制将部分贷款转为存款	33.1%
挪用或诈骗客户资金	31.4%
涉洗钱或恐怖融资	26.8%
会计核算不真实合规	26.8%
违规跨境资金流动	11.9%
其他	6.4%

图4-12　2015年中国银行业的合规风险关注度评价

针对加强合规性风险管理重点的调查中显示，高达73.5%的银行家选择"建立有效的合规问责制度"作为合规风险管控的主要措施，排第一位；62.2%的银行家认为须"建立合规识别评估机制"，排第二位。事实上，合规风险防控是全面、全流程链条式管理的过程，而事前预防应该在整个流程中居于主导和首要地位，是主动式风险管理的关键，越早发现合规风险苗头，越早介入并实施干预，越有利于合规风险的有效防控。上述调查结果表明，中国银行家仍然倾向于采取事后问责被动式管理方式应对合规风险，虽然严格的人员问责在很大程度上有利于消弥合规风险，但无法从根本上解决合规风险隐患，而这与中国银行家对合规风险关注度不高可能有一定关系。

此外，"加强合规文化建设"（48.1%）、"建立合规风险报告机制"（35.6%）、"加强部门之间的工作协调"（30.6%）也被银行家认为是加强合规性风险管理的重要措施。

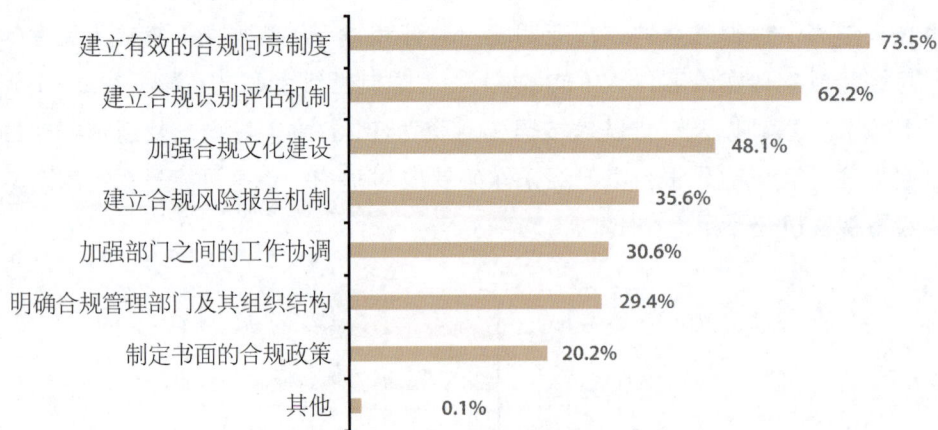

图4-13　2015年中国银行业加强合规性风险管理的重点

七、多数银行家认为已建立比较健全的内部控制体系

针对当前银行业内部控制体系建立健全情况的调查显示，52.5%的银行家认为已经建立内部控制体系，但仍需完善（2014年为60.0%，2013年为56.8%）；34.2%的银行家认为已按照内部控制标准建立健全内部控制体系，并定期审议（2014年为24.1%，2013年为33.1%）；11.8%的银行家认为正在建立内部控制体系，并已制订长期建设计划（2014年为14.2%，2013年为9.6%）；只有1.4%的银行家认为尚未建立内部控制体系（2014年为1.7%，2013年为0.3%）。

对比连续三年的调查结果，银行家选择"已按照内部控制标准建立、健全内部控制体系，并定期审议"的比例达到了历史高位，其他选项的占比总体进一步下降。显示中国银行业根据国内外内部控制体系标准的要求持续探索，已经走出了一条真正适合中国国情和自身经营管理实际的内部控制体系建设之路，也表明中国银行家越来越依靠自身完善的内部控制体系来防控各类内外部风险、以期实现稳健经营。

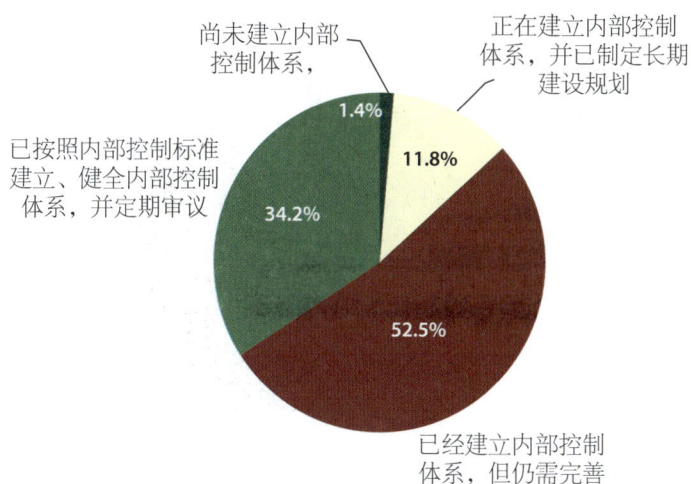

图4-14 2015年中国银行业内部控制工作评价

尚未建立内部
控制体系，

正在建立内部控制
体系，并已制定长期
建设规划

已按照内部控制标准
建立、健全内部控制
体系，并定期审议

1.7%

13.9%

23.6%

58.6%

已经建立内部控制
体系，但仍需完善

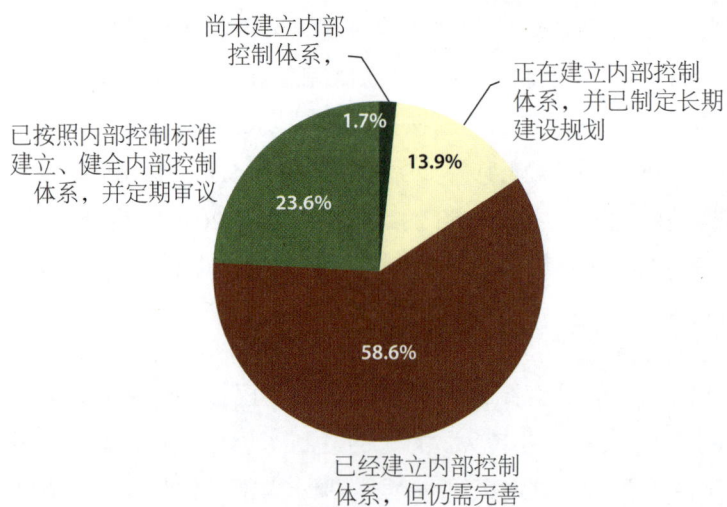

图4-15　2014年中国银行业内部控制工作评价

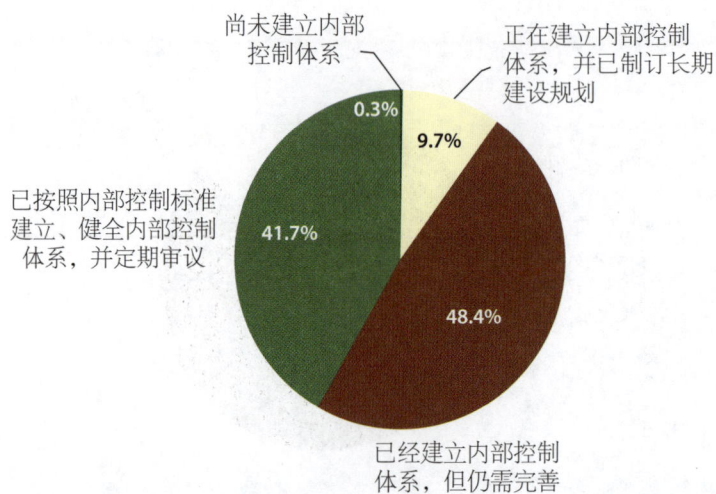

尚未建立内部
控制体系

正在建立内部控制
体系，并已制订长期
建设规划

已按照内部控制标准
建立、健全内部控制
体系，并定期审议

0.3%

9.7%

41.7%

48.4%

已经建立内部控制
体系，但仍需完善

图4-16　2013年中国银行业内部控制工作评价

八、制度执行不严被认为是近期内部案件数量增多的主要原因

2015年以来，不仅银行外部欺诈案件数量有所上升，内部员工违纪违规或内外勾结所导致的案件数量也有抬头态势。对此，尽管各家银行纷纷采取措施以加强自身内部控制，但并未从根本上杜绝或遏制内部违规案件的发生。调查结果显示，银行家普遍认为"制度执行不严，合规管理存在薄弱环节"是近期内部案件数量增多的主要原因，占比达到82.4%。这表明，即便商业银行建立了严格的内部控制体系，但是执行不到位，甚至出现不同岗位员工相互串通、内外部人员彼此勾结的情况，依然会削弱岗位牵制等内部控制原有设计效果，导致既有内部控制体系局部乃至完全失效。

同时，56.7%的银行家认为"监督检查有效性需要进一步提高"，而"员工教育有待加强"和"整改纠错和责任追究不到位"也有一定的选择占比。事实上，上述三种措施分别是在事前和事后督促提高制度执行力的主要手段，其中提高监督检查有效性最为受到重视，主要原因是其作为健全的内部控制体系的重要组成部分，有利于形成针对制度执行有效性的持续确认和督导过程，也是建立有效的事后问责机制并推动以案例警示员工的重要基础。

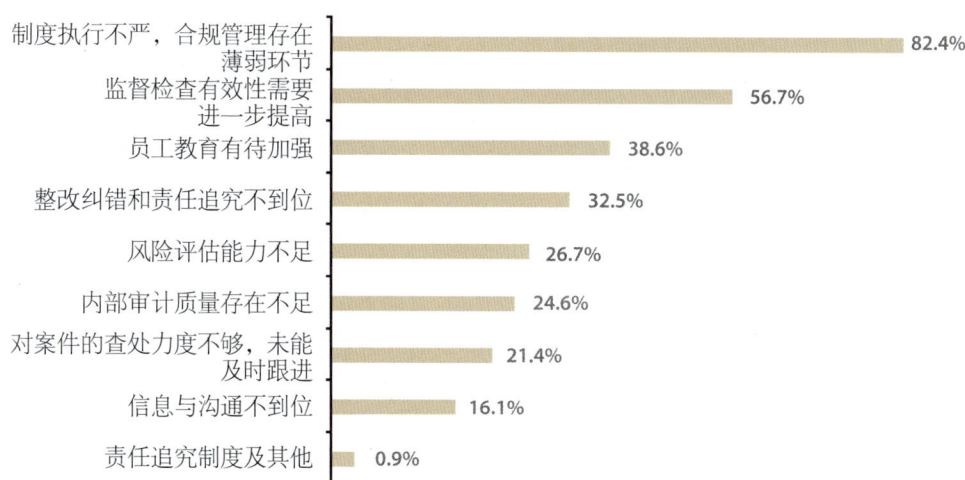

原因	占比
制度执行不严，合规管理存在薄弱环节	82.4%
监督检查有效性需要进一步提高	56.7%
员工教育有待加强	38.6%
整改纠错和责任追究不到位	32.5%
风险评估能力不足	26.7%
内部审计质量存在不足	24.6%
对案件的查处力度不够，未能及时跟进	21.4%
信息与沟通不到位	16.1%
责任追究制度及其他	0.9%

图4-17 2015年中国银行业内部案件原因分析

中国农业银行相关负责人①、浙商银行副行长叶建清谈信贷资产管理

课题组：您认为目前国内商业银行不良资产上升的主要动因是什么？未来一年内国内商业银行信贷资产质量将呈现什么样的变化趋势？

农行相关负责人：（一）国内商业银行不良资产上升的主要动因。从宏观层面看，是经济运行转入"新常态"和GDP增速下行在银行端的综合体现；从中观层面看，产业结构的不平衡放大了经济周期波动对实体经济和银行经营的影响；从微观层面看，企业盈利困难、经营行为扭曲以及银行风控存在不足等是不良资产上升的主要原因。

一是中国经济步入"三期叠加"阶段，企业经营普遍困难，持续亏损的企业增多，债务违约率相应上升，反映到银行端，就是新发生不良增多，资产质量下滑。二是我国长期以来以初级制造业、出口加工业为基础的粗放型经济发展方式，造成部分工业行业产能过剩严重，加之市场需求疲弱和运营成本抬升等多重因素影响，实体经济利润空间受到严重挤压，导致资本"脱实向虚"，流入房地产、矿产等高回报领域。三是前期经济高增长、信贷大投放时期，企业经营中积累的一些问题集中爆发，如一些企业不顾自身实力跑马圈地、激进扩张、过度融资、使用高息民

间借贷，投资、经营和信贷行为都发生扭曲，经过长期消耗后，在债务沉重、大幅亏损的泥潭中越陷越深，这些企业的风险通过借贷关系持续向银行传导，不断侵蚀银行资产质量。四是前几年银行贷款投放过度，部分贷款风险缓释不足，企业靠担保融资较普遍，形成大量的担保圈，单个客户出现问题，风险就沿担保链条快速传染，产生大量的不良贷款。同时，还存在担保公司"担而不保"的现象，一些担保公司实质上已经失去了担保能力，风险缓释名存实亡。五是部分银行存在信贷风险管理不到位的情况，个别企业挪用信贷资金投资房地产、矿产，在当前房地产市场萧条、矿产品价格大幅下跌的形势下，这些客户投资收益严重缩水甚至亏损，资金不能回流，贷款到期无法归还，也是造成不良贷款上升的重要原因。

（二）未来国内商业银行信贷资产质量的变化趋势。从宏观层面看，预计国内经济调整还将经历较长的阵痛期，未来一段时间内我国经济仍将处于筑底过程。国家正通过货币政策和财政政策协同发力，刺激经济复苏，但即使2015年第四季度宏观经济能够企稳，由于不良反映与经济走

---

① 尊重受访银行家的意愿，该篇访谈手记以匿名方式呈现。

势之间存在时滞，银行不良贷款高发态势也不会很快终结。从微观层面看，企业债务负担沉重，盈利大幅下滑，资产创造净现金流的能力严重不足，经营陷入困境的企业层出不穷。尤其是前期过度扩张的企业，经过长期消耗后，将会被大量淘汰。经济决定金融，当前"不良发生多，风险化解难"的情形仍将维持一段时期，银行业资产质量仍会惯性下滑。

但是，我们也要看到，中国经济发展潜力大、韧劲足、回旋余地大，目前所处的阶段性调整期终将结束，经济将会走出低谷，重回上行周期；同时，中国银行业攒下了较"殷实"的拨备，目前盈利的绝对数额仍较为可观，有能力逐步消化不良、控住风险。从总体来看，银行业仍处于整体风险可控的健康发展阶段，仍具有较好的发展机遇。

叶建清：国内商业银行不良资产上升的主要原因是当前中国经济增速放缓、经济结构调整、国内外需求下降这一宏观背景和传统行业普遍产能过剩以及企业前期投资过快过度、杠杆过高、转型升级难等微观因素造成的。具体来看，涉及不良的企业，主要有如下原因：投资过度（包括非房涉房等）导致资金链紧张、涉及担保链代偿、行业下滑、需求减少、产能过剩、落后产能淘汰等。

当前银行面临的风险，主要有如下特点：一是风险的复杂性，信用风险、操作风险、流动性风险、信息科技风险、声誉风险等有可能多点爆发和转换，风险的复杂性和危害性增强。二是风险的传染性，随着业务复杂程度上升，银行表内与表外业务之间，银行与证券、保险等非银行金融机构之间的关联度上升，金融风险的传染性增强。三是风险的隐蔽性，部分企业通过多头融资、民间融资等掩盖风险，使得风险的隐蔽性增强。

由于中国经济目前处于增长速度换挡期、结构调整阵痛期、前期刺激政策消化期的"三期叠加"阶段，同时，产能过剩行业、房地产等敏感行业、部分敏感区域的潜在风险压力仍然较大，企业资金链和担保链风险仍在深化和扩散，商业银行的信用风险防控压力较大，预计不良贷款率短期仍将保持一定上升。从中长期看，随着产业转型升级的逐步推进和金融创新产品的不断完善，商业银行的客户结构和资产负债结构会更为合理，信贷资产质量会有所好转。

课题组：请问贵行信贷资产质量管理整体形势如何？贵行不良贷款上升压力较大的信贷业务类型、区域分布、行业分布等方面呈现哪些特征？贵行小微企业贷款、"三农"贷款、地方政府融资平台贷款资产质量整体表现如何？

农行相关负责人：（一）农行信贷资产管理整体形势。农业银行贷款质量情况与同业大致相同，目前也面临着较大的管控压力，但风险整体可控。截至2015年6月末，农业银行贷款不良率1.83%，比年初上升0.29个百分点，不良贷款余额1595亿元，比年初上升346亿元，不良贷款增幅在四大行中处于中间水平。

（二）农行不良贷款主要特征。从业务类型、区域、行业等维度看，上半年不良贷款主要呈现以下特征：一是法人贷款依然是新发生不良贷款的"主力"，特别是2014年以来大中型客户不良发生率显著增加，央企、民企违约同时爆发，一些央企贷款也进入不良，如中钢集团、二重集团等。个贷不良上升压力主要集中在个人经营贷款和信用卡，但个人住房贷款风险有上升趋势。二是东部沿海高风险地区问题持续暴露，中西部地区风险也开始上升。三是新发生法人不良贷款依然以中低端制造业和批发零售业为主，但煤炭、铁矿石等采矿业，以及建筑业和三、四线城市房地产开发贷款不良也开始露头。四是农业银行小微企业、"三农"贷款不良率有所上升，但风险总体可控；平台贷款继续保持较低不良率。

叶建清：截至2015年6月末，不良贷款余额34.32亿元，不良贷款率1.08%，分别比年初增加11.41亿元和0.20个百分点。不良贷款率有所上升，但资产质量仍优于同业平均水平。上半年，新增不良贷款从行业分布看主要集中在制造业、批发和零售业、建筑业。从区域看，主要集中在浙江省内，全行新增前三位的分行为宁波、杭州和温州分行；浙江省外的天津、济南、成都、重庆分行新增不良压力也较大。从信贷业务类型看，公司类客户中的中型企业及小企业客户均受到经济增速下滑的影响，风险形势较为严峻。地方政府融资平台贷款资产质量尚可，目前无不良贷款，也无风险预警。

课题组：请问贵行在信贷资产质量管理方面采取了哪些行之有效的具体举措？

农行相关负责人：农行一直高度重视信贷资产质量管理，采取针对性措施，有效遏制不良贷款过快上升、保障和增强服务实体经济的能力。

1. 管住增量，从源头防控信用风险。一是把握"一带一路"、京津冀协同发展、长江经济带等重大战略机遇，保障优质客户、重大项目贷款投放，从根本上提升信贷发展质量。二是适当降低授信审批权限，从严控制房地产和"两高一剩"行业贷款审批权限，进一步严格转授权管理。三是全面实施法人客户名单制管理，前移风险控制关口；合理控制客户融资银行数量，审慎核定授用信额度；严格信贷担保管理，加强担保准入管理、担保额度核定和后续管理，提高一般保证人准入条件，严格控制新增担保圈贷款和关联担保风险。

2. 做优存量，主动化解存量信用风险。一是深入开展信用风险专项治理，加强担保圈、类信贷业务、隐形集团客户、多头融资过度授信客户、大额生产经营贷款、农户贷款及信用卡专项分期业务等重点领域的风险防控。二是对暂时经营困难但具有较好持续经营基础、有望通过重组盘活走出困境的客户，实行名单制管理，有针对性地运用收回再贷、再融资、期限品种调整、转移承贷主体等方式化解风险。同时，对担保政策、客户评级政策、风险分类政策、责任认定及追究等进行了调整、完善和补充，提升风险化解效果。

3. 强化贷后管理。一是抓好行领导贷后管理包片管户责任机制、贷后管理例会议事机制、潜在风险客户退出机制、大额用信客户分层集中监管机制、大额风险客户风险化解机制等五个机制的落实。二是创新贷后管理工具，运用大数据挖掘技术前移风险防控关口。探索建立区域分级、全面监控的新模式，对一级分行按信贷投放情况、资产质量状况、风险管理水平等因素进行分级；开展"全程监管、多维预警"，对各一级分行新审批新投放贷款从审批、放款、贷后等方面进行全流程监控。

4. 优化完善信贷政策和风险管理工具。一是完善行业信贷政策。二是加强行业限额管理。三是持续优化经济资本计量方案，加强资本约束，促进风险化解和信贷结构优化。

5. 加大不良资产处置力度。立足自主清收，突出抓好大额不良贷款、新发生不良贷款、抵押担保充足不良贷款的直接清收。做好呆账核销，加强对长账龄不良贷款和"三农"、银行卡透支、个人助业、小微企业等不良贷款的核销工作。积极稳妥推进不良贷款批量转让。

6. 构建信贷风险防控长效机制。一是加快推进信贷审查审批中心、立放款中心建设。二是强化系统功能建设和系统自动控制。三是推进信贷"三化三无"支行创建。四是开展信贷制度"回头看"，及时调整完善信贷制度和产品。五是组织开展"两违"专项检查和"三新"不良贷款专项整治。六是加强信贷培训和队伍建设。

叶建清： 浙商银行信贷资产质量管理方面重点采取以下几方面措施：一是进一步加强对区域的调研分析，积极防范区域风险，加强政策引导，加强授信业务准入管理，从源头上防范相关风险。二是加强授信方案审批后具体用信的审核管理，前移风险防范关口，及时开展授信后评价。三是持续开展存量授信客户动态分类排队工作，对存量客户进行全面风险排查，持续调整授信客户结构。四是进一步强化逾期贷款管理，总行逾期贷款防控督导小组抽调相关部门骨干力

量，全力督导区域风险较高的分行遏制逾期贷款上升势头。五是对重点风险防范客户，进行逐户分析，按照"一户一策"的要求，逐户制订处置计划，并落实清收责任人员，督促有效落实。六是加强不良贷款的化解工作，主要手段有现金清收、债权转让、呆账核销等。

课题组： 请结合贵行业务实际情况介绍一下贵行在发展信贷资产证券化业务的战略定位是什么？信贷资产证券化发展面临哪些制约因素？

农行相关负责人：（一）农行信贷资产证券化业务的战略定位。新常态下，商业银行传统做规模、吃利差的存量经营模式难以为继，必须向以客户流量为核心的"流量经营"转变。信贷资产证券化就是做大资产流量，提高信贷资产周转效率，促进信贷结构优化调整，提高中间业务收入的重要手段之一。农行将资产证券化作为适应金融市场深化和利率市场化趋势，拓展新兴业务空间，推进经营转型的一项战略性业务来推进，在战略上给予高度重视，按照"结构调整、金融创新和风险防范"的原则，积极参与国内信贷资产证券化市场。

（二）信贷资产证券化业务面临的制约因素。目前，我国信贷资产证券化市场总规模约6 000亿元，远远低于美、欧、日等发达市场水平。总体来看，国内信贷资产证券化市场发展仍不充分，受到以下方面因素制约：一是投资者群体单一，有待进一步扩大。在一级市场上，当前我国证券化产品的投资者主要是商业银行，投资比例高达85%。证券化产品以银行互持为主，导致风险最终仍停留在银行体系，而且影响了证券的持续健康发行和在二级市场上的流动性。二是产品流

动性不强。2013年，美国资产证券化产品换手率达8.33，同期我国银行间债券市场资产支持证券年末存量171.39亿元，全年仅发生质押式回购交易1.5亿元，换手率不到0.01，流动性不强，制约了市场的进一步发展壮大。三是发行成本偏高。目前证券化产品的定价一般采用以同信用等级、同期限信用债价格为基准，加成流动性溢价的方法，抬升了融资成本。资产证券化连通的是信贷市场和资金市场，二者价格体系差异较大，为了顺利发行，银行普遍采用让渡封包期至发行日期间的收益来进行补贴，进一步抬升了成本。四是商业银行优质信贷资产证券化内在意愿下降。在贷款缺乏有效投放途径、不良贷款余额上升的情况下，商业银行开展优质资产证券化的内在意愿下降，通过不良贷款证券化等手段缓解不良压力的需求迫切。五是投资者投资意愿受外在因素影响较大。信贷资产证券化产品收益率较低，吸引力相对有限。另外，次级档由于不评级，销售依然是难题。六是已经证券化的资产出现实质和形式风险可能性大大增加。随着经济形势的变化，已经证券化的资产发生风险的隐患加大，部分资产可能会存在违约等实质风险，部分资产可能会产生短暂逾期等风险，商业银行后续管理压力较大。

叶建清：浙商银行发展信贷资产证券化业务的战略定位：积极顺应资产证券化趋势，实现资产"占有型"向"管理型"转变、资产"持有型"向"交易型"转变，盘活资产负债表。

2014年11月，银监会将审批制改为备案制后，发行效率便已大大提高，随着央行注册制的推行，未来审批约束不再存在。信贷资产证券化业务的发展将主要取决于市场供需以及相关规章

制度完善程度。一是由于CLO产品的复杂性和专业性，导致投资者对CLO产品的认识不足，市场交易十分冷清，且其较难开展质押回购融资，二级市场流动性不足制约了投资人对CLO产品的需求。二是优质资产较低的贷款利率与CLO发行利率之间的利差空间有限，银行的盈利空间不大，对银行发行意愿形成制约，导致CLO产品的市场供给不足。三是主要在于国内尚未形成国家层面的资产证券化法律体系，建议加快建立统一的市场监管体系，优化税务处理模式，明确统一的资产证券化会计处理准则，加快培育买方市场和相关中介结构，促进资产证券化市场发展，拓宽企业融资渠道。

课题组：请问您对开展不良资产证券化有什么好的建议？

农行相关负责人：（一）建议法律、政策层面予以支持。一是建议尽快出台相关法律法规或规范性文件，解决不良资产证券化在抵质押物转让过程中变更登记手续复杂等困境，使发起机构实现"破产隔离"与"真实出售"，解决不良资产证券化出表问题。二是建议加快引入专业投资者、建立专门的信用增级和评级机制、完善不良资产评估方法。三是建议国家税务部门在不良资产证券化业务中给予信贷资产服务管理机构一定的税收优惠政策，以降低业务开展成本。

（二）建议抓住市场有利时机，尽快迈出试点的第一步。目前，不良资产证券化市场内外部环境已具备，商业银行有需求，监管条件、中介能力和投资者认可等条件均已具备。要用发展的眼光看问题，在发展的过程中解决问题，各类机构共同推进，抓住有利时机，推动不良资产证券

化试点工作能尽快落到实处，在探索中明确不良资产证券化模式。

（三）充分发挥有经验的专业机构能力。充分发挥有经验的专业机构的作用，协同四大资产管理公司，以及目前市场上现有专业团队，共同推进不良资产证券化业务的开展。

（四）更全面、深入地发挥商业银行作用。商业银行可以更深程度地参与不良资产证券化业务，发挥自身的网络、渠道、项目、管理等资源优势，从资产提供者向服务提供者转变，从交易参与者向交易撮合者转变，探索新形势下转型发展之路。

叶建清：开展不良资产证券化，对加快批量处置不良资产，提高不良资产的处置效率与效益，解决商业银行不良资产流动性不足等问题具有重要意义。

对开展不良资产证券化浙商银行具体有以下三方面的建议：一是加快与资产证券化有关的立法建设，立法体系必须着眼于交易成本的最低化和效益最大化；二是对不良资产证券化予以税收优惠，降低发起人和投资者的交易成本；三是放宽市场投资人准入限制，吸引国际投资者，逐步培育、形成一批专门从事不良资产投资的机构投资人。

课题组：您认为地方政府债务置换是否能够有效地解决地方政府债务问题？商业银行应当如何定位？

农行相关负责人：（一）地方政府债务置换能够有效解决地方政府债务问题，但不能完全满足地方政府投融资需求。一方面能解决原有地方债务期限错配严重、资金成本高等问题，有利于优化债务结构，降低利息负担，缓解地方政府的偿债压力，也为地方腾挪出一部分资金用于加大其他支出创造条件。另一方面规范了地方政府的举债行为，提高了债务管理透明度，强化了对地方政府财政预算的有效约束和监督。从当前来看，地方政府债券发行尚不能完全满足政府在基础设施建设与公共服务投资的需要，而融资平台等已不能举借政府性债务，PPP模式推动也较为缓慢，影响在建项目后续融资和新项目建设，地方政府债务管理模式的转变与完善还需要一个过程。

（二）商业银行应当如何定位。一是要充分认识参与地方债发行的重要意义。发行地方债是中央出于多方面的考虑，为防范地方政府的债务风险、化解潜在的金融风险、缓解经济下行压力、推动我国建立多层次债券市场而采取的政策措施。二是理性分析市场环境、积极应对市场变化。目前我国的货币政策总体保持平稳宽松态势，债券收益率相应下行，地方债的发行利率从试点期的部分债券低于国债利率，到基本与国债利率持平，再到目前的国债利率基础上普遍上浮。商业银行应该结合当前的市场供需环境，做好债券投资工作。三是加强银政合作，实现双方共赢。商业银行应该加强与地方政府在地方债发行方面的合作，积极争取财政存款、国库招标、代理财政业务等财政资源，积极介入当地重大项目建设，提高地方债投资的综合收益，实现共同发展，银政双赢。

叶建清：地方政府债务置换对于商业银行，

从资产收益上看将原来高收益的贷款和非标债权置换成了低息的政府债券，面临收益损失；从资产风险上看，地方政府债券由政府纳入预算、统筹统还，其信用明显高于融资平台贷款，特别是低层级融资平台公司的贷款，因此债务置换后，可以提高银行的资产质量，降低银行经营风险。但是，地方政府债券目前虽然已纳入中央国库现金管理和试点地区地方国库现金管理、人民银行SLF、MLF、PSL、商业银行质押贷款的抵质押品范围、并按规定在交易所开展回购交易，但地方政府债券二级市场的流动性仍然较差，导致银行持有地方债形成固化资产。因此，建议监管机构能够放松对地方债二级市场的流通和交易管制，提高地方债的市场流动性。

商业银行应当根据党中央、国务院的精神，致力于推动地方债务的债券化，促进地方政府债务的公开、透明和规范化，同时也会降低银行自身的风险和整体系统性风险。地方政府依法合理融资，银行提供合理的金融服务，从而形成良性的循环。

第五部分
人力资源管理

2015年以来，中国银行业面临着经济增速放缓、利率市场化改革加速等诸多新挑战，进入了更加市场化的竞争新格局，依靠规模扩张的传统模式难以为继。

在此背景下，人力资源作为银行改革的重要环节之一，无论是提升金融服务能力还是风险管理能力，均是不可替代的核心资源。一方面，银行业进入了服务质量竞争的时代，提升员工的服务意识成为当务之急；另一方面，银行转型需要开拓新业务领域与模式，培养更加专业化的创新人才以开拓市场、控制风险。因此，银行业改革的核心在于人力资源改革。以下从人力资源的"选、育、用、留、出"等几方面对2015年中国银行业问卷调查进行了分析。

一、未来员工数量增长预期下降，招聘以业务类员工为主

关于未来三年中国银行业员工数量的变化，调查结果显示，高达80.8%的银行家认为将会增加。其中，41%的银行家认为将增加10%以上，但有4.5%的银行家认为未来三年员工数量会有减少。而2014年的调查结果中上述比例分别是87.7%、51.2%和0。可见，在经济下行压力加大，中国银行业盈利增长大幅放缓的背景下，银行家对中国银行业未来发展与转型持审慎态度，银行业的扩张和人员需求增长会有所放缓，银行家对未来员工总体数量增长预期有下降的趋势。

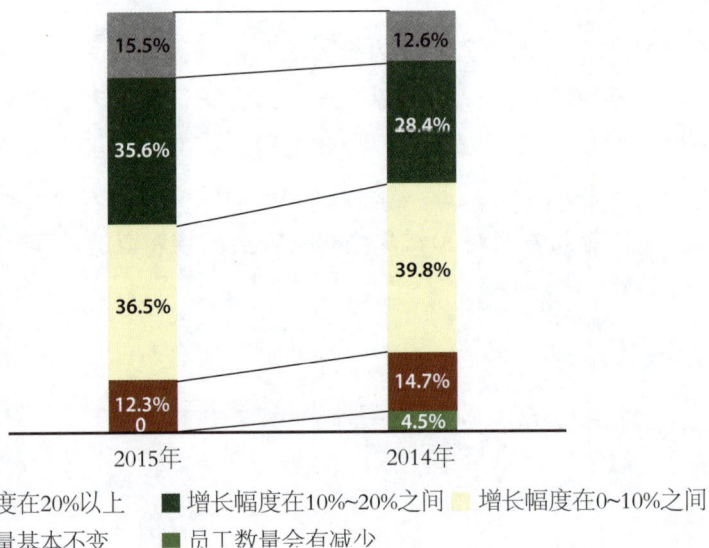

	2015年	2014年
增长幅度在20%以上	15.5%	12.6%
增长幅度在10%~20%之间	35.6%	28.4%
增长幅度在0~10%之间	36.5%	39.8%
员工数量基本不变	12.3%	14.7%
员工数量会有减少	0	4.5%

图5-1　2014—2015年银行家对未来三年中国银行业员工数量变化情况的看法对比

在员工招聘中，柜员、客户经理等业务类人员（59.6%）最受银行家的青睐。这反映出在当前中国银行业竞争激烈的形势下，一方面业务人员的需求量非常大，另一方面业务人员的流失率也比较高。

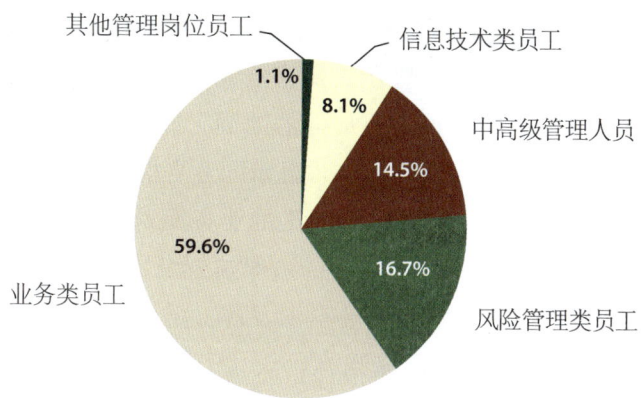

其他管理岗位员工 1.1%

信息技术类员工 8.1%

中高级管理人员 14.5%

风险管理类员工 16.7%

业务类员工 59.6%

图5-2　中国银行业未来员工招聘类型

二、销售技能是员工培训内容的最主要方面

　　员工培训是人力资源管理的重要内容之一，也是提升员工素质，保障业务发展的重要手段。调查结果显示，销售技能（59.8%）是银行家认为当前中国银行业员工培训内容中最需要加强的方面，基础业务技能（58.0%）次之。可见，正如银行家在招聘新员工时更偏向业务类员工一样，对于在岗员工的培训，银行家也更重视提升一线员工的业务能力，这反映出中国银行业的竞争已经到了短兵相接的程度。选择法律法规及监管政策（51.2%）的银行家占比也超过半数，说明银行家在努力发展业务的同时，也非常重视合规风险的管控，风险管理的意识非常强。

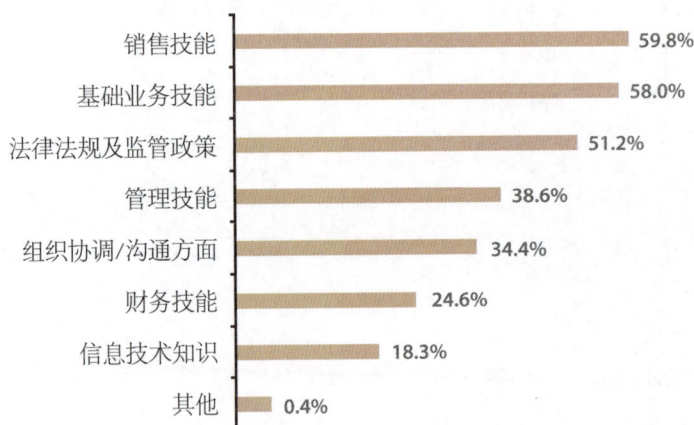

培训内容	百分比
销售技能	59.8%
基础业务技能	58.0%
法律法规及监管政策	51.2%
管理技能	38.6%
组织协调/沟通方面	34.4%
财务技能	24.6%
信息技术知识	18.3%
其他	0.4%

图5-3　中国银行业员工培训的重点内容

三、中层管理人员是最需要重点培养的对象

对于培训对象，除行级领导和高级管理人员外，半数以上的银行家认为其他等级的员工都需要加强培训，说明面临日益复杂的经营形势，所有级别的银行从业人员都必须不断加强学习才能更好地应对各种挑战。其中，中级管理人员（71.9%）作为商业银行的中坚力量，成为最需要重点培养的对象；新晋管理人员和后备管理人员的占比分别为65.6%、53.4%。可见，在中国银行业的"新常态"下，管理人员素质的高低对于银行经营来说至关重要。

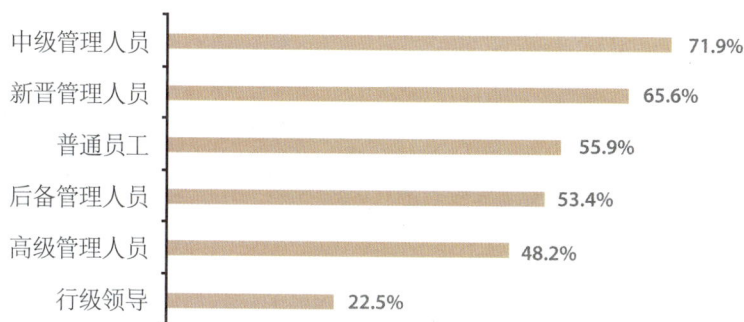

图5-4　中国银行业员工培训的重点对象

中级管理人员　71.9%
新晋管理人员　65.6%
普通员工　55.9%
后备管理人员　53.4%
高级管理人员　48.2%
行级领导　22.5%

四、绩效管理目标短期化倾向依然明显，绩效考核侧重利润类和风控类指标

绩效管理作为决定商业银行人才吸引力的关键因素之一，在历年的调查中，银行家普遍认为存在"绩效目标短期化倾向"、"绩效管理与发展战略关联度不足"等问题。2015年的调查结果显示，81.3%的银行家认为绩效管理侧重利润类指标，68.1%的银行家认为侧重风险类指标。同时规模类指标（46.9%）、资本收益类指标（41.5%）、市场份额类指标（34.6%）也是主要的绩效考核指标。从绩效考核的具体指标来看，绩效目标的短期业绩倾向仍较为明显，但在经济增速放缓的新常态下，银行盈利增长乏力的同时，信用风险上升，不良暴露增加，所以银行家普遍认为应该同时加强对利润类和风险控制类指标的考核。从不同类型银行来看，政策性银行的绩效管理最看重的是风险控制类指标（76.0%），其次才是利润类指标（63.5%），而其他类型的银行绩效管理的首选指标均是利润类指标，风险控制类指标次之。这主要是因为政策性银行不同于其他类型商业银行，它们并不以营利为目的，风控就显得更为重要。而相较其他类型银行，大型商业银行在绩效管理上对市场份额类指标更为看重，这与它们在中国银行业中的主导地位密切相关。

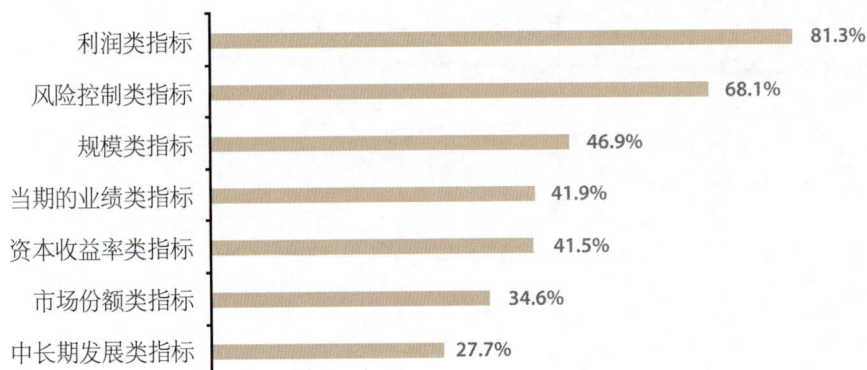

指标	百分比
利润类指标	81.3%
风险控制类指标	68.1%
规模类指标	46.9%
当期的业绩类指标	41.9%
资本收益率类指标	41.5%
市场份额类指标	34.6%
中长期发展类指标	27.7%

图5-5　中国银行业绩效管理的侧重点

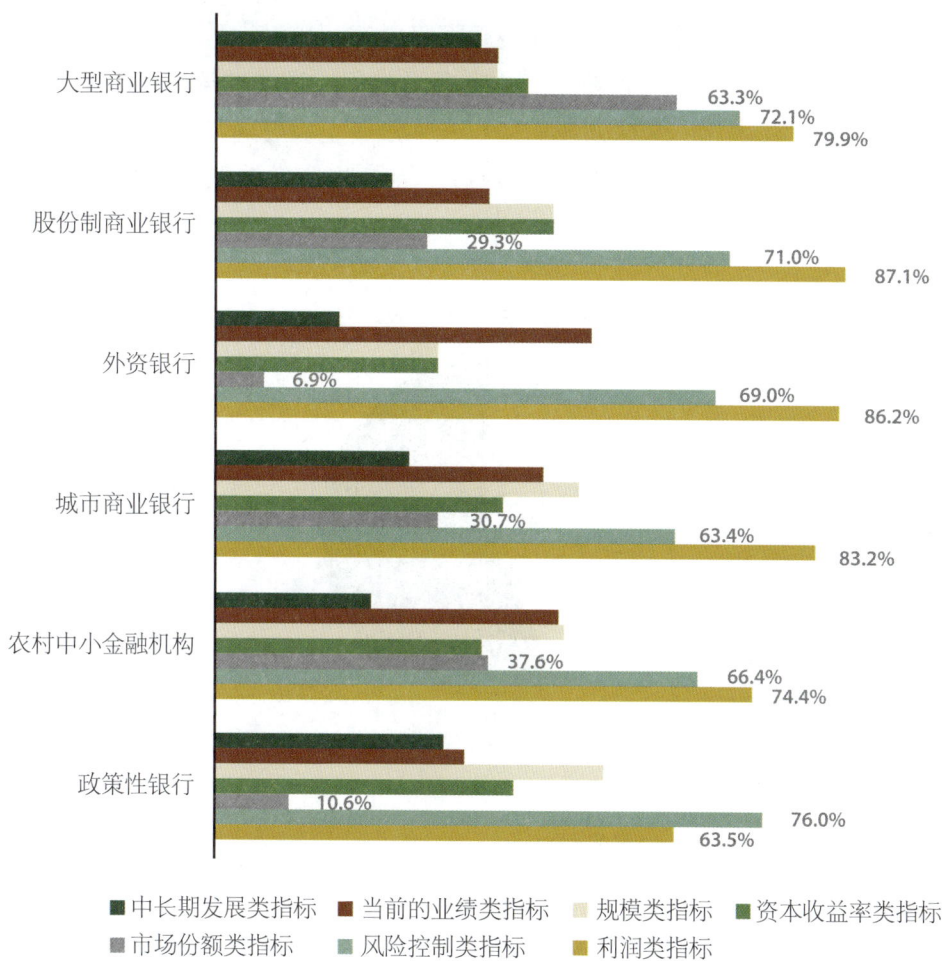

大型商业银行　　63.3%　72.1%　79.9%

股份制商业银行　　29.3%　71.0%　87.1%

外资银行　　6.9%　69.0%　86.2%

城市商业银行　　30.7%　63.4%　83.2%

农村中小金融机构　　37.6%　66.4%　74.4%

政策性银行　　10.6%　76.0%　63.5%

■ 中长期发展类指标　■ 当前的业绩类指标　□ 规模类指标　■ 资本收益率类指标
■ 市场份额类指标　■ 风险控制类指标　■ 利润类指标

图5-6　不同类型银行绩效管理的侧重点

五、长期激励以延期支付为主，"限薪令"对薪酬福利的总体影响不大

2010年，中国银监会下发《商业银行稳健薪酬监管指引》，旨在发挥薪酬在商业银行公司治理和风险管控中的导向作用。调查结果显示，有42.9%的银行家表示所在银行尚未对高管进行长期激励。在已进行长期激励的银行中，最主要的方式是延期支付（89.1%），股票期权、限制性股票等方式运用较少。

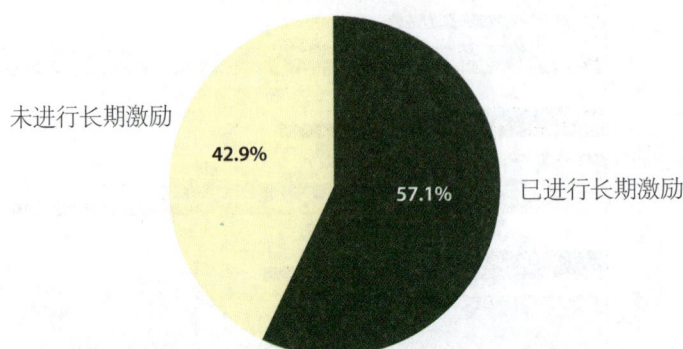

图5-7　中国银行业长期激励的实施情况

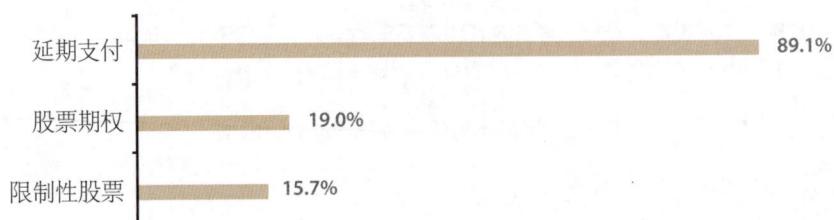

- 未进行长期激励 42.9%
- 已进行长期激励 57.1%

图5-8　中国银行业高管人员长期激励的形式

- 延期支付 89.1%
- 股票期权 19.0%
- 限制性股票 15.7%

从"限薪令"的落实情况和影响来看，39.0%的银行家表示已相应调整薪酬福利政策，但影响程度较小；仅有7.4%的银行家表示薪酬福利政策已大幅调整下调；28.3%的银行家表示"限薪令"尚未对薪酬福利政策产生影响；25.3%的银行家表示尚未调整薪酬福利政策，但已带来间接影响。

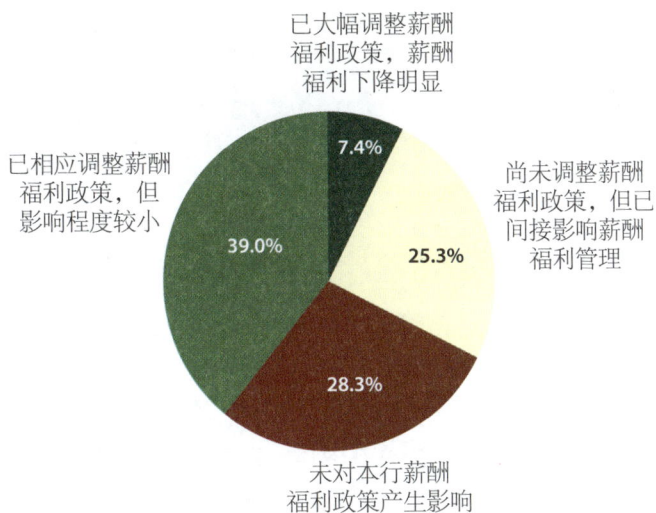

图5-9 "限薪令"对中国银行业薪酬福利政策的影响

从"限薪令"对不同类型银行业员工的影响程度来看（分数越高代表影响越大，满分为5分），随着职级职位降低，影响程度也逐渐降低。行级领导受影响最大，一般员工受影响最小。

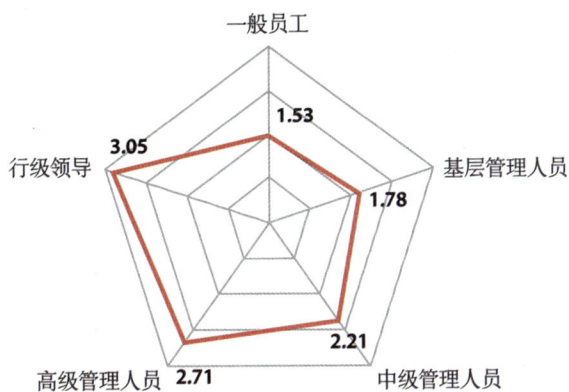

图5-10 "限薪令"对中国银行业不同类型员工的影响程度

第六部分

资产负债管理

　　资产负债管理是商业银行在既定的风险承受前提下，为保障经营的稳定、实现收益最大化而制定、实施、监督和修正资产负债计划的决策过程。在利率市场化、金融脱媒及同业竞争不断加剧的情形下，中国银行业面临的净息差不断收窄、依靠做大存贷款规模获得盈利的传统经营模式也难以为继。如何加强资产负债管理，控制风险、实现收益最大化，是中国银行业面临的一大挑战。

一、未来一年资产配置仍以贷款及类信贷为主，负债来源仍以存款为主

中国银行业的发展整体过于依赖传统信贷业务，调查显示，未来一年，中国银行业资产配置的重点仍然是贷款类资产和类信贷资产，占比分别达到77.3%、55.4%。

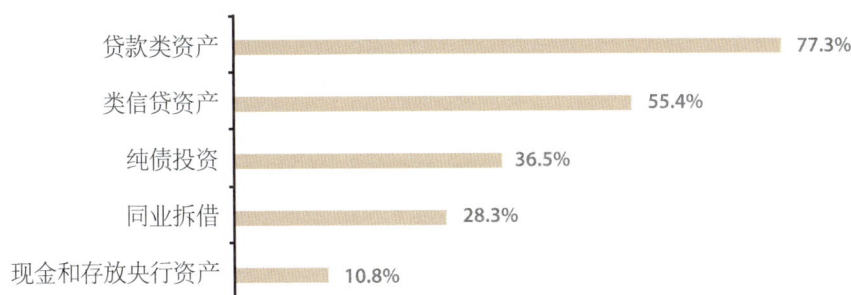

贷款类资产　　　77.3%
类信贷资产　　　55.4%
纯债投资　　　36.5%
同业拆借　　　28.3%
现金和存放央行资产　　10.8%

图6-1　中国银行业的资产配置重点

比较不同类型银行机构，调查结果显示，政策性银行市场化程度低，其资产配置主要集中在贷款，选择其他资产的比例明显偏低；股份制商业银行资产配置相对多元，对类信贷资产（68.1%）的偏好超过对贷款的偏好（66.6%）。

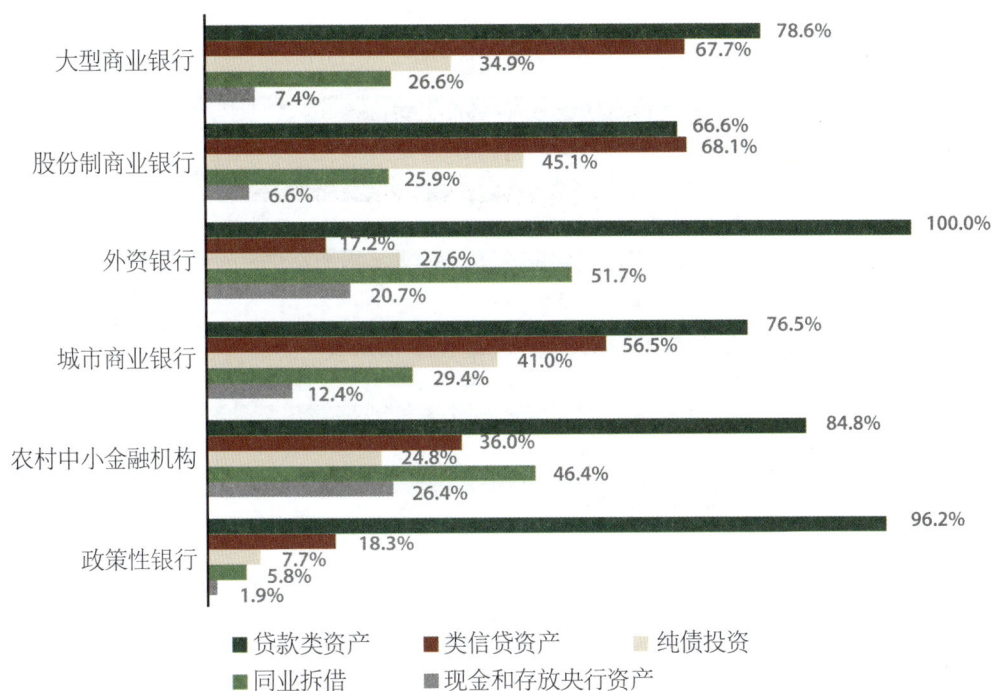

大型商业银行　78.6%　67.7%　34.9%　26.6%　7.4%
股份制商业银行　66.6%　68.1%　45.1%　25.9%　6.6%
外资银行　100.0%　17.2%　27.6%　51.7%　20.7%
城市商业银行　76.5%　56.5%　41.0%　29.4%　12.4%
农村中小金融机构　84.8%　36.0%　24.8%　46.4%　26.4%
政策性银行　96.2%　18.3%　7.7%　5.8%　1.9%

■ 贷款类资产　　■ 类信贷资产　　■ 纯债投资
■ 同业拆借　　■ 现金和存放央行资产

图6-2　不同类型银行业资产配置重点比较

存款、金融债、同业往来一直是商业银行主要的资金来源，调查结果也显示中国银行业未来负债的来源仍以存款为主（88.0%），其次为同业业务（不含国内同业存单，58.5%）及发债融资（28.7%）。2013年同业存单的出现，进一步拓宽了银行业资金来源，并逐步成为重要的资金来源之一，截至2015年9月末已有2万多亿元的存量。

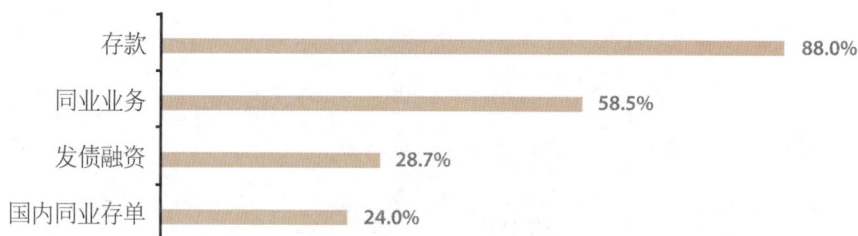

图6-3 中国银行业的负债来源

另外，不同银行类型的资金来源差异较明显，其中政策性银行发债融资明显超过其他类型银行，而政策性银行也是金融债的主要供给方，约占80%；股份制商业银行同业业务资金来源也明显偏多。事实上，大型商业银行一般为同业资金净拆出方，而中小型银行一般为资金净拆入方。

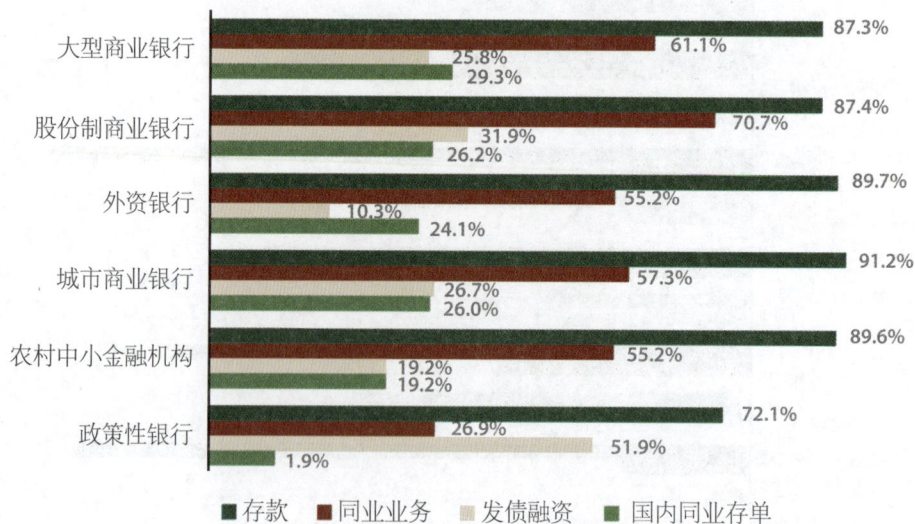

图6-4 不同类型银行负债来源比较

二、市场竞争激烈是银行存款流失最主要的原因

调查显示，仅有6.3%的银行家表示所在银行没有存款流失的现象。可见，存款流失已经成为中国银行业的一种普遍现象。其中最主要的原因是银行间的激烈竞争（74.2%），其次为近年新兴的互联网金融的分流（55.0%），以及理财产品的快速发展（54.7%）。就单个银行而言，来自同业的存款竞争更为直接；互联网金融和理财产品的发展更多是对银行业整体的冲击，对单个银行的影响则因分散而减弱。

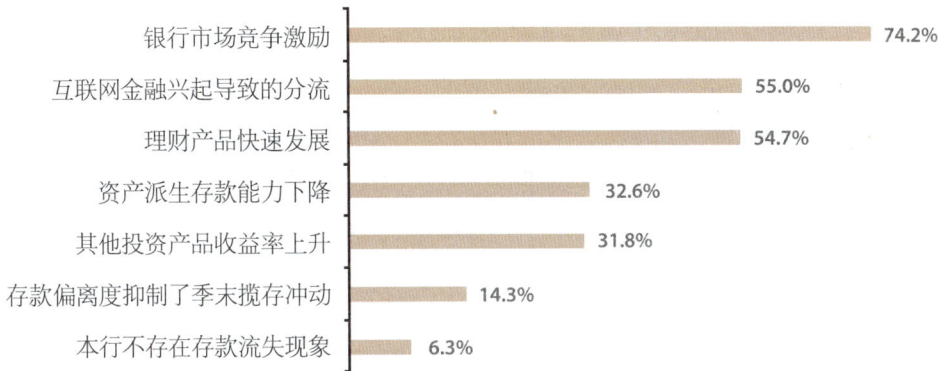

银行市场竞争激励　　　　74.2%
互联网金融兴起导致的分流　　55.0%
理财产品快速发展　　　　54.7%
资产派生存款能力下降　　32.6%
其他投资产品收益率上升　31.8%
存款偏离度抑制了季末揽存冲动　14.3%
本行不存在存款流失现象　6.3%

图6-5　中国银行业存款流失的原因

三、资产负债组合结构和工具单一是资产负债管理的突出问题

经济增速放缓、金融脱媒等使依靠做大存贷款规模获利的传统经营模式受到严峻挑战，商业银行资产负债管理逐步暴露出一系列问题。调查结果显示，中国银行业资产负债管理存在的问题主要是资产负债组合结构和管理工具比较单一，选择两者比例分别为58.1%和50.9%；在长期的利率管制下，自主定价能力不足（45.9%）也是中国银行业面临的资产负债管理难题。

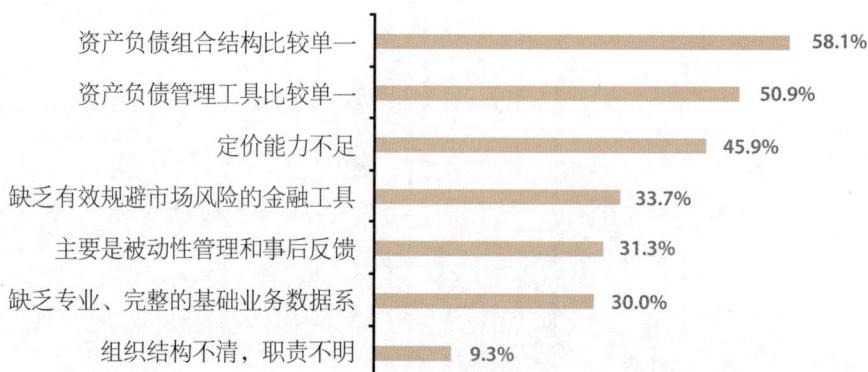

资产负债组合结构比较单一 —— 58.1%
资产负债管理工具比较单一 —— 50.9%
定价能力不足 —— 45.9%
缺乏有效规避市场风险的金融工具 —— 33.7%
主要是被动性管理和事后反馈 —— 31.3%
缺乏专业、完整的基础业务数据系 —— 30.0%
组织结构不清，职责不明 —— 9.3%

图6-6　中国银行业资产负债管理存在的问题

四、强化组合管理、提升定价能力和引入先进管理理念是改进资产负债管理的主要措施

伴随中国经济增速放缓，银行业盈利增速放缓也将成为常态，中国银行业亟需改变过去的思维模式，通过强化资产负债管理，提高自身综合竞争力、控制风险并实现价值最大化，实现速度、质量和效益的统一。就改进措施而言，调查显示，银行家更倾向于强化资产负债组合管理（53.0%）、提升定价能力（50.2%）、引入先进的资产负债管理理念（48.3%）。可以看出，这些改进措施与前述中国银行业资产负债管理存在的主要问题也是一一对应的。

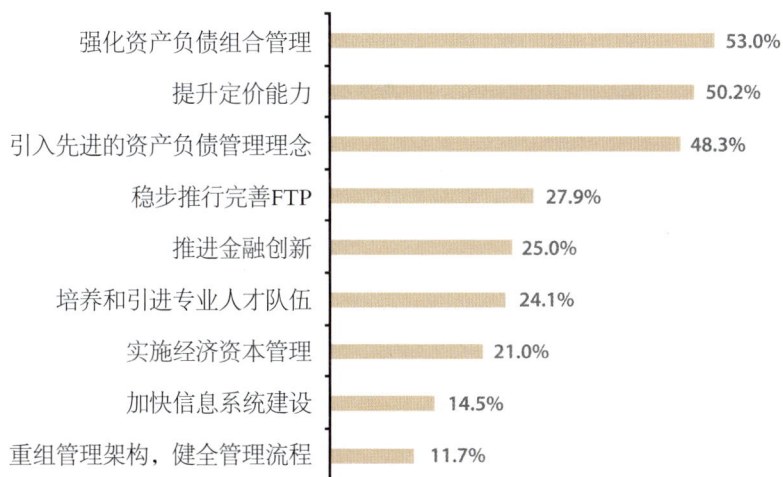

措施	比例
强化资产负债组合管理	53.0%
提升定价能力	50.2%
引入先进的资产负债管理理念	48.3%
稳步推行完善FTP	27.9%
推进金融创新	25.0%
培养和引进专业人才队伍	24.1%
实施经济资本管理	21.0%
加快信息系统建设	14.5%
重组管理架构，健全管理流程	11.7%

图6-7 中国银行业资产负债管理改进措施

分机构类型来看，政策性银行因经营市场化程度低，其更迫切的是需要引入先进的资产负债管理理念（63.5%）；而农村金融机构或因成立时间较晚、或因改制相对滞后而导致内部架构及管理仍有欠缺，从而对重组管理架构、健全管理流程的需求更胜其他类型的银行，选择比例高达88%。

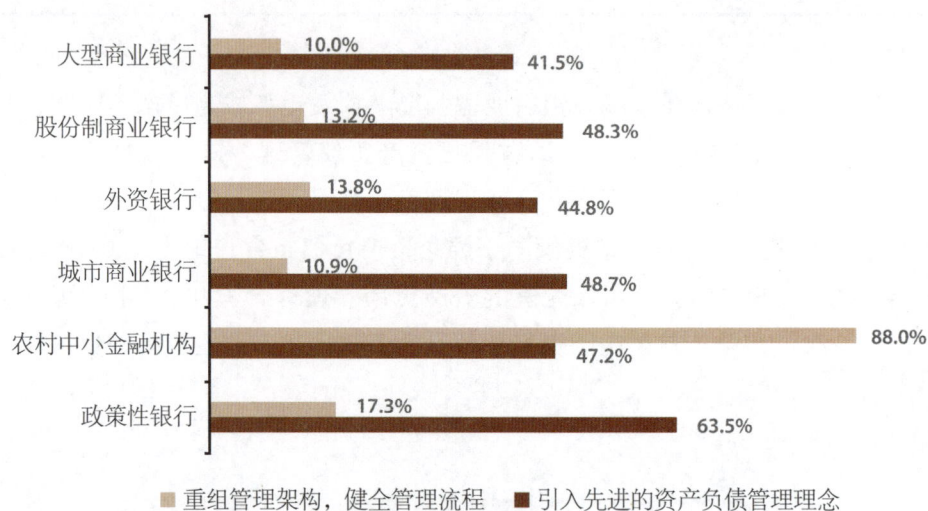

大型商业银行	10.0% / 41.5%
股份制商业银行	13.2% / 48.3%
外资银行	13.8% / 44.8%
城市商业银行	10.9% / 48.7%
农村中小金融机构	88.0% / 47.2%
政策性银行	17.3% / 63.5%

■ 重组管理架构，健全管理流程　　■ 引入先进的资产负债管理理念

图6-8　不同类型银行资产负债管理改进措施比较

第七部分
公司治理

　　2015年对于中国银行业的公司治理注定是不平凡的一年，银行高管限薪政策、混合所有制改革、员工持股计划等为银行公司治理的变革拉开了序幕。毋庸置疑，这些问题也引起了学界和业内的广泛关注，也将对中国银行业的公司治理产生深远影响。

一、银行公司治理水平有所改善，上市银行优于非上市银行

随着中国金融体制改革不断的深化以及商业银行的转型，银行业完善现代化公司治理尤为关键。与2014年的调查结果相比，各项评价指标均有上升。其中银行家对于银行履行"社会责任"的评价最高（4.42分）；对"组织架构的健全性"的评价次之（4.28分），一定程度上反映出对目前中国银行业健全公司治理架构的实践的认可。相对而言，银行家认为目前公司治理中股权结构的市场化水平相对较弱，"股权结构是否适应市场化"获得的评价最低（4分），但期中也存在上市银行和非上市银行的差别。将两者的数据拆分开来，可以看出上市银行的股权结构情况良好（4.73分），而反之非上市银行的股权结构仍不能适应市场化（3.93分）。同时在组织架构的健全性、职责边界的清晰度、决策规则和程序的明确性以及激励和监督机制的有效性等方面上市银行均优于非上市银行。

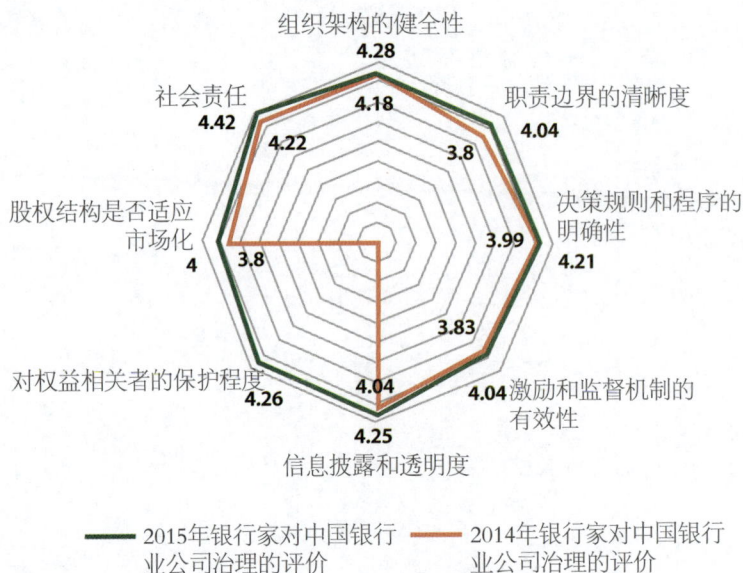

图7-1 2014年、2015年银行家对中国银行业公司治理的评价

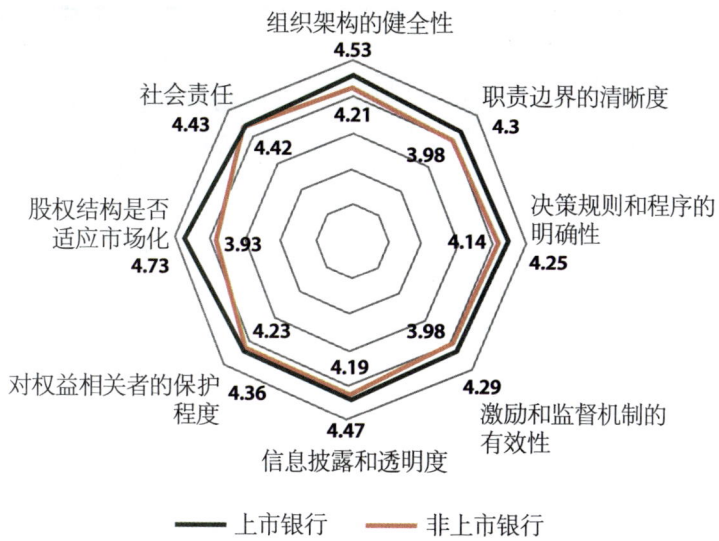

组织架构的健全性
4.53
4.21

职责边界的清晰度
4.3
3.98

社会责任
4.43
4.42

决策规则和程序的
明确性
4.25
4.14

股权结构是否
适应市场化
4.73
3.93

对权益相关者的保护
程度
4.36
4.23

激励和监督机制的
有效性
4.29
3.98

信息披露和透明度
4.47
4.19

━━ 上市银行 ━━ 非上市银行

图7-2　上市银行和非上市银行公司治理评价情况

二、混合所有制改革及员工持股计划受到普遍肯定

混合所有制改革被认为是激发银行活力和竞争力的重要手段。调查显示，绝大多数银行家认同混合所有制改革给治理机制带来的正面效应。其中，近半数（49.7%）的银行家认为可以为相关商业银行建立真正有效的市场化激励和约束机制；超过三成的银行家（36.0%）认为能够建立重大战略的董事会决策机制，促进相关商业银行向现代化商业银行逐渐转变；仅有极少数的银行家对于文化融合（6.3%），或者导致国有资产大规模流失（1.7%）表示担心。

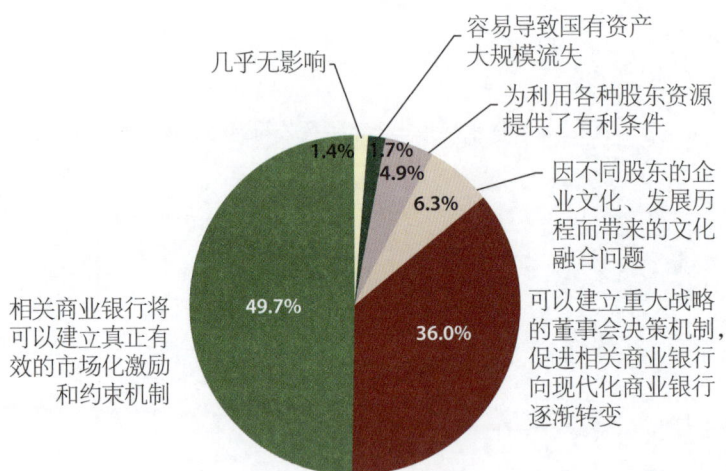

几乎无影响 1.4%

容易导致国有资产
大规模流失 1.7%

为利用各种股东资源
提供了有利条件 4.9%

因不同股东的企
业文化、发展历
程而带来的文化
融合问题 6.3%

相关商业银行将
可以建立真正有
效的市场化激励
和约束机制 49.7%

可以建立重大战略
的董事会决策机制，
促进相关商业银行
向现代化商业银行
逐渐转变 36.0%

图7-3　银行家对于混合所有制改革的评价

作为混合所有制改革的重要一环，员工持股计划受到了业界的广泛关注。中国证监会于2014年6月出台了《关于上市公司实施员工持股计划试点的指导意见》，在上市公司中开展员工持股计划试点。调查显示，总计约92%的银行家普遍肯定员工持股计划，认为其能够有效解决或降低人才流失的比例。员工持股计划或可成为银行业未来保留人才的普遍手段。

会使员工产生其他
的职业规划，有利
于团队的稳定性

其他银行或公司会
提供相应的利益补
偿，效果不显著

0.6%

7.4%

促使员工收入与公司
利益、股东利益高度
绑定，有效解决人员
流失问题

33.4%

58.6%

可相应提高职工的
凝聚力，减缓人才
流失速度，降低人
才流失比例

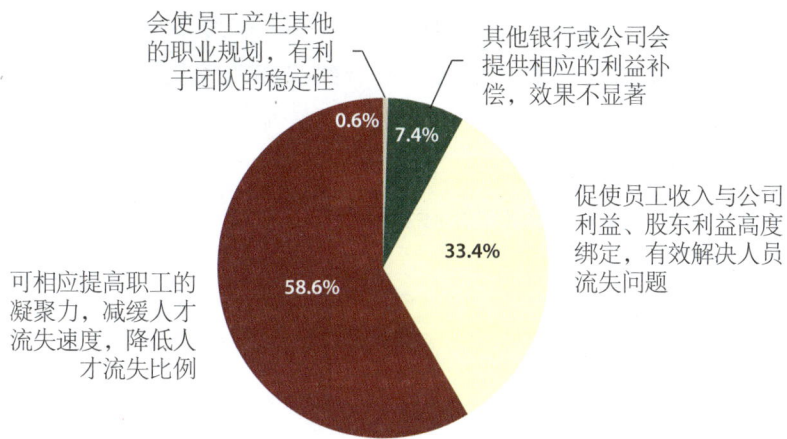

图7-4　银行家对于员工持股的评价

三、外部监管机构是对银行业最有效的外部约束

调查显示,我国商业银行最有效的外部约束为政府部门和监管机构(82.9%),反映出银行家普遍认同政府部门和监管机构约束的权威性、有效性。随着市场机制的完善,市场约束的影响也更加明显,机构投资者(45.1%)、新闻媒体和社会舆论(37.7%)、证券市场(30.9%)、经理人市场(29.1%)等均发挥了重要的约束作用。

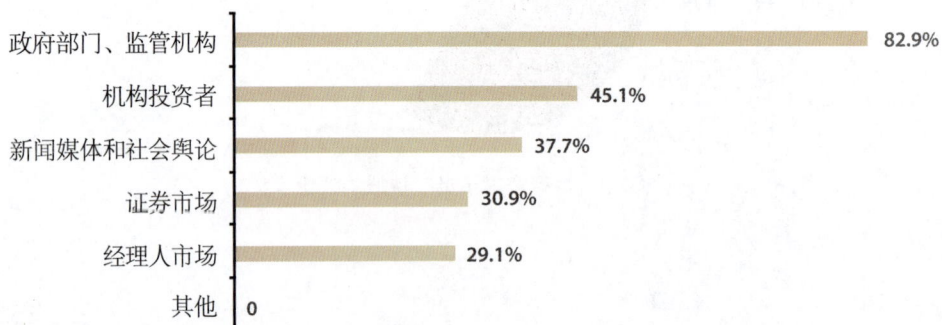

图7-5 银行家对于外部约束有效性的评价

四、以风险内控与激励机制的完善来提升监督有效性是公司治理中亟待解决的问题

据调查，四成银行家（40.3%）表示将风险内控与激励机制相结合，建立有效监督是当下银行公司治理最需要解决的问题，其次是减少行政干预（30.3%），另有16%的银行家认为需清晰划分职责边界，明确党委、董事会、管理层的职权。以上表明，我国商业银行在风险内控和监督管理，以及自身的独立决策方面仍有待改善。

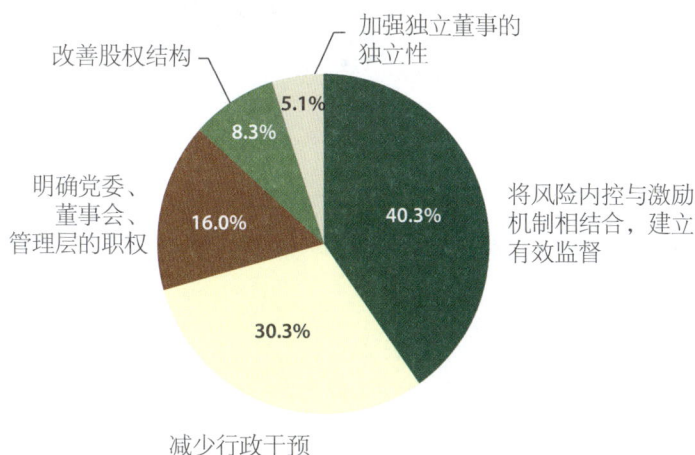

图7-6 银行家认为商业银行公司治理需要改善的方面

同时也应看到独立董事的独立性虽然未被作为最需迫切解决的问题，但是银行家对我国独立董事的独立性并不乐观。独立董事的作用体现在以公正的立场发挥专家的作用，防止董事会流于形式和大股东控制下的内部人控制等情况发生。但在实际运作中，由于专业素养、掌握资料有限以及激励约束不足等原因，独立董事尽职往往不尽如人意。调查显示，除少数银行家（10.0%）外，银行家总体都认为独立董事的独立性有待提高，超过半数的银行家认为独立董事独立性一般（34.3%）或较弱（19.1%）。而认为独董独立性参差不齐的银行家占比约为35%，其中，大多数认为在中小银行的独立性较弱（29.1%）。而认为国有控股银行独立性不强的银行家仅占（6.6%），远低于中小银行。说明一是目前独立董事受重视程度依然不高；二是相对于中小银行，大型国有控股银行建立独立董事专家库，广泛吸收行业精英和国内外专家人才、完善独立董事履职评价机制的举措起到了一定的效果。

参差不齐，在国有控　　　　　其他
股商业银行较弱

普遍很强

0.9%

6.6%

10.0%

普遍一般

34.3%

普遍较弱

19.1%

29.1%

参差不齐，在中小
商业银行较弱

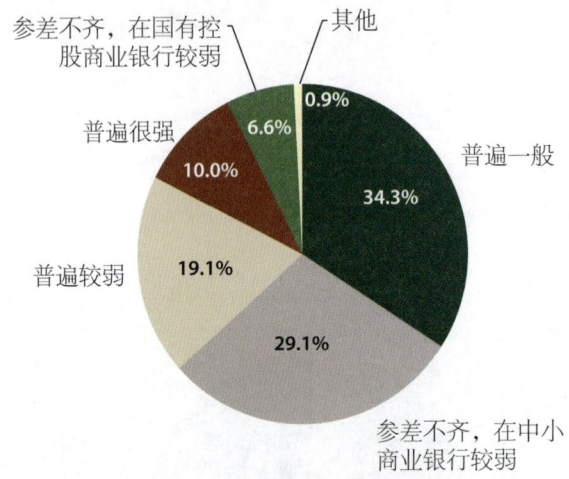

图7-7　银行家对于独立董事的评价

五、对高管限薪带来的影响看法不一

2015年1月1日，《中央管理企业负责人薪酬制度改革方案》正式实施，引起了业界的高度关注。调查显示，有超三成的银行家（30.3%）认为高管限薪将会促进人才流动性的提高，激活公司治理活力，而接近四分之一的银行家（24.9%）认为尚难以预测该政策的影响。此外认为不会明显影响公司治理的银行家占比为22.6%，而21.7%的银行家认为这将导致公司治理水平明显下降。持以上四种不同观点的银行家比例相近，说明高管限薪对公司治理带来的影响有待进一步观察。

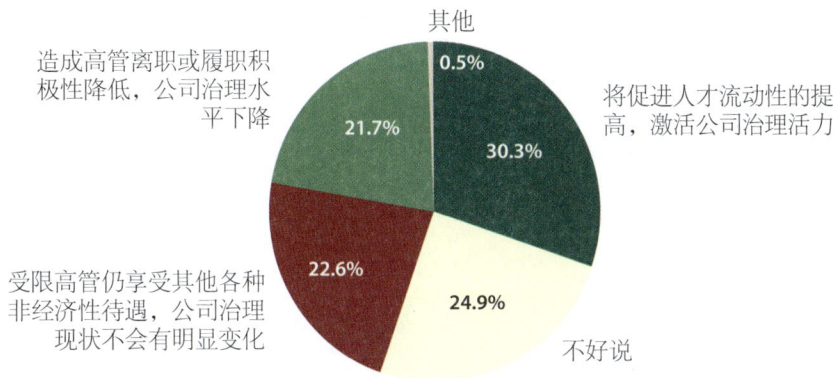

其他 0.5%

造成高管离职或履职积极性降低，公司治理水平下降 21.7%

将促进人才流动性的提高，激活公司治理活力 30.3%

受限高管仍享受其他各种非经济性待遇，公司治理现状不会有明显变化 22.6%

不好说 24.9%

图7-8　银行家对高管限薪的看法

此外，从不同类别银行看，农村金融机构高管倾向于认为高管限薪会激活公司治理活力，股份制商业银行高管多认为公司治理水平将下降。上述的观点分歧，一方面说明股份制银行目前市场化程度较高，高管薪酬在业内属于顶尖水平；另一方面农村金融机构认为在股份制银行进行高管限薪后，农村金融机构的待遇会超出股份制银行从而对引进人才更为有利。

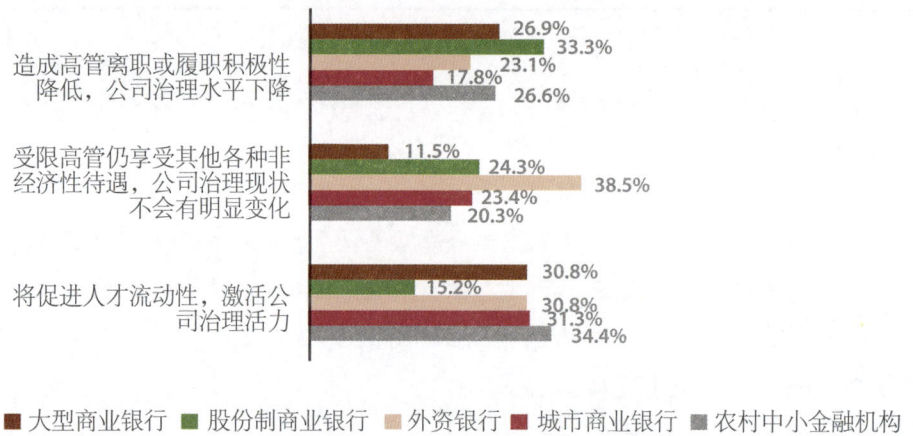

造成高管离职或履职积极性
降低，公司治理水平下降
　26.9%
　33.3%
　23.1%
　17.8%
　26.6%

受限高管仍享受其他各种非
经济性待遇，公司治理现状
不会有明显变化
　11.5%
　24.3%
　38.5%
　23.4%
　20.3%

将促进人才流动性，激活公
司治理活力
　30.8%
　15.2%
　30.8%
　31.3%
　34.4%

■ 大型商业银行　■ 股份制商业银行　■ 外资银行　■ 城市商业银行　■ 农村中小金融机构

图7-9　不同类型银行对于高管限薪的看法

第八部分
信息化与互联网金融

　　信息化建设不仅仅是银行业务经营与管理的手段，更成为银行业务转型与创新的巨大动力。同时，信息安全也日益受到银行家的重视。互联网金融的迅猛发展对银行业产生了深刻的影响，越来越多的银行试水互联网金融，成为互联网金融领域日益重要的力量之一。

一、信息科技发展推动业务创新得到更多银行家认同

调查结果显示，选择信息化建设"能够满足业务发展与管理水平提升需要"的银行占比最大，达40.0%左右，与上年持平。值得注意的是，认为信息化建设"已经成为业务创新发展的重要因素"的银行家占比由2014年的13.4%上升为22.4%。这反映了银行家对信息化建设的重视程度在提高，在互联网金融迅猛发展，信息技术不断进步的背景下，信息化建设对商业银行发展的意义更加凸显。与此相对的是，持信息化建设"仅能够满足现有业务经营与管理需要"的银行家占比由2014年的37.7%下降至30.1%，仅有6.9%的银行家认为当前信息科技建设对其业务经营与管理形成较大制约，较2014年下降了1.7个百分点。这在一定程度上反映了银行家认为目前国内银行信息化水平在不断提升。

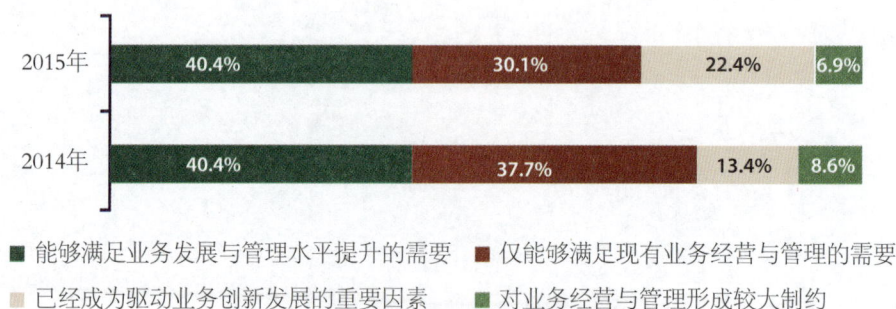

2015年	40.4%	30.1%	22.4%	6.9%
2014年	40.4%	37.7%	13.4%	8.6%

■ 能够满足业务发展与管理水平提升的需要　■ 仅能够满足现有业务经营与管理的需要
■ 已经成为驱动业务创新发展的重要因素　■ 对业务经营与管理形成较大制约

图8-1　2015年与2014年信息化建设现状

关于未来三年银行信息科技建设投入的调查结果显示，40.2%的银行家表示将"加速信息系统建设，大幅增加投入"；57.6%的银行家表示"保持投入稳定，根据业务发展需要调整投入重点"；而持"投入水平与投入结构均没有变化"观点的银行家占比仅为2.0%。调查结果与上年基本保持一致。银行家对信息科技投入总体保持稳定、积极的态度。从2010年以来的历史调查数据看，认为应"加速信息系统建设，大幅增加投入"的银行家占比逐年下降，而持"保持投入稳定，根据业务发展需要调整投入重点"观点的银行家稳步上升，在一定程度上反映出银行信息化逐步由大规模投入转向精细化建设。

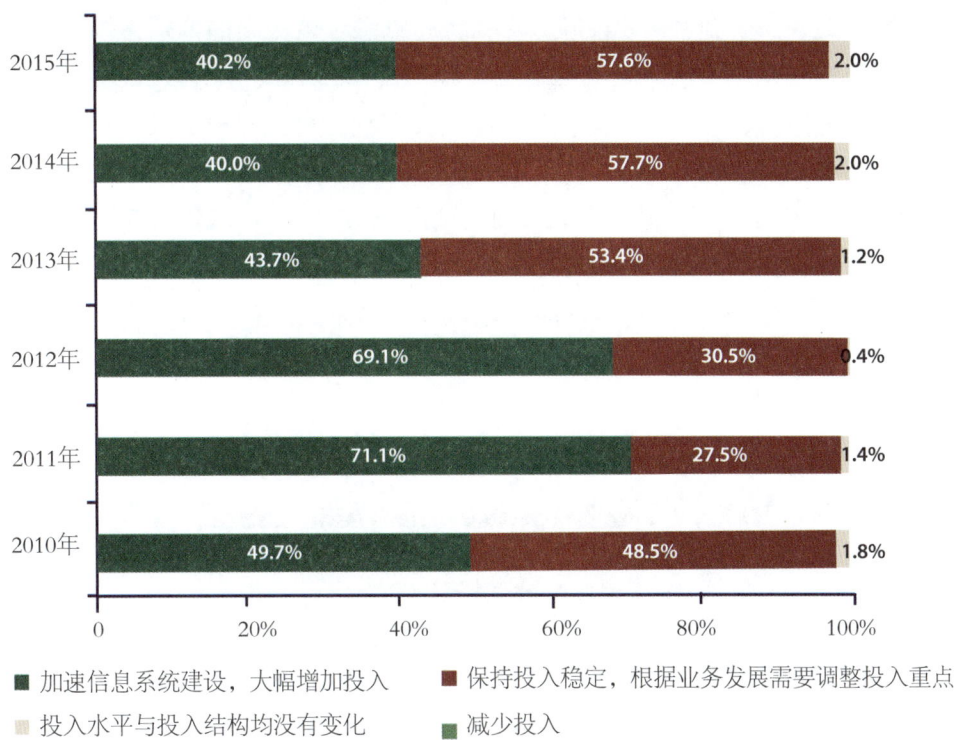

2015年	40.2%	57.6%		2.0%
2014年	40.0%	57.7%		2.0%
2013年	43.7%	53.4%		1.2%
2012年	69.1%	30.5%		0.4%
2011年	71.1%	27.5%		1.4%
2010年	49.7%	48.5%		1.8%

■ 加速信息系统建设，大幅增加投入　　■ 保持投入稳定，根据业务发展需要调整投入重点
■ 投入水平与投入结构均没有变化　　■ 减少投入

图8-2　未来三年银行信息科技投入（2010—2015年）

二、银行家较为重视核心系统、风险管理及信贷管理系统的建设

调查显示，在信息化建设领域中，银行家关注度较高的分别为核心交易系统、信贷管理系统及风险管理系统，分别占比69.7%、47.9%和47.4%。核心交易系统作为银行信息化建设的基石，受到银行家重视程度最高；信贷业务在银行各项业务中处于重要地位，银行家对信贷管理系统建设的重视程度较高；在不良资产上升、金融市场波动加剧等背景下，风险管理系统建设亦受到银行关注。选择支付清算系统的银行家占比由上年的24.1%上升至33.6%，反映了第三方支付等互联网金融发展带来的竞争压力下，银行业加大支付清算系统的建设优化力度。

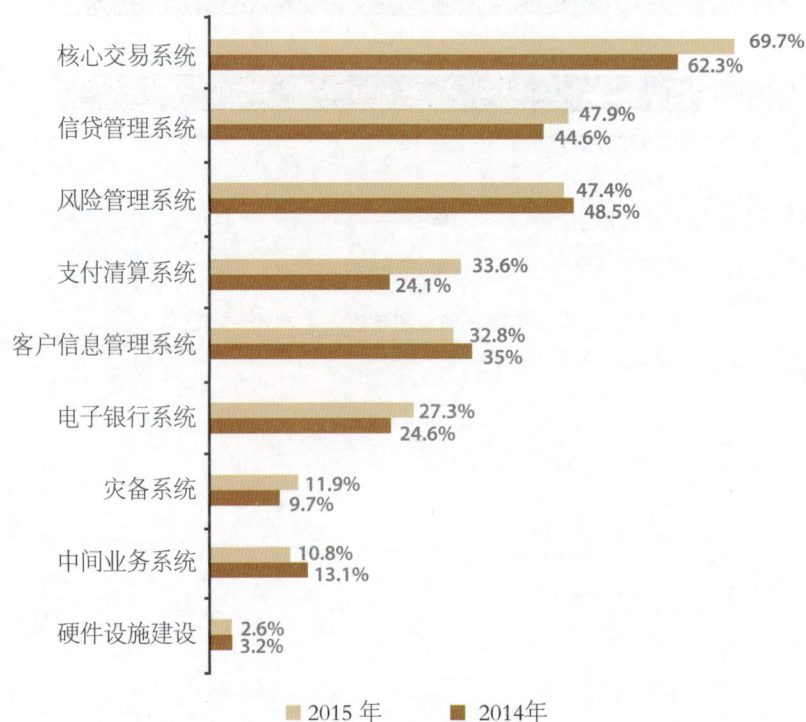

	2015年	2014年
核心交易系统	69.7%	62.3%
信贷管理系统	47.9%	44.6%
风险管理系统	47.4%	48.5%
支付清算系统	33.6%	24.1%
客户信息管理系统	32.8%	35%
电子银行系统	27.3%	24.6%
灾备系统	11.9%	9.7%
中间业务系统	10.8%	13.1%
硬件设施建设	2.6%	3.2%

图8-3　2015年与2014年银行家最关注的信息化建设领域

三、移动互联网技术最受重视，安全可控信息技术关注程度较高

伴随国内手机、移动终端用户规模的大幅增长，移动互联网技术（79.4%）成为最受银行家关注的信息技术发展领域，与上年调查结果相同，继续居于首位。信息科技日新月异的发展推动社会经济生活全面步入数据化时代。数据已成为商业银行重要的战略性资源。通过大数据技术挖掘潜在客户需求、拓展业务经营范围、提升管理精细化水平，推动"数据生产银行"向"数据运用银行"转型，受到银行家的普遍重视（70.4%）。伴随国内银行信息化建设的不断深入，信息安全日益成为各方关注焦点，监管部门于2014年底联合印发《关于应用安全可控信息技术加强银行业网络安全和信息化建设的指导意见》，提出大力推进国内商业银行应用安全可控信息技术。银行家（53.1%）对安全可控信息技术的重视程度较高。

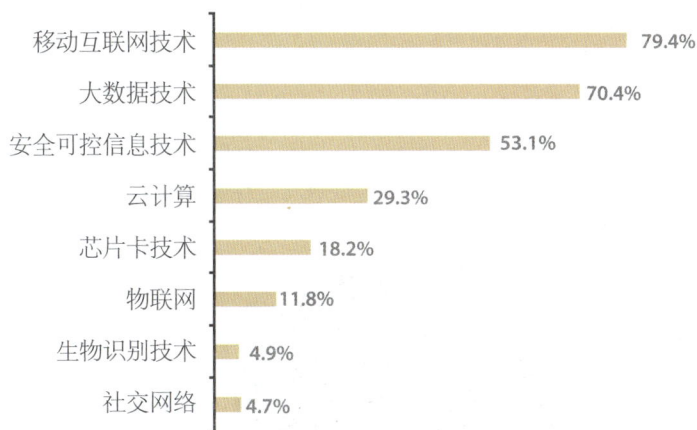

移动互联网技术　79.4%
大数据技术　70.4%
安全可控信息技术　53.1%
云计算　29.3%
芯片卡技术　18.2%
物联网　11.8%
生物识别技术　4.9%
社交网络　4.7%

图8-4　2015年银行家最关注的信息技术发展

关于国内银行业应用安全可控信息技术条件的调查结果显示，虽然绝大多数银行家赞同推动银行安全可控信息技术的应用，但其中认为目前条件尚不具备的银行家占比合计达56.6%（其中，11.5%的银行家认为"目前尚不具备条件，待条件具备可再推进"，45.1%的银行家认为"目前尚不具备条件，但应在推进过程中通过市场需求倒逼技术创新"），认为条件已经具备的银行家占比43.0%。

目前不具备，待具
备后推进

不应推进

11.5%

0.3%

43.0%

已具备

目前不具备，但应
在推进过程中通过
市场需求倒逼技术
创新

45.1%

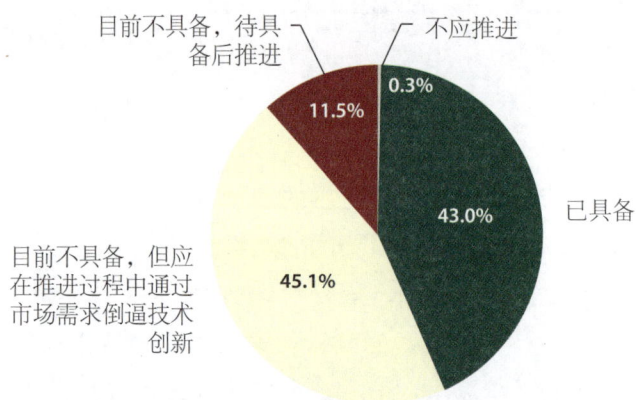

图8-5　安全可控信息技术应用条件

　　对于推动国内银行业应用安全可控信息技术面临的困难，调查结果显示
59.7%的银行家将其归咎于"国内信息技术软硬件厂商及服务商技术服务水
平不高"；13.2%的银行家认为是由于监管部门推进力度不够；而认为"银
行内部重视程度不高"的银行家占比10.5%；"国外信息技术软硬件厂商及
服务商垄断地位"的银行家占比11.6%。

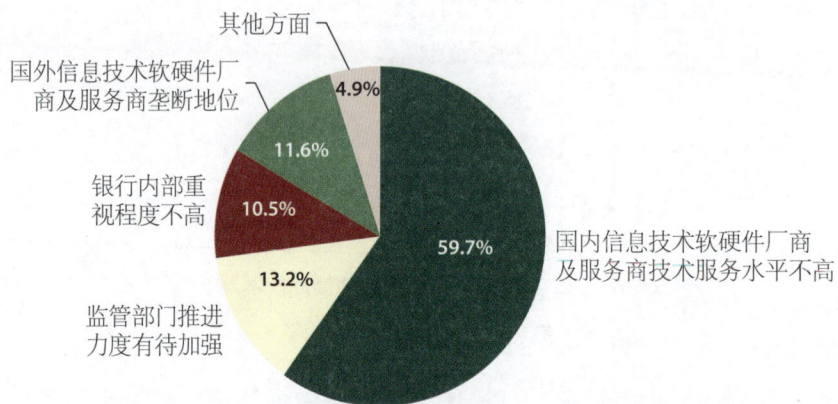

其他方面

国外信息技术软硬件厂
商及服务商垄断地位

4.9%

11.6%

银行内部重
视程度不高

10.5%

59.7%

国内信息技术软硬件厂商
及服务商技术服务水平不高

13.2%

监管部门推进
力度有待加强

图8-6　国内银行业应用安全可控信息技术面临的困难

　　关于商业银行对安全可控信息技术的关注领域，调查结果显示 54.9%
的银行家关注"提升核心技术自主研发能力"；22.1%的银行家关注"防控
信息科技外包风险"；19.6%的银行家关注"信息安全基础软硬件的国产
化"。

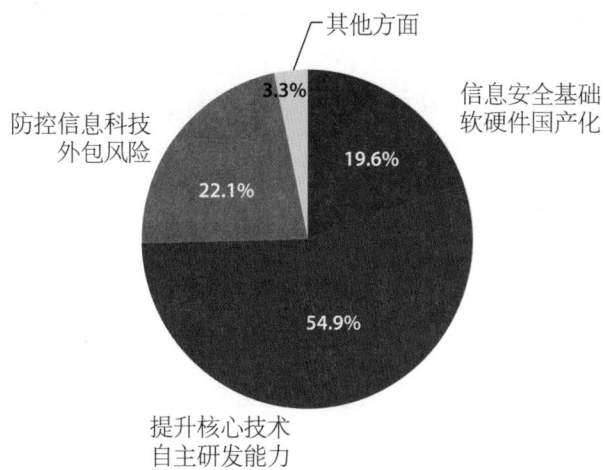

其他方面

防控信息科技
外包风险

3.3%

信息安全基础
软硬件国产化

19.6%

22.1%

54.9%

提升核心技术
自主研发能力

图8-7 安全可控信息技术关注重点

四、多数银行家选择交易成功率、灾备覆盖率衡量信息科技建设水平与信息安全

关于衡量商业银行信息科技建设水平的指标，调查结果显示，选择"重要信息系统科技交易成功率""离柜业务率""网上银行交易额较上年增长率"的银行家占比较高，分别为74.8%、74.1%、58.4%；选择"信息科技建设资金投入量""信息科技技术外包率""信息科技技术集中度"的银行占比相对较低，业务导向特征较为明显。

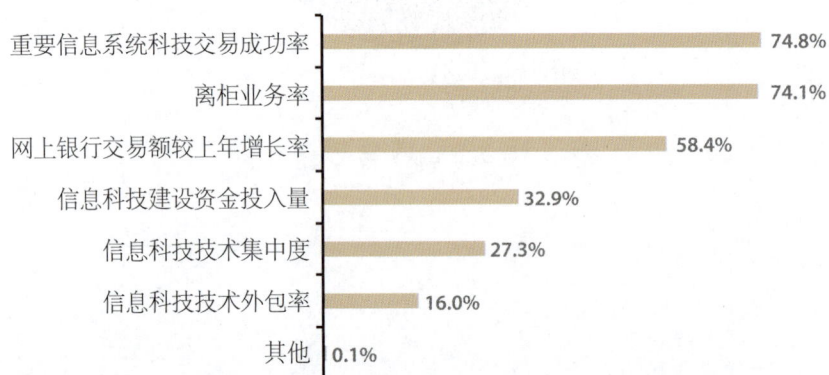

重要信息系统科技交易成功率　74.8%
离柜业务率　74.1%
网上银行交易额较上年增长率　58.4%
信息科技建设资金投入量　32.9%
信息科技技术集中度　27.3%
信息科技技术外包率　16.0%
其他　0.1%

图8-8　衡量商业银行信息科技建设水平的指标

关于衡量商业银行信息科技安全水平的指标，调查结果显示，银行家选择"重要信息系统灾备覆盖率""信息科技风险管理水平""信息系统运行的稳定性""信息系统开发、测试和维护能力"的占比较高，分别为79.7%、68.9%、66.3%、56.4%。

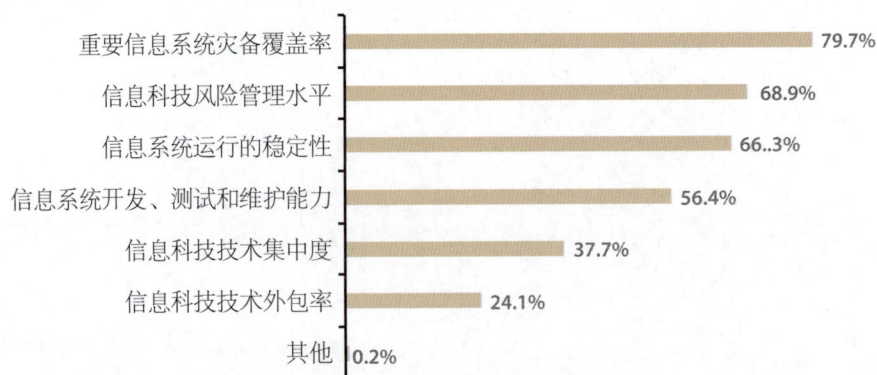

重要信息系统灾备覆盖率　79.7%
信息科技风险管理水平　68.9%
信息系统运行的稳定性　66..3%
信息系统开发、测试和维护能力　56.4%
信息科技技术集中度　37.7%
信息科技技术外包率　24.1%
其他　0.2%

图8-9　衡量商业银行信息科技安全水平的指标

五、互联网融资、第三方支付影响更深刻，互联网金融胜在服务成本低、便捷性强

各类互联网金融业态中，对于互联网融资、第三方支付，银行家选择"很大程度上改变商业银行的经营理念和经营模式"的占比最大，分别为50.2%和47.7%。而对于互联网理财、互联网代销，银行家选择"对金融生态的补充，但不会造成商业银行经营的实质改变"的占比最大，分别为41.0%和38.3%。在一定程度上反映了互联网融资在服务中小客户、第三方支付在创新支付方式等方面对银行的影响更加深刻，"鲶鱼效应"更强。对比上年调查结果，对于互联网理财，银行家选择"很大程度上改变商业银行的经营理念和经营模式"的占比下降较为明显，这与商业银行在理财产品领域具备专业化优势、而互联网理财产品颠覆性创新程度有限密切相关。

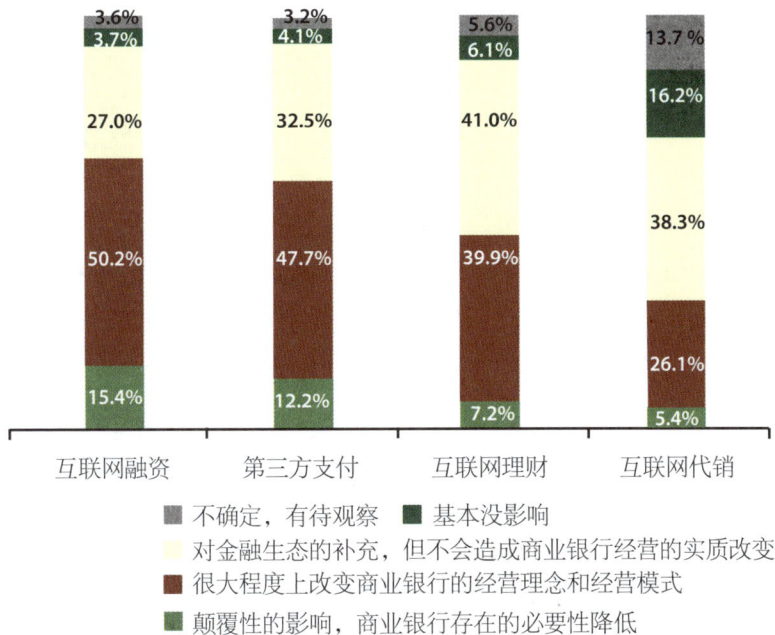

图8-10　2015年不同业态的互联网金融对银行业的影响

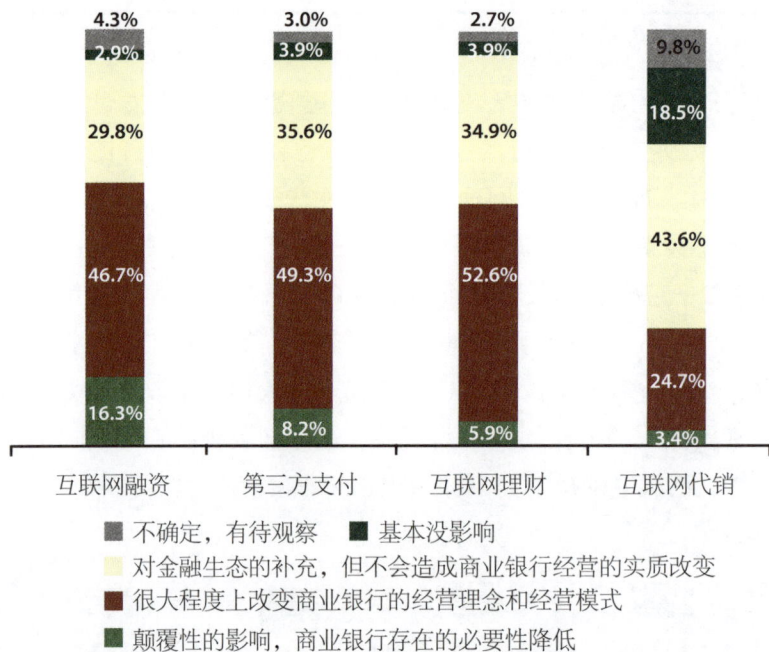

	互联网融资	第三方支付	互联网理财	互联网代销
不确定，有待观察	4.3%	3.0%	2.7%	9.8%
基本没影响	2.9%	3.9%	3.9%	18.5%
对金融生态的补充，但不会造成商业银行经营的实质改变	29.8%	35.6%	34.9%	43.6%
很大程度上改变商业银行的经营理念和经营模式	46.7%	49.3%	52.6%	24.7%
颠覆性的影响，商业银行存在的必要性降低	16.3%	8.2%	5.9%	3.4%

■ 不确定，有待观察　　■ 基本没影响

□ 对金融生态的补充，但不会造成商业银行经营的实质改变

■ 很大程度上改变商业银行的经营理念和经营模式

■ 颠覆性的影响，商业银行存在的必要性降低

图8-11　2014年不同业态的互联网金融对银行业的影响

　　对比互联网金融与传统金融机构的优势，两者分化较为明显，在一定程度也反映了相互之间的互补性。银行家认为互联网金融的优势在于服务成本（87.8%）、便捷性（87.2%）、产品创新（74.9%）等方面，而传统金融机构的优势集中在风险管理（89.5%）、品牌认可度（86.1%）、客户基础（85.1%）。

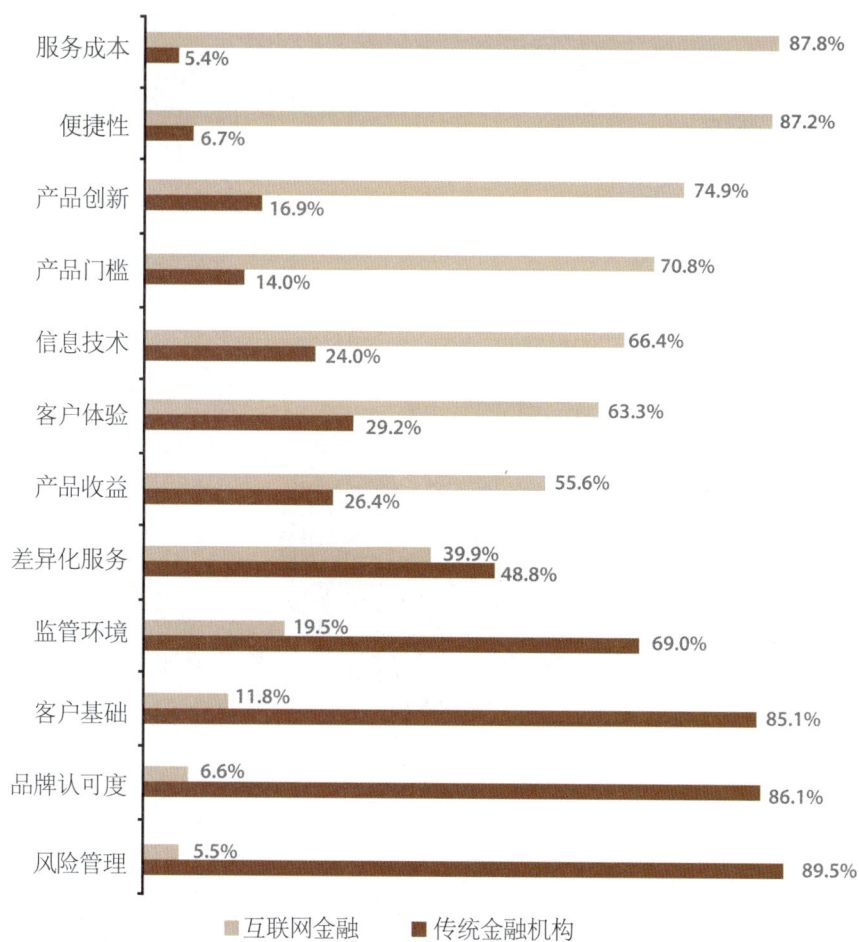

	互联网金融	传统金融机构
服务成本	87.8%	5.4%
便捷性	87.2%	6.7%
产品创新	74.9%	16.9%
产品门槛	70.8%	14.0%
信息技术	66.4%	24.0%
客户体验	63.3%	29.2%
产品收益	55.6%	26.4%
差异化服务	39.9%	48.8%
监管环境	19.5%	69.0%
客户基础	11.8%	85.1%
品牌认可度	6.6%	86.1%
风险管理	5.5%	89.5%

图8-12 2015年互联网金融与传统金融机构优劣势比较

六、银行家普遍重视发展互联网金融，也较为关注系统建设中的信息科技风险

互联网金融越来越受到银行家重视，调查结果显示，选择"将互联网金融作为未来发展的重点，加大投入"的银行家占比达49.8%；选择"保持投入稳定，根据情况适当调整"的银行家占比39.3%；只有极少部分的银行家选择会减少这方面的投入以及暂未将其列入发展重点。

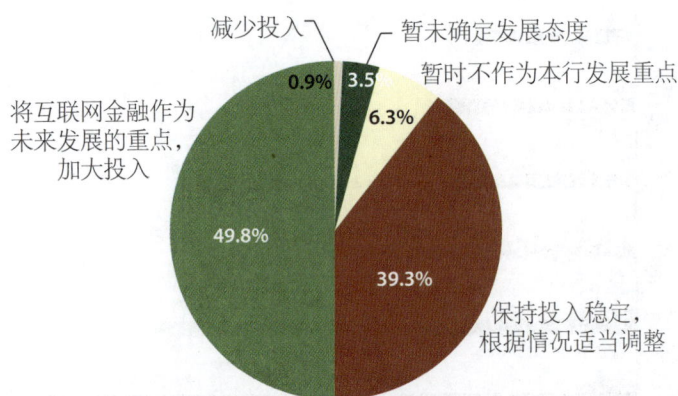

图8-13　银行对于互联网金融业务的投入

对于商业银行发展互联网金融面临的风险，54.4%的银行家认为来自于开发新业务系统面临的信息科技风险；42.6%的银行家认为发展互联网金融面临的风险来自于具有市场先发优势的互联网企业会带来的竞争压力；选择互联网金融监管趋严带来的合规风险、法律风险、战略决策风险以及信用风险、操作风险等选项的银行家比例分布较为平均。

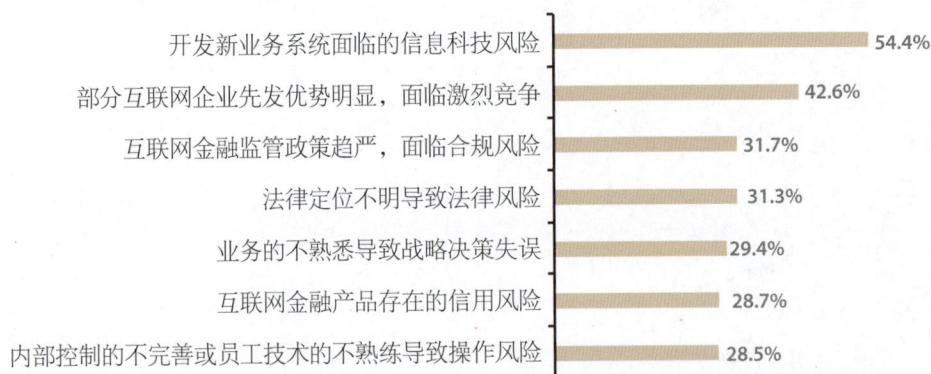

图8-14　商业银行发展互联网金融面临的风险

七、多数银行家预计互联网金融监管政策明晰后竞争程度进一步加大

2015年7月18日《关于促进互联网金融健康发展的指导意见》（以下简称"指导意见"）出台。指导意见提出了一系列鼓励创新、支持互联网金融稳步发展的政策措施。政策出台后，将近七成的银行家认为银行面临互联网企业的竞争会进一步加大，有19.9%的银行家认为竞争程度会保持不变，仅有11.3%的银行家认为上述政策的出台会降低市场竞争程度。

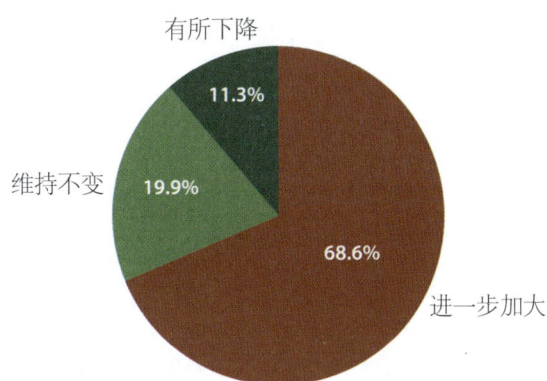

图8-15　银行与互联网企业之间的竞争状况

调查显示，依托银行在支付结算、信用卡等领域的业务优势，指导意见出台后银行家选择将"互联网支付""互联网消费金融"作为发展重点的比重较大，占比分别为42.6%和29.2%。而受到银行风险偏好较为保守、分业监管制约等因素影响选择发展"网络借贷""众筹融资"的银行家占比相对较低。

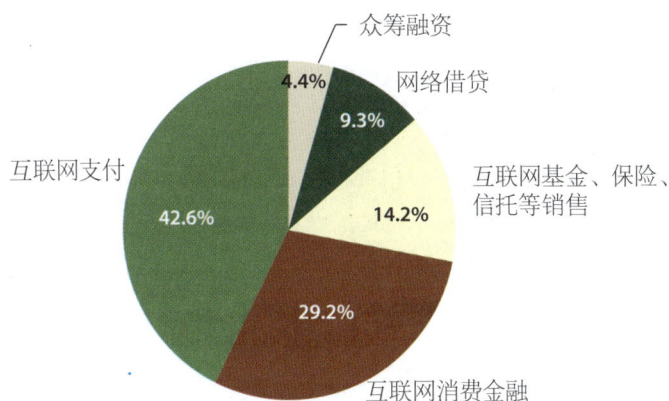

图8-16　商业银行互联网金融发展重点

对于加强互联网监管的政策，调查结果显示，选择"建立和完善制度法规"的银行家占比最高达82.2%。银行家认为"加强互联网金融信息披露"以及"严格限定准入条件"、"加强跨业监管协调"也是加强互联网监管的重要手段，具体来看，占比分别为66.2%、60.2%和58.0%。

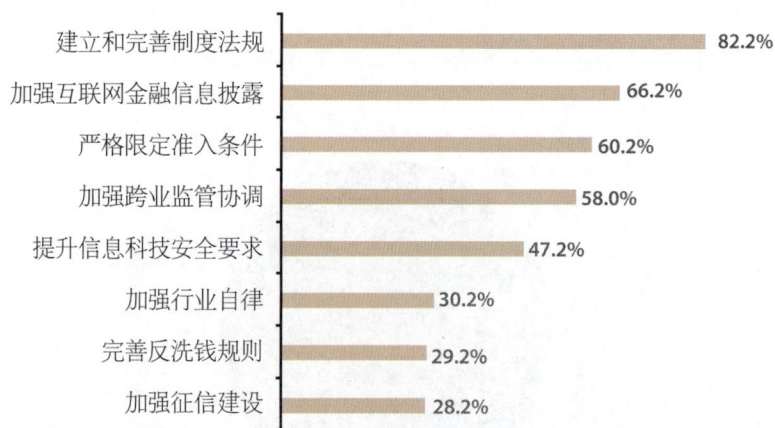

建立和完善制度法规 ──────────────────── 82.2%
加强互联网金融信息披露 ───────────── 66.2%
严格限定准入条件 ──────────────── 60.2%
加强跨业监管协调 ─────────────── 58.0%
提升信息科技安全要求 ──────────── 47.2%
加强行业自律 ──────── 30.2%
完善反洗钱规则 ──────── 29.2%
加强征信建设 ─────── 28.2%

图8-17　监管机构加强互联网金融监管的主要手段

对于民营银行发展互联网金融，调查结果显示，银行家持正面看法的占多数，其中认为发展前景"十分广阔"、"较好"的银行家占比分别为23.8%、45.6%。这在一定程度上反映了在传统商业银行业务领域竞争较为激烈的背景下，互联网金融作为创新领域，对于处于起步阶段的民营银行实现创新发展的空间更加巨大。

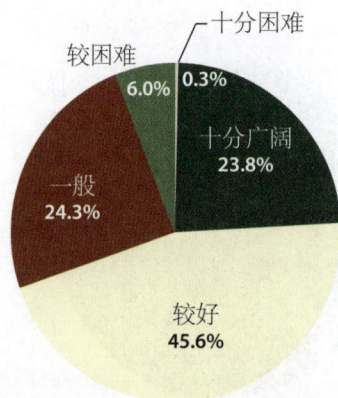

较困难 6.0%　　十分困难 0.3%
十分广阔 23.8%
一般 24.3%
较好 45.6%

图8-18　银行家对民营银行发展互联网金融的看法

第九部分
企业社会责任

　　中国银监会和中国银行业协会从2007年开始陆续发布了一系列商业银行履行社会责任的指引、操作建议和自律公约，银行业对于履行社会责任的重视程度越来越高。履行企业社会责任是中国银行业回馈社会，提升自身声誉的有效途径。

　　目前中国的银行业社会责任的履行仍处于起步阶段，银行业履行责任时的侧重点在哪里？受何种因素影响？履行过程中的主要困难有哪些？这些问题均是社会主要关注点。

一、多数银行履行企业社会责任的工作无专职部门负责，受多种因素影响

调查结果显示，近五成银行的企业社会责任工作由某一兼职部门落实，设立专职机构或部门的仅占37.5%；另外有3.4%的银行由行内志愿者协会等组织策划；尚未有明确落实部门界定的银行占9.2%。

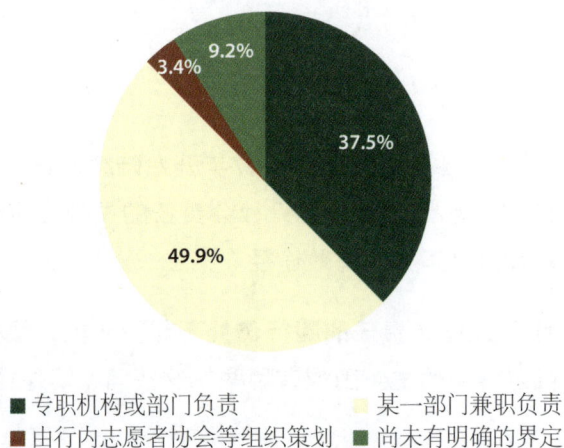

图9-1　银行企业社会责任工作主要的落实部门

比较不同类型的银行，大型商业银行、外资银行和股份制商业银行设立专职机构负责企业社会责任的比例最高，而城市商业银行和农村金融机构则多由某一兼职部门负责，一定程度上体现了银行规模大小的影响。部分中小银行因规模较小，部门设置相对较少，将企业社会责任工作纳入某一部门的兼职工作范围；而其他一些市场主流商业银行由于银行规模较大、部门职责较为完整、对社会责任工作重视程度相对更高，因此由某一专职部门来开展实施。

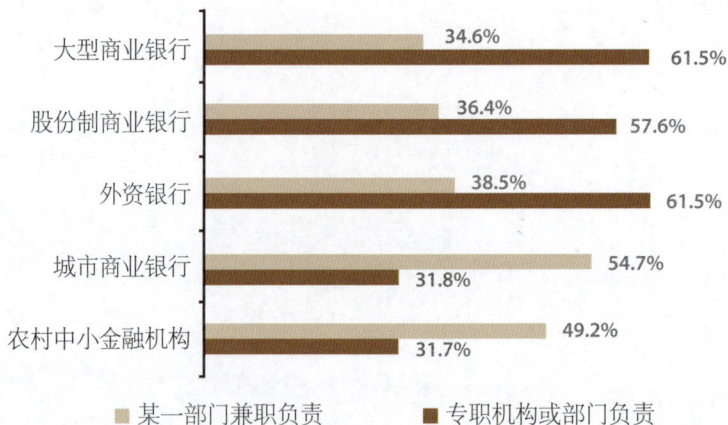

图9-2　由专职部门和某一部门兼职负责的占比（按不同类型）

73.7%的银行家表示，其所在银行履行企业社会责任，主要是基于公司整体战略目标的考虑，说明在经营发展的同时，银行业承担了更多的社会责任；其次是来自政府的引导（62.9%），表明政府在企业社会责任履行中对银行有着巨大的影响力；影响力位列第三和第四的分别是社会关注热点（57.7%）和客户需求（40.9%）。

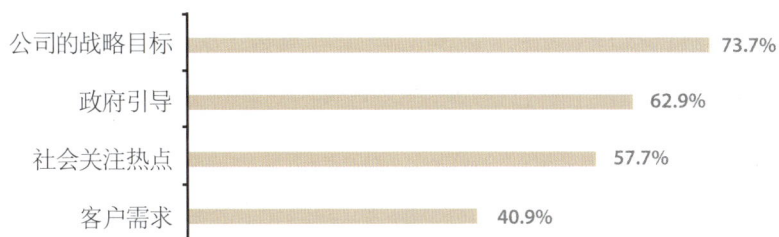

类别	比例
公司的战略目标	73.7%
政府引导	62.9%
社会关注热点	57.7%
客户需求	40.9%

图9-3　银行在履行企业社会责任过程中主要受影响的因素

　　分不同类型银行来看，在执行企业社会责任的时候，外资银行最主要考虑的是公司战略规划和社会热点问题，这说明外资银行履行企业社会责任主要是为公司战略服务，大型商业银行次之。相对而言，农村金融机构由于其银行定位，更多地看重其客户需求，协助"三农"工作，进一步活跃农村金融市场。大型商业银行则更多地考虑到了政府对履行社会责任的引导作用。

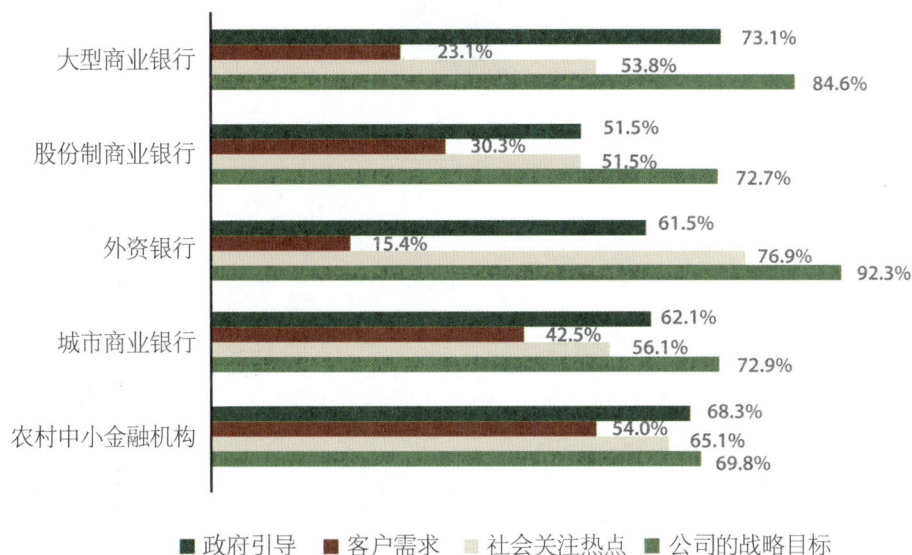

类别	政府引导	客户需求	社会关注热点	公司的战略目标
大型商业银行	73.1%	23.1%	53.8%	84.6%
股份制商业银行	51.5%	30.3%	51.5%	72.7%
外资银行	61.5%	15.4%	76.9%	92.3%
城市商业银行	62.1%	42.5%	56.1%	72.9%
农村中小金融机构	68.3%	54.0%	65.1%	69.8%

■政府引导　■客户需求　社会关注热点　■公司的战略目标

图9-4　银行在履行企业社会责任过程中主要受影响的因素

二、履行社会责任的重点是小微企业金融服务和公益事业

2015年在金融领域中，50.3%的银行家所在银行通过"加强小微金融服务"来履行社会责任，而以"发展社区金融服务"（15.4%）、"完善产品服务，保护客户权益"（12.3%）、"发展低碳金融，支持绿色经济"（10.6%）和"提高涉农服务水平"（9.4%）为落实重点的银行较少。

超过一半的银行家选择"加强小微金融服务"，原因很可能与银监会《2015年小微企业金融服务工作的指导意见》提出的三个"不低于"的目标有关，即"小微企业贷款增速不低于各项贷款平均增速，小微企业贷款户数不低于上年同期户数，小微企业申贷获得率不低于上年同期水平"。

同时，也有部分银行从注重服务质效的提高和扩大服务覆盖面着手履行社会责任，例如"发展社区金融"、"完善产品和服务，保护客户权益"等方面。

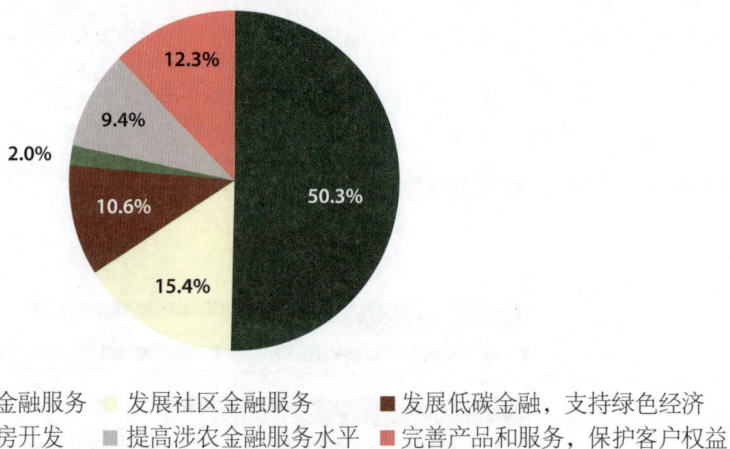

图9-5　银行企业社会责任中金融领域主要落实方向

在社会领域，42.9%的银行家所在机构以"支持社会公益事业"为2015年社会责任的重点落实方向，而选择以"重视和保护员工权益"和"扶贫工作"为重点的分别占比24.0%和15.1%。社会公益事业相对于其他落实领域其覆盖面更广，又能紧跟社会热点，取得更高的社会效益和社会反响，成为多数银行家的首要选择。

相比之下，"环境保护"，"体育、艺术、文化活动"，"灾难援助"未能受到银行的重点关注。

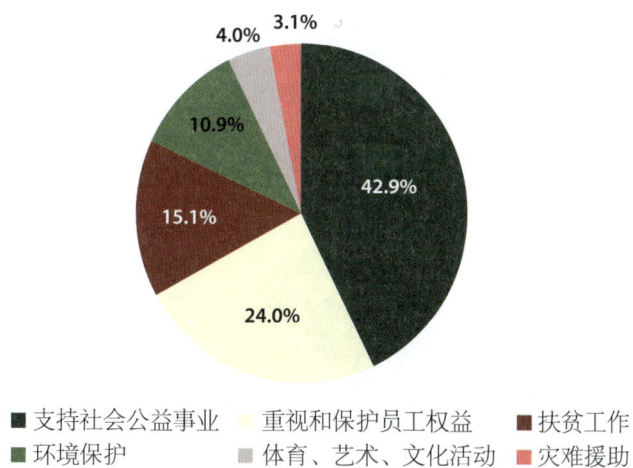

图9-6 银行企业社会责任在社会领域的主要落实方向

三、履行社会责任面临的困难多样，金融产品亟须创新

　　对于企业社会责任履行过程中的主要困难，银行家的看法各有分歧。28.0%的银行家认为目前最大困难是"缺少激励机制"；也有21.4%的银行家认为目前银行在所负责领域"创新意识不足"；其他被认同的观点还包括履行过程流程复杂（20.6%）、员工履行企业社会责任主动性不强（16.6%）、缺少战略规划（13.4%）等。上述结果也进一步表明企业社会责任的建设工作情况在不同银行存在着较大差异。

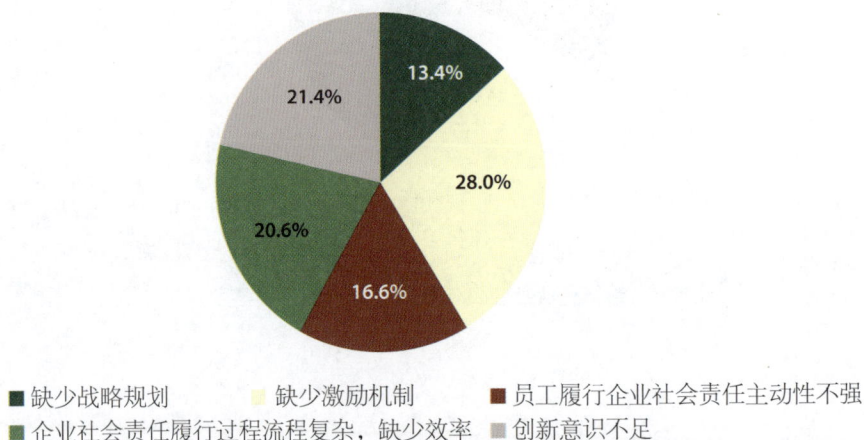

缺少战略规划　　缺少激励机制　　员工履行企业社会责任主动性不强
企业社会责任履行过程流程复杂，缺少效率　　创新意识不足

图9-7　企业社会责任履行过程中的主要困难

　　在公众金融服务方面，40.0%的银行家们认为目前亟须改进的是"金融产品的创新"。认为需要改进的在于"业务流程和效率"和"服务渠道的布局开拓"的银行家均占21.4%。

　　金融产品创新不足，或源于银行过去很大程度上依赖利差红利，缺少创新动力，或由于监管要求不能适应金融创新的发展，应在协同经营、监管改进等方面，加强鼓励金融创新。

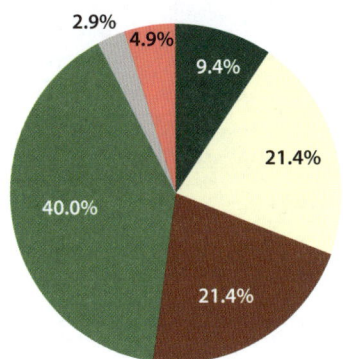

图9-8 履行企业社会责任在公众金融领域亟须改进之处

金融消费者的保护　业务流程和效率　服务渠道的布局和开拓
金融产品创新　银行服务定价　金融知识普及

第十部分
监管评价

　　中国银行家对银行业监管政策的效果评价较高。银行家对监管部门组织架构的重大改革、存贷比监管约束的取消、民营银行监管等表达了自己的观点。

一、监管整体评价较高，能够有效实现监管目标

近年来，银行家对主要监管指标的评价总体维持在较高水平。从2015年的调查结果来看，银行家普遍认为监管指标自身的科学性和合理性较好，对中国银行业的适用性也较强，但在监管的弹性与灵活性方面仍显欠缺。

相比于2013年、2014年，银行家对监管指标的适用性与灵活性的平均打分均有所上升，反映出银行家对目前各项监管指标的设定及合规运用具备更强的信心。资本充足率、拨备覆盖率、流动性覆盖率、净稳定资金比例、拨贷比及杠杆率等监管指标的总体评价结果相较于2013年、2014年均有所上升，表明银行家对现行监管机制设计与监管指标成效的认可。而"存贷比"指标和"存款偏离度"指标在科学合理性、适用性和灵活性三方面评价均低于4分，"存贷比"指标则连续四年评价最低，这也显示出银行家对该项监管指标调整变革的迫切需求。与之相适应，2015年8月29日第十二届全国人大常委会第十六次会议表决通过关于修改《中华人民共和国商业银行法》的决定（草案），删去现行法第39条"存贷比不得超过75%"的规定，将存贷比由法定监管指标转变为流动性风险监测指标。

2014年9月，银监会为约束存款"冲时点"行为、有效防范和控制风险、促进相关业务规范健康发展而提出了"存款偏离度"指标，我们的调查今年也将其纳入了监管评价范围，评价结果显示银行家对该指标的科学合理性、适用性以及灵活性评价较低，总体评价与单项排名均位于倒数第二位。评价结果显示银行家对该指标的科学合理性、适用性以及灵活性评价较低，总体评价与单项排名均位于倒数第二位。存款偏离度指标对商业银行的存款稳定性提出了更高要求，使商业银行不能再依靠冲时点来完成存款业绩指标、抢占市场份额，银行家面临着更为突出的存款管理压力。

表10-1　2015年主要监管指标评价及比较（单项满分为5分）

	指标本身的科学性和合理性	对中国银行业的适用性	监管弹性和灵活性	2015年评价总分	2014年评价总分	2013年评价总分
资本充足率	4.45	4.43	4.03	12.91	12.23	12.57
拨备覆盖率	4.28	4.27	3.99	12.54	12.10	12.54
流动性覆盖率	4.26	4.22	3.99	12.47	11.91	12.30
净稳定资金比例	4.16	4.10	3.95	12.21	11.69	11.94
拨贷比	4.10	4.11	3.90	12.11	11.72	11.99
杠杆率	4.08	4.03	3.92	12.03	11.72	11.99
存款偏离度	3.68	3.63	3.63	10.94	—	—
存贷比	3.49	3.45	3.58	10.52	10.92	11.47
平均得分	4.06	4.03	3.87	11.97	11.76	12.11

在对主要监管手段的评价中，"机构准入"获得了最高评价，显示了银行家对监管机构不断推进简政放权、完善市场准入机制的肯定。"非现场监管"、"业务准入"的排名较2014年有所上升，表明银行家对监管机构实施非现场监管及优化业务准入工作成效的认可。"金融风险处置"、"主动信息公开"与"跨业跨境监管交流合作"三项连续两年排名最末，在一定程度上反映出我国监管机构在处置金融风险、国际监管合作以及跨业监管交流力度方面有待提升。同时也反映出银行家希望监管机构能够更加主动、及时、全面地披露监管工作信息，从而增加监管政策的传导性和可操作性。从监管手段评价趋势来看，2015年银行家对监管机构所实施的监管手段效果评价均较往年有所提升，对监管效果的覆盖更为全面，各监管手段呈现协同发展趋势，国际监管合作及跨业监管交流等短板项目也在有序弥补。

表10-2　2015年主要监管手段评价及比较（单项满分为5分）

监管手段	2015年	2014年	2013年	相较于2014年排名
机构准入	4.12	4.04	4.06	—
监管政策制定	4.11	4.02	4.07	—
非现场监管	4.07	4.00	4.01	↑2
业务准入	4.06	3.98	4.01	↑2
现场检查	4.05	4.02	4.00	↓2
问责与处罚	4.04	4.01	3.97	↓2
金融风险处置	4.01	3.95	4.02	—
主动信息公开	3.92	3.84	3.81	—
跨业跨境监管交流合作	3.89	3.74	3.74	—

在监管成效评价方面，监管机构在"维护银行体系稳健运行"方面连续三年获得最高评价，显示出受访银行家对监管机构在坚守系统性区域性风险底线方面所采取的一系列监管措施的肯定。相较于2014年，受访银行家对各项监管目标成效的评分均有所提升。此外，"促进银行公平竞争"目标的监管实施效果较去年有较大改观，但"鼓励金融创新"和"促进银行差异化发展"两项监管目标的成效相对较弱，连续三年排名末位。

表10-3　2015年监管目标成效评价及比较（单项满分为5分）

政策目标	2015年	2014年	2013年
维护银行体系稳健运行	4.40	4.33	4.33
维护金融消费者权益	4.23	4.16	4.16
促进银行公平竞争	4.06	3.89	3.91
提升中国银行业的国际竞争力	4.01	3.89	3.91
鼓励金融创新	3.99	3.85	3.83
促进银行差异化发展	3.96	3.81	3.78

二、超四成的银行家认为暂时不需要补充资本，内源融资仍是资本补充方式首选

自2013年《商业银行资本管理办法》正式实施以后，中国银行业受到更强的资本约束，优先股等资本补充工具创新的逐步推进也使得银行在提升资本充足率时有了更多可以选择的方式。目前，超四成的银行家认为暂时不需要补充资本，整体来看中国银行业资本充足情况良好。22.4%的银行家认为需提高资本充足率0~0.5个百分点，16.5%的银行家认为需提高资本充足率0.5~1个百分点，只有少部分银行家认为需提高资本充足率1~2个百分点（8.6%）、甚至2个百分点以上（8.1%）。

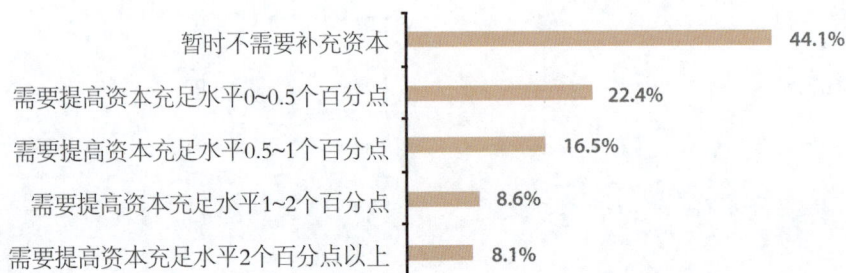

暂时不需要补充资本	44.1%
需要提高资本充足水平0~0.5个百分点	22.4%
需要提高资本充足水平0.5~1个百分点	16.5%
需要提高资本充足水平1~2个百分点	8.6%
需要提高资本充足水平2个百分点以上	8.1%

图10-1　受访银行未来提高资本充足水平的计划

分机构类型来看，政策性银行资本补充的需求更多（需要提高资本充足水平2个百分点以上占比41.3%），显示出政策性银行改革后资本约束作用已经开始显现。由于政策性银行由国家财政进行兜底，以往资本充足率的受重视程度较低，其中隐含了银行的经营风险。三大政策性银行改革方案纳入资本充足率要求也有利于进一步防控风险，保障金融稳定与安全。

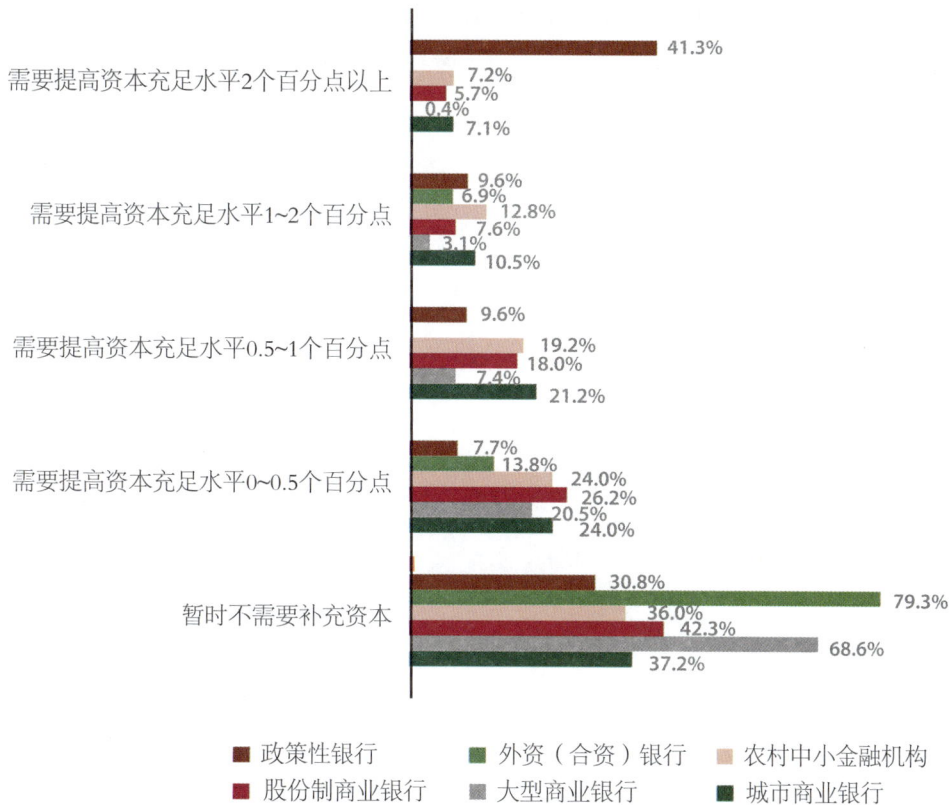

需要提高资本充足水平2个百分点以上
- 41.3%
- 7.2%
- 5.7%
- 0.4%
- 7.1%

需要提高资本充足水平1~2个百分点
- 9.6%
- 6.9%
- 12.8%
- 7.6%
- 3.1%
- 10.5%

需要提高资本充足水平0.5~1个百分点
- 9.6%
- 19.2%
- 18.0%
- 7.4%
- 21.2%

需要提高资本充足水平0~0.5个百分点
- 7.7%
- 13.8%
- 24.0%
- 26.2%
- 20.5%
- 24.0%

暂时不需要补充资本
- 30.8%
- 79.3%
- 36.0%
- 42.3%
- 68.6%
- 37.2%

■ 政策性银行　　■ 外资（合资）银行　　■ 农村中小金融机构
■ 股份制商业银行　　■ 大型商业银行　　■ 城市商业银行

图10-2　不同类型银行未来提高资本充足水平计划的比较

与2014年和2013年的调查结果相比，可以看出在当前的政策和市场环境下，"内源融资"依然是中国银行业补充资本的首选方式（38.6%）。这反映出银行家已充分认识到，传统依靠规模扩张的发展模式难以为继，依靠内生动力实现平衡发展成为商业银行的首要选择。但在银行业利润增速普遍下滑的情况下，单纯依靠内源融资仍无法满足银行经营发展需要，仍有不少银行家选择采取外源融资进行资本补充。具体而言，35.1%的银行家选择了"引进战略投资者"，注重长期利益、提升国际竞争力成为商业银行选择资本补充方式的重要考虑。"发行优先股"（27.0%）和"发行次级债"（25.9%）等资本补充工具也受到银行家的青睐。

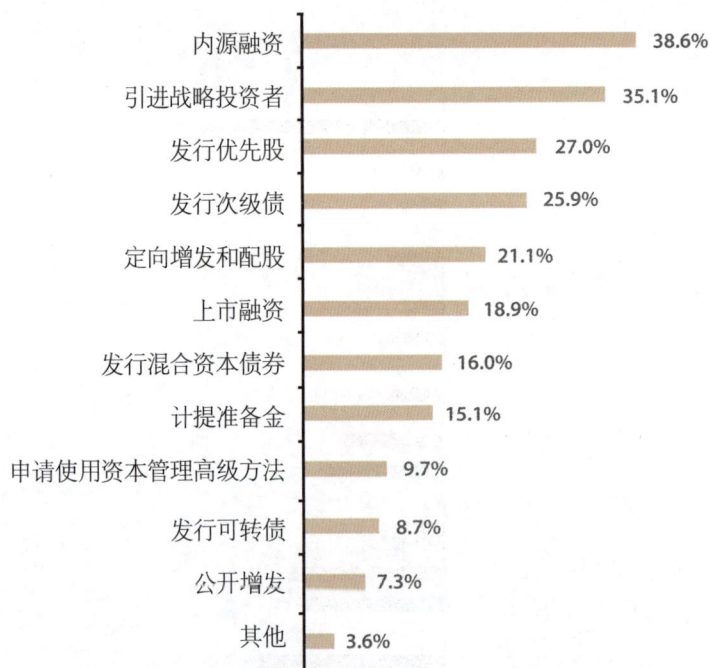

内源融资	38.6%
引进战略投资者	35.1%
发行优先股	27.0%
发行次级债	25.9%
定向增发和配股	21.1%
上市融资	18.9%
发行混合资本债券	16.0%
计提准备金	15.1%
申请使用资本管理高级方法	9.7%
发行可转债	8.7%
公开增发	7.3%
其他	3.6%

图10-3 银行未来提高资本充足水平倾向采取的方式

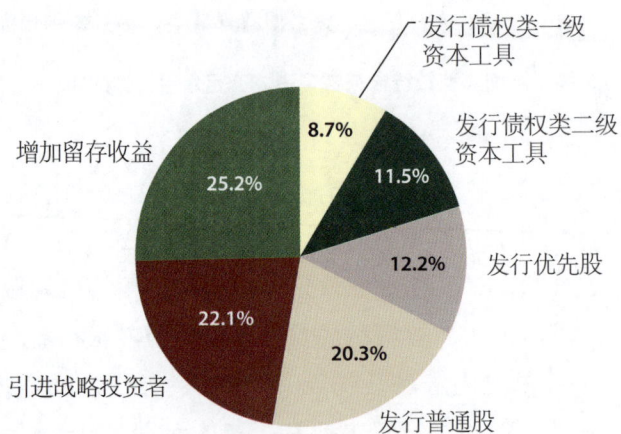

发行债权类一级资本工具 8.7%
发行债权类二级资本工具 11.5%
发行优先股 12.2%
发行普通股 20.3%
引进战略投资者 22.1%
增加留存收益 25.2%

图10-4 银行未来优先采取的资本补充方式（2014年）

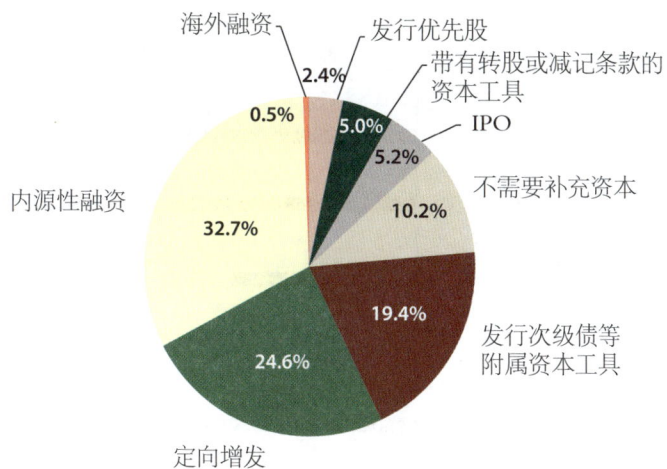

海外融资 发行优先股

带有转股或减记条款的
资本工具

IPO

不需要补充资本

发行次级债等
附属资本工具

定向增发

内源性融资

2.4%
0.5%
5.0%
5.2%
10.2%
19.4%
24.6%
32.7%

图10-5　银行未来优先采取的资本补充方式（2013年）

从不同类型银行的选择来看，上市银行则更倾向于选择"发行优先股"（47.6%）、"内源融资"（37.7%）、"定向增发和配股"（31.3%）来补充资本，非上市银行更倾向于选择"引进战略投资者"（43.4%）、"内源融资"（39.1%）、"发行次级债"（24.4%）作为资本补充方式。

内源融资   39.1% / 37.7%

发行优先股   14.4% / 47.6%

发行混合资本债券   11.8% / 23.0%

引进战略投资者   43.4% / 21.4%

发行次级债   24.4% / 28.4%

发行可转债   6.3% / 12.7%

计提准备金   15.4% / 14.5%

上市融资   24.2% / 10.3%

定向增发和配股   14.8% / 31.3%

公开增发   5.8% / 9.7%

申请使用资本管理高级方法   6.2% / 15.5%

其他   4.7% / 1.8%

■ 非上市银行   ■ 上市银行

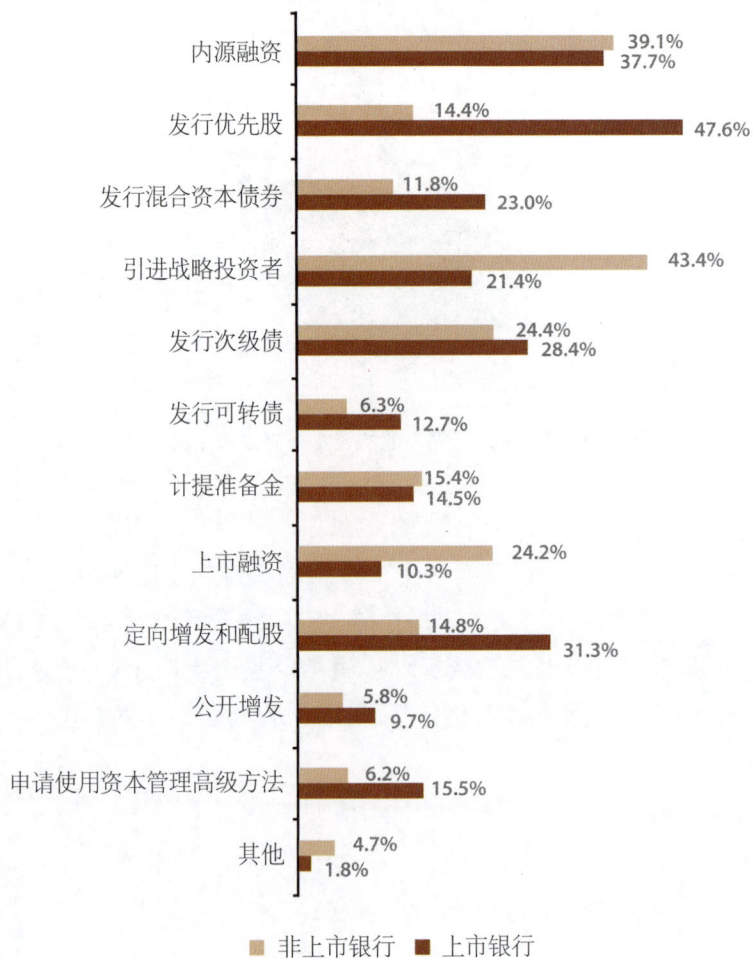

图10-6 不同银行未来资本补充方式选择的比较

三、银行家对银监会监管组织架构改革的总体效果给予肯定

2015年初银监会实行了监管部门组织架构的重大改革，对内设机构重新进行职责划分和编制调整，同时清减下放行政权力，强化事中、事后监管。银行家对银监会监管组织架构改革的总体效果普遍给予了肯定评价，超八成银行家对此评分在4分以上（5分37.1%、4分49.9%）。

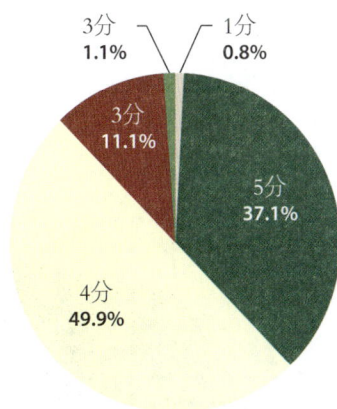

图10-7　银行家对银监会监管部门架构改革总体效果的评价

在具体成效方面，66.4%的银行家认为此举完善了差异化、专业化的监管体系，44.7%的银行家认为明晰了银监会各部门之间的职责边界，41.7%的银行家认为明晰了银监会与派出机构之间的风险监管职责和权利。

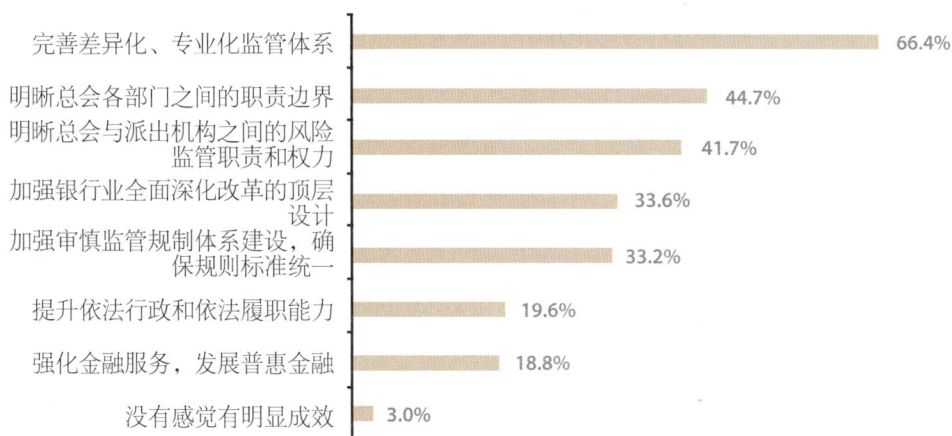

图10-8　银行家对银监会监管部门架构改革具体成效的看法

在此次监管架构改革中新设立的部门当中，最受期待和关注的是政策研究局（40.6%），这在一定程度上说明银行家对监管机构与宏观经济部门和地方政府的政策协调，以及银行业服务实体经济发展重大政策的拟订工作给予普遍关注。其次是普惠金融部（19.7%）和城市商业银行监管部（17.9%），反映出银行家对"三农"、小微企业、互联网金融、民营银行等领域监管政策的关注和期待。

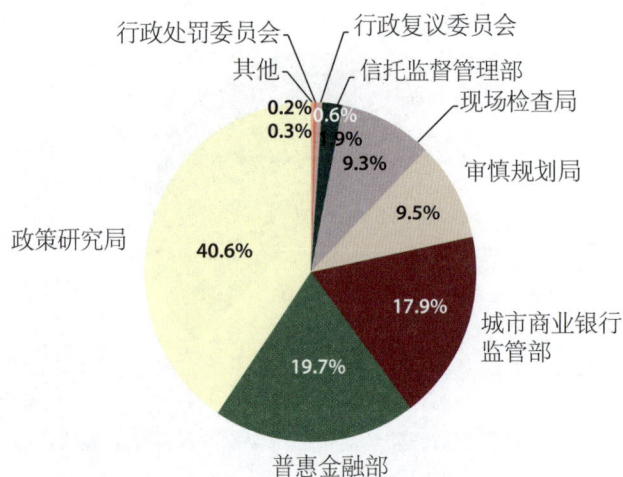

图10-9　银行家认为架构改革后应有效发挥职能的监管部门和机构

对于进一步推进监管体系改革的方向，银行家最为期待的是加大简政放权力度（62.7%），其次是完善法律法规体系（48.5%）。能否进一步提高非现场监管效率（32.8%）以及提高监管透明度（31.6%）等也是银行家关心的焦点。

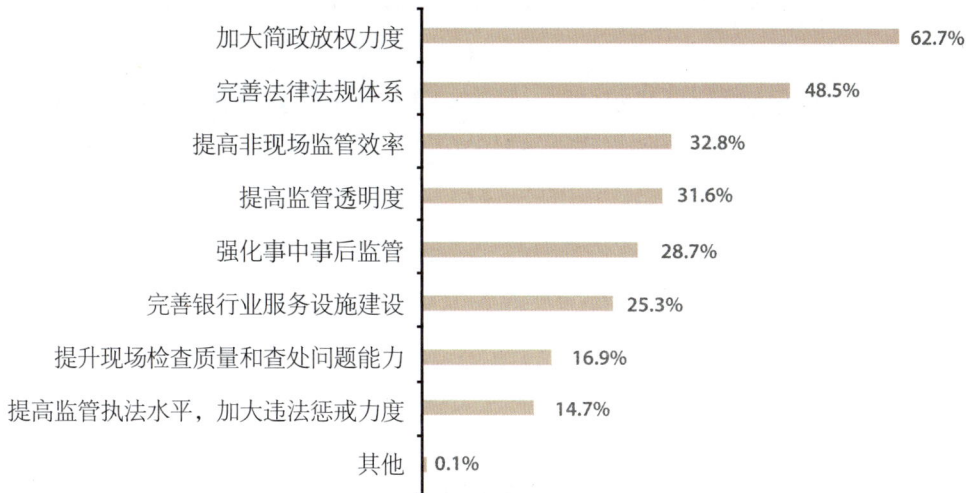

加大简政放权力度	62.7%
完善法律法规体系	48.5%
提高非现场监管效率	32.8%
提高监管透明度	31.6%
强化事中事后监管	28.7%
完善银行业服务设施建设	25.3%
提升现场检查质量和查处问题能力	16.9%
提高监管执法水平，加大违法惩戒力度	14.7%
其他	0.1%

图10-10　银行家认为监管机构进一步推进监管体系改革的方向

　　针对银行家最为关心的简政放权问题，我们又进一步调查了银行家希望从哪些方面加大简政放权力度。从调查结果看，银行家最为关注的是简化行政审批流程（70.8%）方面，其次是清减行政审批项目（51.9%）、缩短审批时限（38.9%）以及明确监管权力清单、责任清单、负面清单（38.1%）等方面。

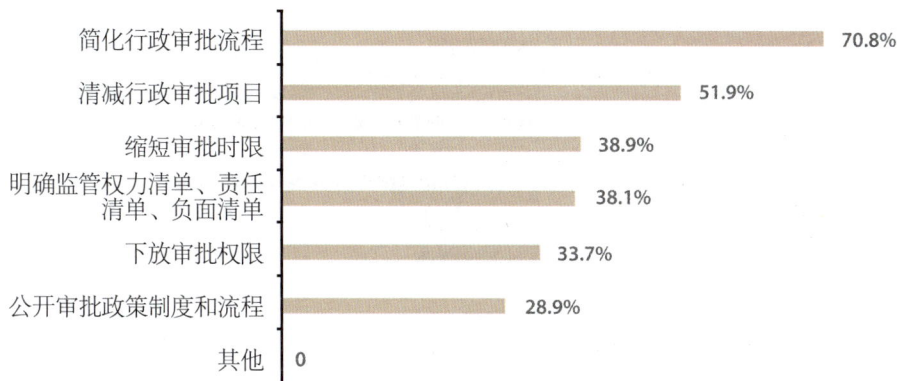

简化行政审批流程	70.8%
清减行政审批项目	51.9%
缩短审批时限	38.9%
明确监管权力清单、责任清单、负面清单	38.1%
下放审批权限	33.7%
公开审批政策制度和流程	28.9%
其他	0

图10-11　银行家认为监管机构进一步推进简政放权的方向

四、存贷比的监管约束取消对贷款增加影响不明显

在存贷比由法定监管指标转为流动性监测指标后，银行信贷资产端经营灵活性增加，但仅有11.2%的银行家认为贷款将明显增加。61.8%的银行家认为"信贷有增加，但不明显"，26.9%的银行家认为存贷比对其所在银行贷款增加影响较小。分机构类型来看，由于政策性银行的资金来源主要依靠发债，存贷比对政策性银行贷款增加影响较小（66.3%），对商业银行贷款增加影响不明显。

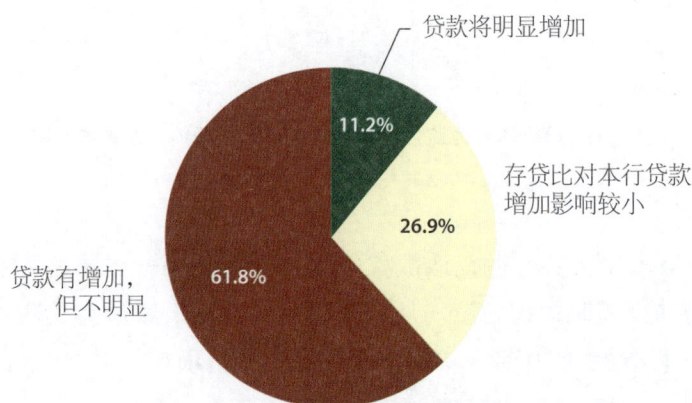

图10-12　存贷比对受访银行贷款增加的影响

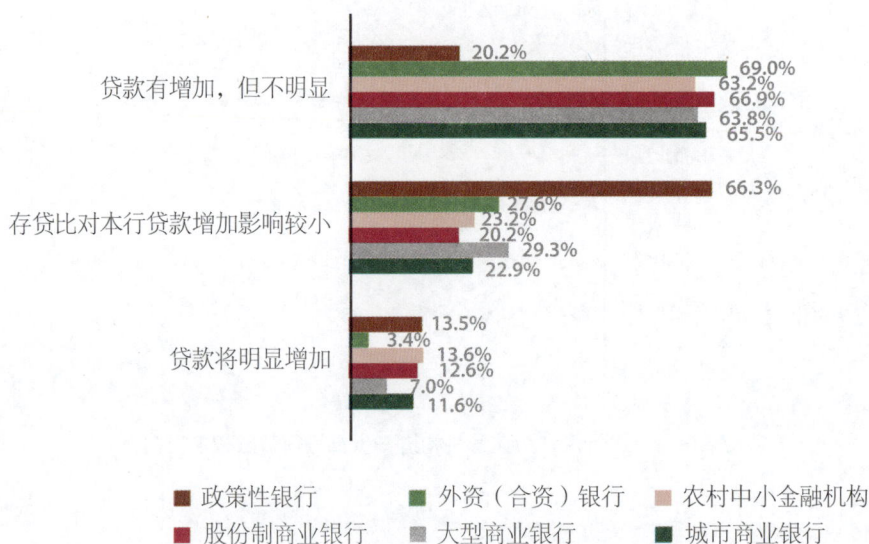

图10-13　存贷比对不同银行贷款增加的影响比较

存贷比由法定监管指标转为流动性监测指标后，近九成银行家表示仍会使用存贷比作为流动性管理指标，其中有64.2%的银行家认为商业银行应根据具体情况调整计算口径后保留存贷比作为流动性监测指标。仅有10.5%的银行家表示，将不再使用存贷比指标。

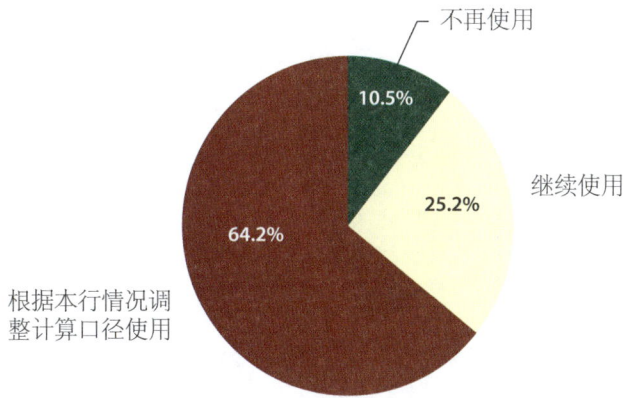

不再使用
10.5%

继续使用
25.2%

64.2%

根据本行情况调整计算口径使用

图10-14　受访银行未来使用存贷比作为流动性管理指标的情况

除此之外，在日常经营管理中，银行家还经常使用流动性比例（68.1%）、流动性覆盖率（58.7%）、超额备付金率（46.4%）、核心负债比例（42.9%）以及流动性缺口（率）（40.7%）等流动性指标。相较于2014年的调查结果，受访银行家对于《商业银行流动性风险管理办法（试行）》中所规定的流动性覆盖率、流动性比例等流动性风险监管指标不仅认同度较高，也在日常经营中得到了很好的应用。

流动性比例 68.1%
流动性覆盖率 58.7%
超额备付金率 46.4%
核心负债比例 42.9%
流动性缺口（率） 40.7%
最大十户存款比例 38.2%
净稳定资金比例 20.3%
同业负债依存度 17.6%
最大十户同业融入比例 11.8%
其他 0.6%

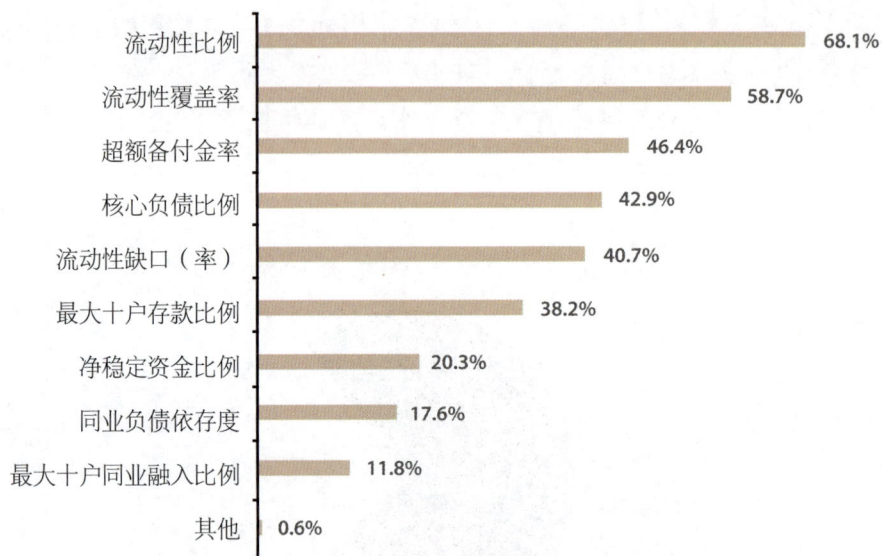

图10-15 受访银行日常经营管理中经常使用的流动性指标

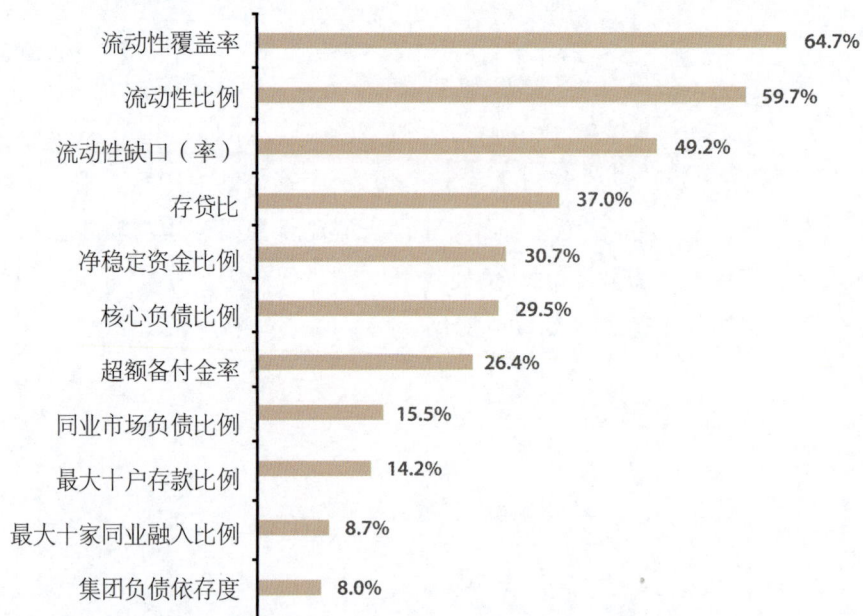

流动性覆盖率 64.7%
流动性比例 59.7%
流动性缺口（率） 49.2%
存贷比 37.0%
净稳定资金比例 30.7%
核心负债比例 29.5%
超额备付金率 26.4%
同业市场负债比例 15.5%
最大十户存款比例 14.2%
最大十家同业融入比例 8.7%
集团负债依存度 8.0%

图10-16 反映流动性风险的各项指标评价（2014年）

五、民营银行试点渐入轨道，银行业改革稳步推进

为鼓励和引导民间资本进入银行业，促进民营银行持续健康发展，监管部门近年来积极推动民营银行的试点工作，不断完善监管配套设施，取得了阶段性成果。目前，微众银行、网商银行、上海华瑞银行、温州民商银行、天津金城银行5家首批试点民营银行均已开业，相关监管配套设施正在同步推进，今后新设民营银行也将在准入和数量上稳步推进。

借助于互联网、大数据与云技术，民营银行的业务经营模式更为灵活快捷，针对特定群体的金融产品创新更趋多元化与多样化。对于已设立的5家首批试点民营银行，银行家普遍认为"机制灵活"（81.2%）、"创新能力强"（64.5%）是民营银行所具备的主要优势，与2014年的调查结果吻合。

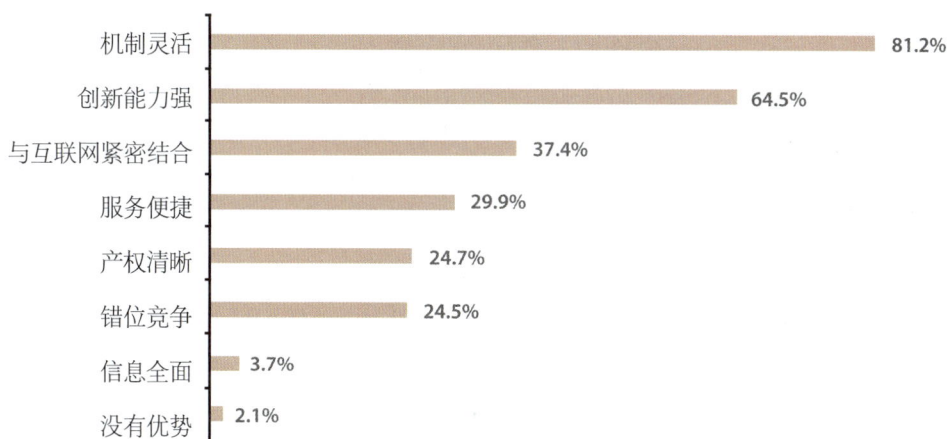

机制灵活　　　　　　　　　　　　　　81.2%
创新能力强　　　　　　　　　　　64.5%
与互联网紧密结合　　　　　37.4%
服务便捷　　　　　　29.9%
产权清晰　　　　24.7%
错位竞争　　　　24.5%
信息全面　3.7%
没有优势　2.1%

图10-17　民营银行经营与发展过程中所具备的主要优势

现有的商业银行等金融机构经过长期的积累，具备较强的信誉保证、资金实力、客户基础及风险管控能力，相比之下开业初期的民营银行综合实力较弱，抗风险能力相对较差，坚实稳定的客户来源较为缺乏，社会接受程度有待扩展。调查结果显示，"风险管控"（74.3%）、"客户基础"（60.5%）被认为是目前民营银行最为薄弱的环节。

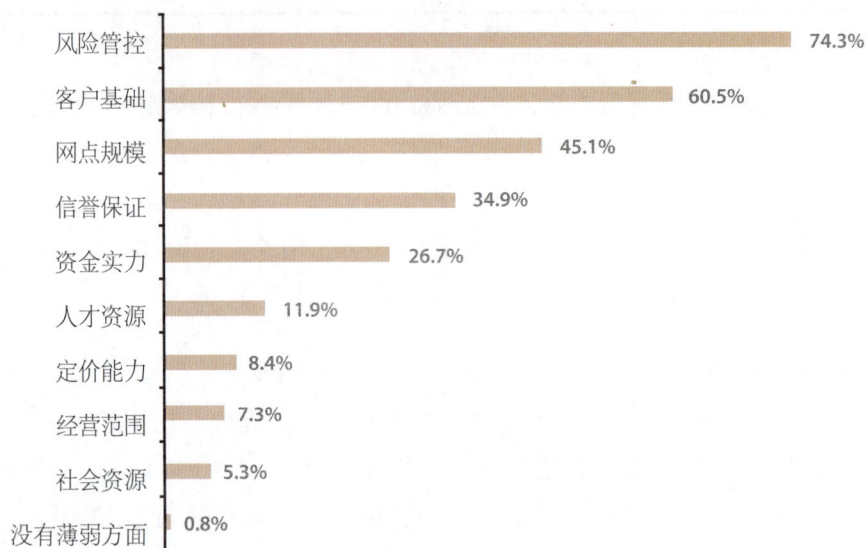

风险管控　　　74.3%
客户基础　　　60.5%
网点规模　　　45.1%
信誉保证　　　34.9%
资金实力　　　26.7%
人才资源　　　11.9%
定价能力　　　8.4%
经营范围　　　7.3%
社会资源　　　5.3%
没有薄弱方面　0.8%

图10-18　民营银行经营与发展过程中存在的薄弱环节

　　民营银行依靠灵活的机制设置与较强的创新能力，对传统银行机构产生了不可忽视的影响，这一点在近两年的调查中都有印证。在2015年的调查中仅5.2%的银行家认为民营银行的设立对现有银行业金融机构没有明显冲击。与民营银行在规模和定位上均较为类似的城市商业银行被认为受到民营银行最大的冲击，占受访银行家的33.6%；民营银行的设立对小额贷款公司、全国股份制商业银行、大型商业银行所形成的冲击相对较弱但仍然不可忽视，分别占受访银行家的16.8%、15.0%和12.5%；而外资（合资）银行、信托公司在主营业务与客户定位方面与民营银行存在较大差异，仅有1.0%的银行家认为可能受到冲击。

城市商业银行	33.6%
小额贷款公司	16.8%
全国性股份制商业银行	15.0%
大型商业银行	12.5%
农村中小金融机构	6.5%
互联网金融企业	5.7%
对其他金融机构没有明显冲击	5.2%
消费金融公司	3.6%
外资（合资）银行	0.8%
信托公司	0.2%

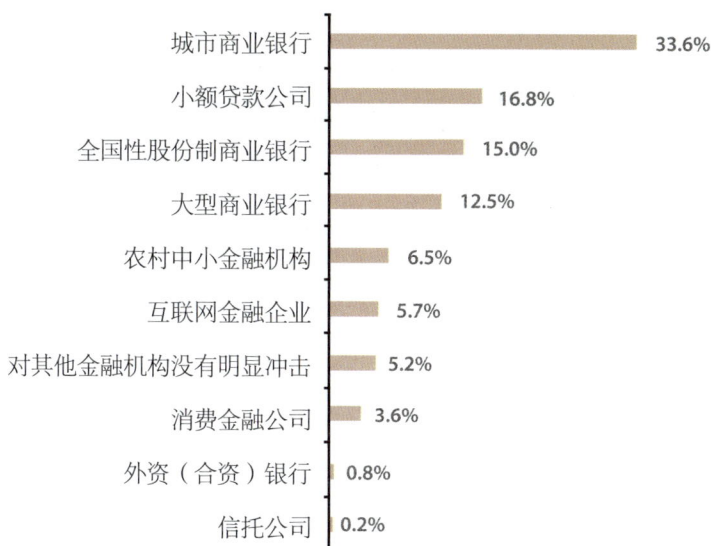

图10-19　设立民营银行对现有金融机构的影响

　　民营银行的设立主要定位于服务小微企业，差异化服务与市场需求的贴合使得民营银行对现有银行业金融机构的业务发展也造成了普遍影响。在可能受到冲击的银行业务中，银行家普遍认为民营银行对小微信贷业务的冲击力度最大（81.6%），近两倍于排名第二的理财业务，连续两年被评为冲击最大的银行业务类型。依托创新的经营模式、前沿的技术支持，聚焦于小微服务的民营银行在小微信贷业务、理财业务等方面已积累了较强的技术实力，在中小企业、社区、"三农"等重点发展领域及薄弱环节形成了较强的竞争优势，也弥补了传统金融机构的不足。从排名前列的业务类型可以看出，除小微信贷、理财业务外，民营银行很可能对个人按揭、私人银行、网上银行、供应链金融、直销银行、涉农贷款等多项业务造成冲击，但与民营银行的业务定位差距较大的托管业务、同业业务受到冲击相对较小。

　　综合来看，银行家普遍认为设立民营银行对现有银行业金融机构及相关业务带来了较大竞争压力，而与民营银行的规模、业务、定位等相近的金融机构和主要业务更容易受到冲击。

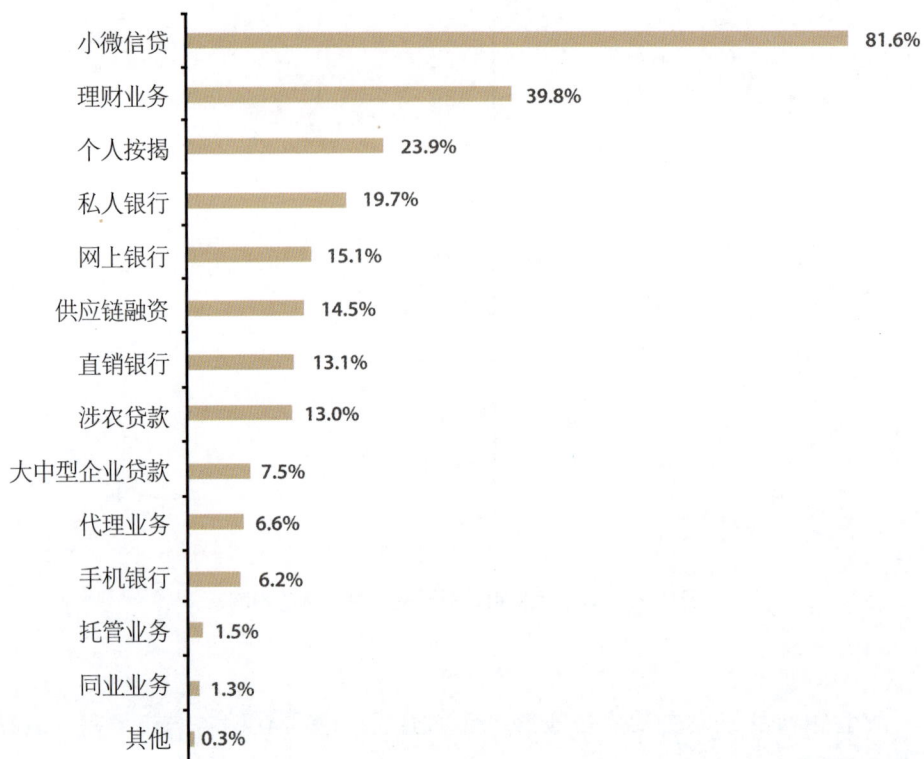

小微信贷   81.6%
理财业务   39.8%
个人按揭   23.9%
私人银行   19.7%
网上银行   15.1%
供应链融资   14.5%
直销银行   13.1%
涉农贷款   13.0%
大中型企业贷款   7.5%
代理业务   6.6%
手机银行   6.2%
托管业务   1.5%
同业业务   1.3%
其他   0.3%

图10-20 设立民营银行对传统金融业务的影响

第十一部分

银行家群体

　　随着中国银行业的市场化进程逐渐加快，中国银行家的能力素质也在适应竞争环境的过程中逐渐提升。近一年多来，《中央管理企业负责人薪酬制度改革方案》的正式实施、部分银行高管的违规被查等重大事件引起了公众的较大关注，由此相关的原因、影响等也引起了广泛的讨论。

一、银行家能力素质稳步提升，但不同类型银行家对本群体能力素质的评价存在明显差别

中国银行家通过实践的磨砺，培养了极强的沟通协调能力，形成了丰富的社交网络。在针对银行家能力素质的调查中，沟通协调（4.20）、社会关系（4.19）在调查中评分最高。

同时，国际视野、开拓创新能力和风险驾驭能力是国内银行家的弱项，评分分别为3.78、3.85和3.97。在当前国内经济下行、不良信贷面临较大上升压力的环境下，随着中国银行业开始在开拓国际市场、开展产品与服务创新、强化风险管控等方面加大投入力度，中国银行家的上述三项能力素质面临着更为紧迫的挑战。

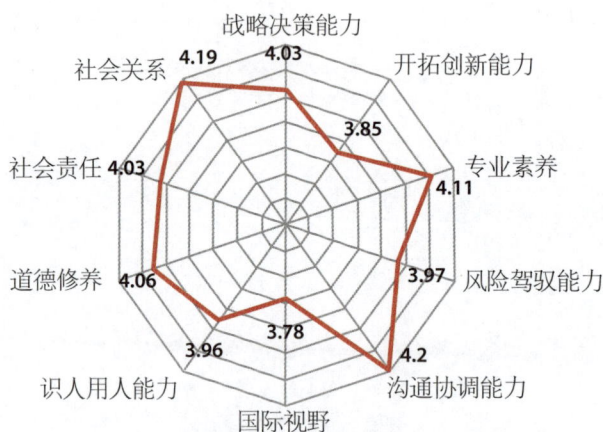

图11-1　对中国银行家群体的能力素质评分

对比近三年的调查结果，银行家群体各项能力素质的评分经过2014年的短暂下降后，普遍回升。通过在日益复杂的金融市场的锻炼，中国银行家近一年的能力水平受到总体肯定。其中，专业素养、国际视野、识人用人能力和社会责任4项能力素质评分均超过了前两年，而尽管国际视野和风险驾驭能力等仍然是中国银行家的短板，但已有明显进步，本年度评价明显改善。

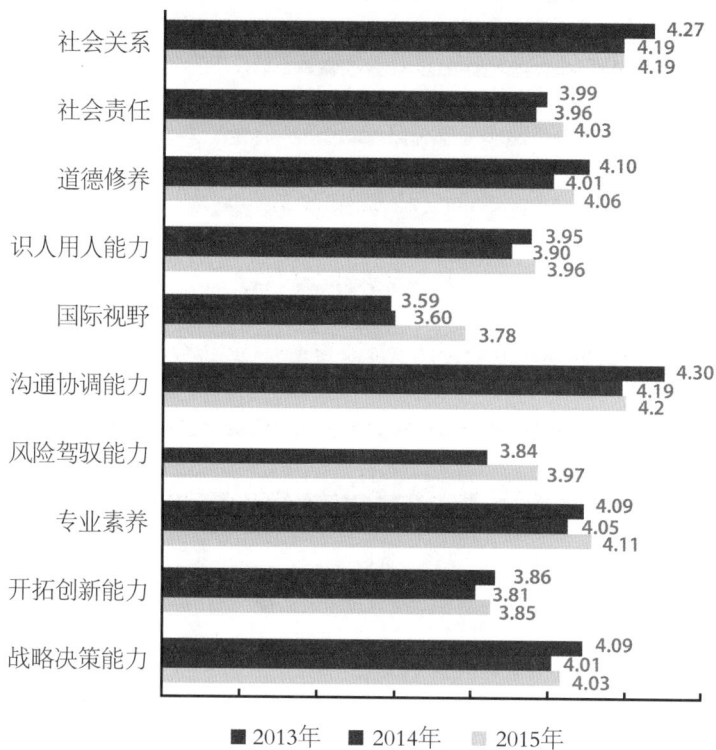

社会关系　　　　　　4.27
　　　　　　　　　　4.19
　　　　　　　　　　4.19

社会责任　　　　　　3.99
　　　　　　　　　　3.96
　　　　　　　　　　4.03

道德修养　　　　　　4.10
　　　　　　　　　　4.01
　　　　　　　　　　4.06

识人用人能力　　　　3.95
　　　　　　　　　　3.90
　　　　　　　　　　3.96

国际视野　　　　　　3.59
　　　　　　　　　　3.60
　　　　　　　　　　3.78

沟通协调能力　　　　4.30
　　　　　　　　　　4.19
　　　　　　　　　　4.2

风险驾驭能力　　　　3.84
　　　　　　　　　　3.97

专业素养　　　　　　4.09
　　　　　　　　　　4.05
　　　　　　　　　　4.11

开拓创新能力　　　　3.86
　　　　　　　　　　3.81
　　　　　　　　　　3.85

战略决策能力　　　　4.09
　　　　　　　　　　4.01
　　　　　　　　　　4.03

■ 2013年　■ 2014年　2015年

图11-2　最近三年银行家能力素质评分对比

　　不同类型银行的银行家，对能力素质的评价也存在着差别。比如，相对于非上市银行，上市银行对银行家群体各项能力素质的评价普遍更高。有理由相信，在证券市场利益相关者监督环境下，上市银行高管的各项能力已然得到外界的认同，因而上市银行的银行家有着更强的信心。

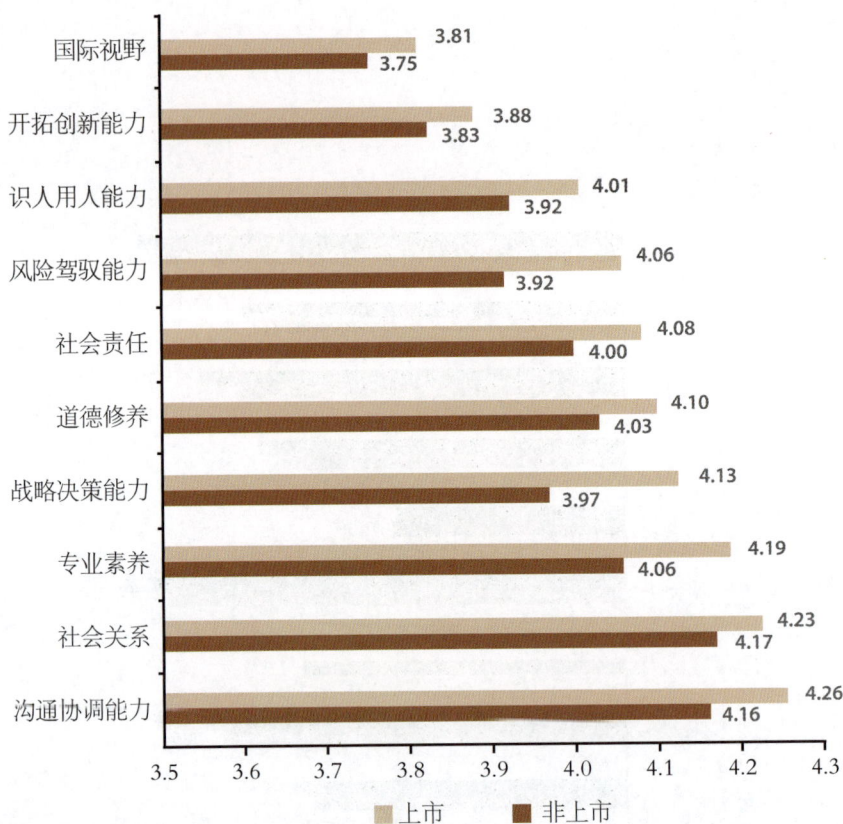

国际视野　3.81　3.75

开拓创新能力　3.88　3.83

识人用人能力　4.01　3.92

风险驾驭能力　4.06　3.92

社会责任　4.08　4.00

道德修养　4.10　4.03

战略决策能力　4.13　3.97

专业素养　4.19　4.06

社会关系　4.23　4.17

沟通协调能力　4.26　4.16

上市　非上市

图11-3　上市与非上市银行高管对银行家群体能力素质评价对比

另外，所在银行的经营市场化程度似乎与银行家对本群体能力水平的看法有一定程度的联系，进而造成评价的差异。政策性银行和大型商业银行高管对各项能力素质的评价，几乎一致给出了高于同行的评价，而外资银行高管则恰好相反。

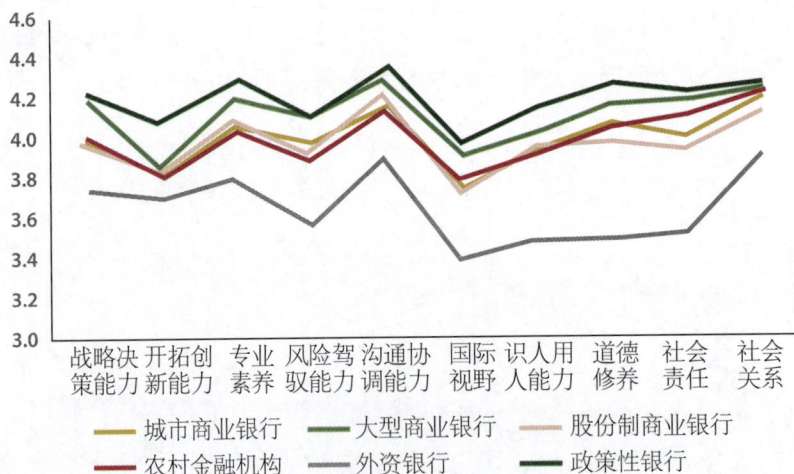

城市商业银行　大型商业银行　股份制商业银行
农村金融机构　外资银行　政策性银行

图11-4　不同类型银行家对本群体能力素质评价

二、日益激烈的竞争环境下，银行家对业余生活和工作压力满意程度较低

由于银行家所面临的市场竞争环境日益激烈，加之一贯的高压力职业特性，工作和业余生活均受到影响。在工作与生活满意度调查中，银行家对自身业余生活（3.77）和工作压力（3.80）的满意度评价最低，好在有较为坚实的家庭后盾作支持，本次调查中，家庭婚姻满意度得到了最高的评价（4.29），其次是工作环境和成就感，评分分别为4.17和4.13。

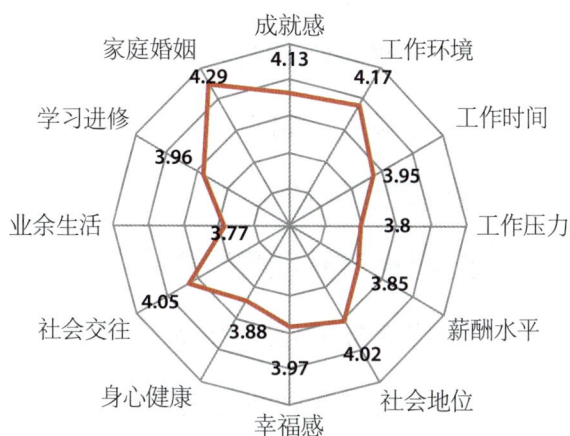

图11-5　中国银行家对工作与生活的满意程度

虽然家庭婚姻和工作环境的评价在本年度仍然保持较高水平，但在近三年却是呈逐年下降趋势。除此之外，其他方面的满意度均有不同程度的回升，特别是银行家的业余生活和学习进修满意度有明显提高。

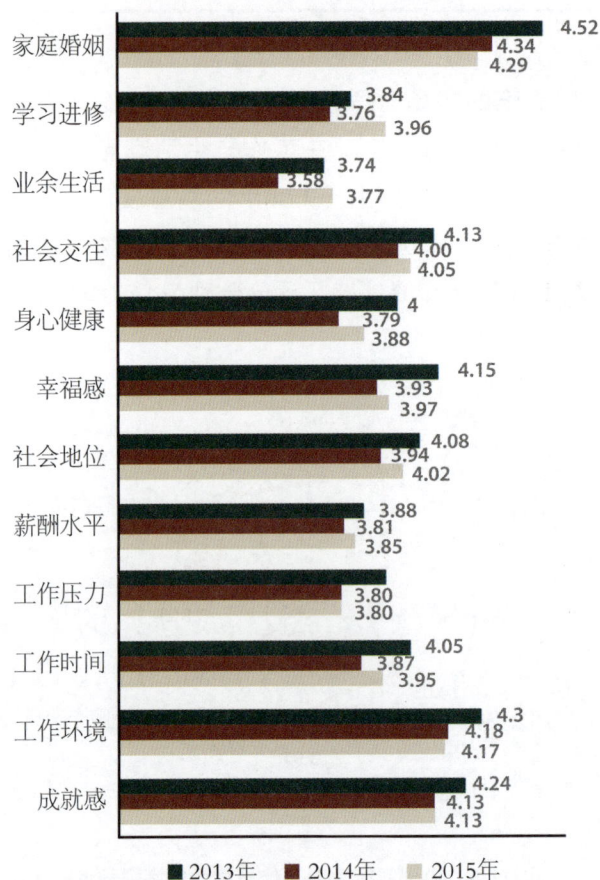

图11-6　最近三年银行家对工作与生活满意度评价对比

　　银行的经营体制、市场化程度与工作生活满意度评价体现了一定的关系。外资银行高管总体满意程度较低，主要体现在成就感、工作压力、薪酬水平、社会地位、社会交往、学习进修和家庭婚姻方面；农村金融机构、股份制商业银行高管则对幸福感、身心健康、业余生活等方面的满意度低于同行。与以上形成鲜明对比的是，政策性银行高管除了薪酬水平以外，对各方面的满意度均最高。

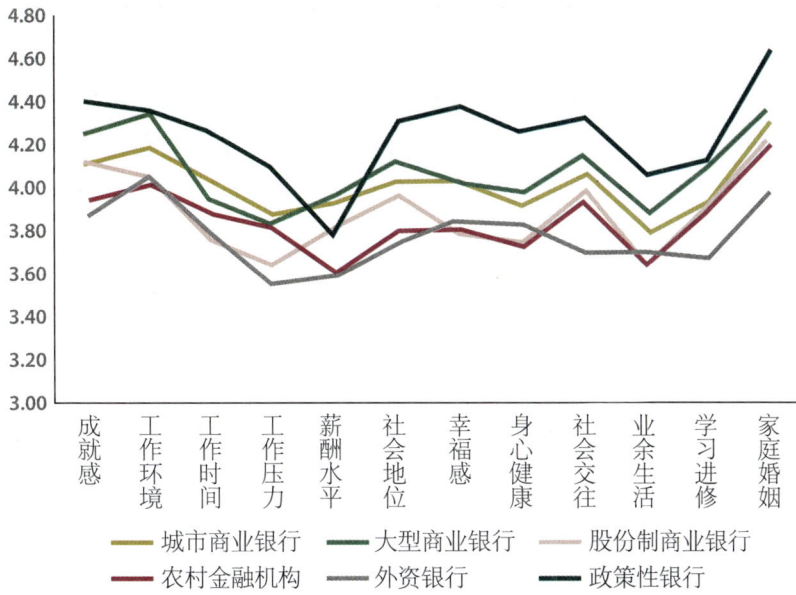

图11-7 不同类型银行家对工作与生活满意度评价

三、个别高管违规源于个人思想偏差而非薪酬市场化水平低

近一年多来，陆续有银行业高管因违法违规行为被调查。对此，银行家认为其根源以个人内因为主，客观外因为辅。78.5%的被访对象表示，"贪图个人利益，思想存在偏差"是主要的根源。其次是银行"内部控制机制失效，高管权力过大"，占比66.9%。表明从多数银行家的角度，银行高管违规行为，不可排除内控机制失效的原因，但根本上还是在于个人的思想和道德水平。

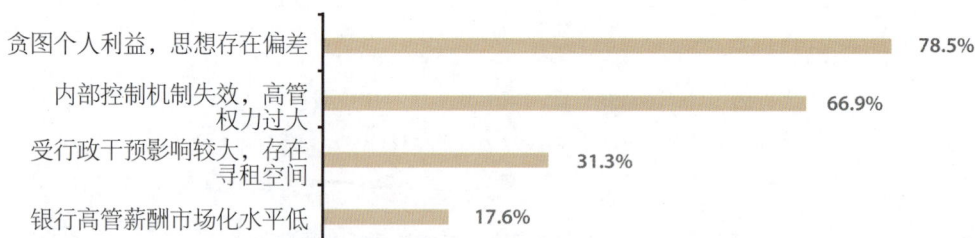

贪图个人利益，思想存在偏差	78.5%
内部控制机制失效，高管权力过大	66.9%
受行政干预影响较大，存在寻租空间	31.3%
银行高管薪酬市场化水平低	17.6%

图11-8　个别银行业高管违法违规行为的根源

进一步对比不同类型银行的银行家的判断，各中资金融机构的高管更倾向于"贪图个人利益，思想存在偏差"这一理由，而外资银行的银行家则更为认同"内部控制机制失效"。

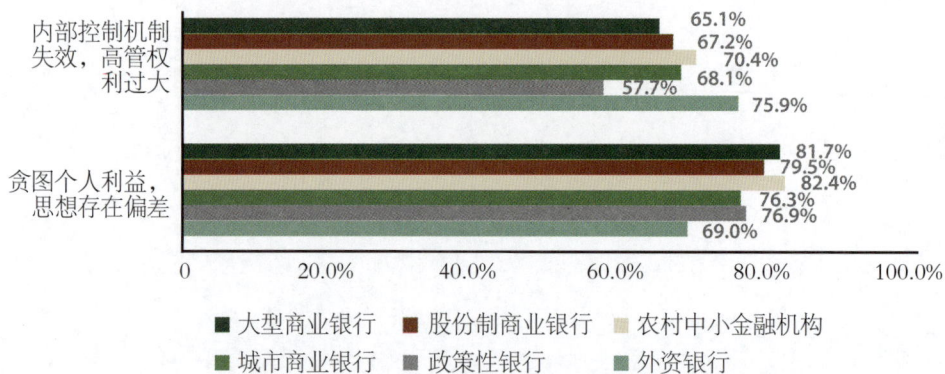

内部控制机制失效，高管权利过大	65.1% / 67.2% / 70.4% / 57.7% / 68.1% / 75.9%
贪图个人利益，思想存在偏差	81.7% / 79.5% / 82.4% / 76.3% / 76.9% / 69.0%

■ 大型商业银行　　■ 股份制商业银行　　■ 农村中小金融机构
■ 城市商业银行　　■ 政策性银行　　■ 外资银行

图11-9　不同类型银行高管对违法违规行为原因的看法

绝大多数银行家认为，薪酬市场化水平低无关银行高管违规，但中央管理企业负责人薪酬制度改革的实施，却将实实在在对金融领域产生冲击。65.7%的被调查对象表示，随着改革方案的实施，不同所有制银行的高管收入差距将进一步拉大；45.3%的银行家表示，银行高管离职情况将会明显增加；仅有一小部分受访者认为不会带来太大影响（11.8%）。由于被明确纳入中央管理企业负责人薪酬制度改革范围的主要是国有大行的负责人，因此大型商业银行高管原已落后同业平均薪酬水平的差距，势必进一步拉大，其他所有制银行所受影响相对较小。

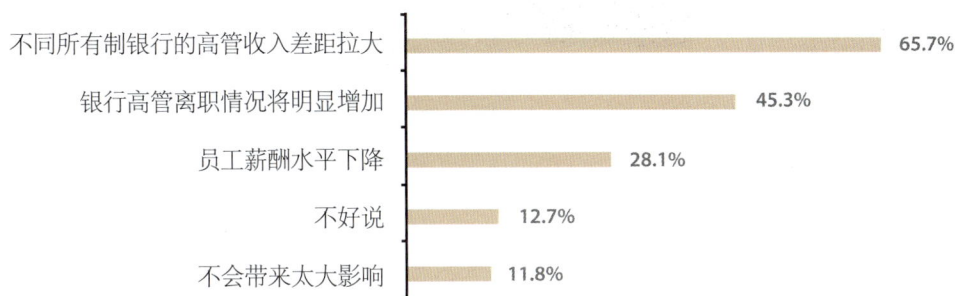

不同所有制银行的高管收入差距拉大　　65.7%
银行高管离职情况将明显增加　　45.3%
员工薪酬水平下降　　28.1%
不好说　　12.7%
不会带来太大影响　　11.8%

图11-10　《中央管理企业负责人薪酬制度改革方案》实施带来的影响

四、激励约束机制不完善对银行家成长的阻碍减弱

当前环境下，中国银行家成长过程中面临的最大阻碍，似乎尚没有一个公认的判断结论。主要的观点包括"人事任免行政色彩浓厚"（25.3%）、"银行家没有充分的经营自主权，不能完全按照市场化规则办事"（25.2%）和"缺乏有效的激励约束机制"（21.1%）。

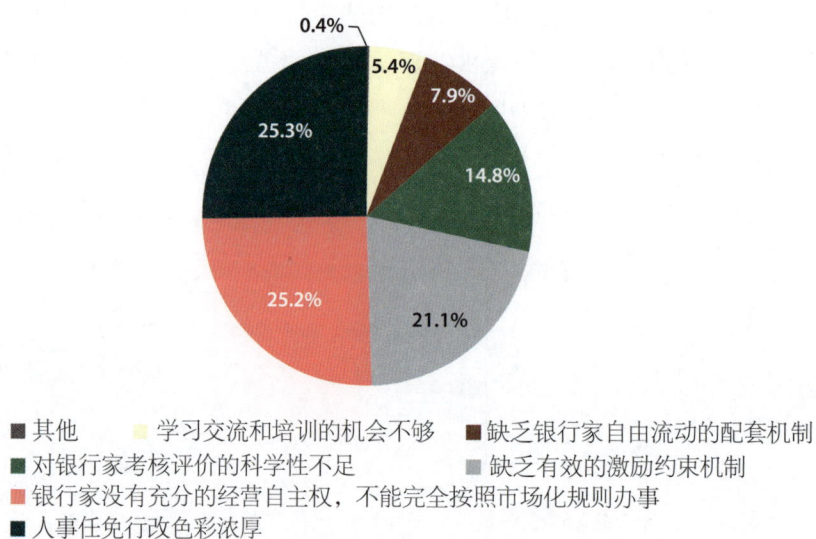

图11-11　中国银行家成长过程中面临的最大阻碍

"缺乏有效的激励约束机制"在2013年、2014年的调查中被反映为最为突出的阻碍因素，但在本年度其阻碍影响程度下降至第三位。这说明至少在过去两年，各银行业金融机构公司治理中对高管的激励约束机制建设趋于完善，但在人事任免、银行家的自主权方面则改善不大。

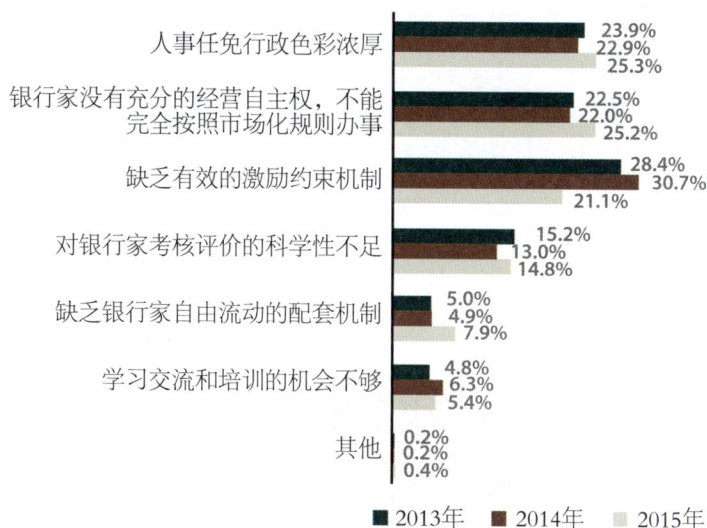

人事任免行政色彩浓厚　23.9%　22.9%　25.3%

银行家没有充分的经营自主权，不能完全按照市场化规则办事　22.5%　22.0%　25.2%

缺乏有效的激励约束机制　28.4%　30.7%　21.1%

对银行家考核评价的科学性不足　15.2%　13.0%　14.8%

缺乏银行家自由流动的配套机制　5.0%　4.9%　7.9%

学习交流和培训的机会不够　4.8%　6.3%　5.4%

其他　0.2%　0.2%　0.4%

■ 2013年　■ 2014年　□ 2015年

图11-12　最近三年中国银行家成长过程中面临的最大阻碍

　　总行与分支行的银行家，体现出了差别化的倾向性。总行层级的银行家，更为认可"人事任免行政色彩浓厚"（29.9%），而分支行的银行家更倾向于持有"银行家没有充分的经营自主权，不能完全按照市场化规则办事"（26.1%）的观点。两种观点的差别说明了银行家因工作层级、工作重点的差异，其成长的主要障碍也有所不同。

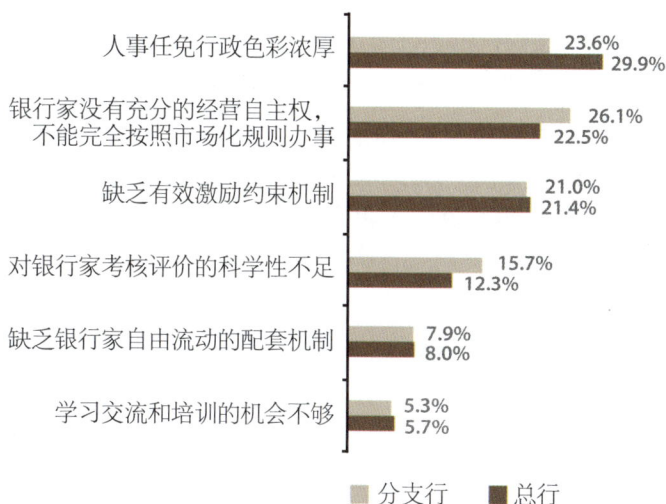

人事任免行政色彩浓厚　23.6%　29.9%

银行家没有充分的经营自主权，不能完全按照市场化规则办事　26.1%　22.5%

缺乏有效激励约束机制　21.0%　21.4%

对银行家考核评价的科学性不足　15.7%　12.3%

缺乏银行家自由流动的配套机制　7.9%　8.0%

学习交流和培训的机会不够　5.3%　5.7%

□ 分支行　■ 总行

图11-13　不同层级的银行家成长过程中面临的最大阻碍

五、股份制银行为从业高管提供了较为充分的发展平台

对于银行管理者的职业化程度，七成被调查对象认为，中国的银行家群体仍受行政的影响，但正逐渐向专业化、职业化方向转变。亦有相当一部分银行家（23.1%）认为目前已经基本形成了职业化的银行家队伍。总体而言，在业界看来，中国银行家的职业化程度目前仍不健全，但正向好的趋势发展。

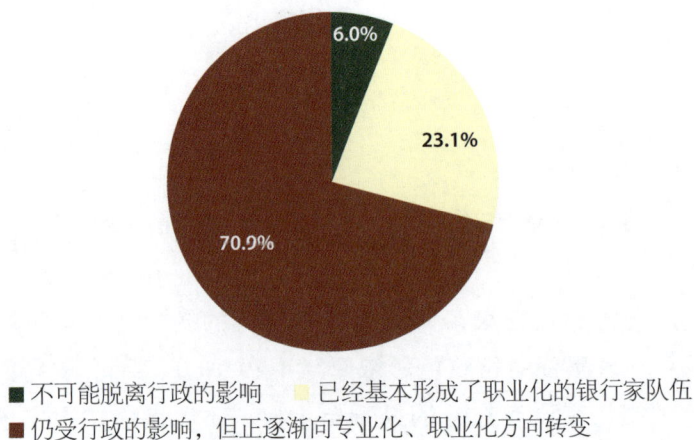

图11-14　当前中资商业银行管理者的职业化程度

对于哪一类金融机构能够最大程度给予银行家施展才能的空间，多数银行家认为在股份制商业银行任职能够充分发挥自身才能，持肯定态度的比例为42.9%，其次是城市商业银行和大型商业银行，占比分别为17.2%和16.6%。该三类银行是在国内银行业市场上具有主流地位、并占据主要市场份额的银行业金融机构，其中又以股份制商业银行市场化程度最高。此外，民营银行机制灵活、创新力强，被银行家认可的程度（8.2%）高于政策性银行（5.4%）、农村金融机构（3.8%）和外资银行（3.4%）。

虽然近一年多来陆续有商业银行高管加入互联网金融机构。但由于与传统银行在管理思维方式存在差别，从事类银行业务的互联网金融机构尚未被银行家主流群体认为是能够最大程度发挥才能的机构。

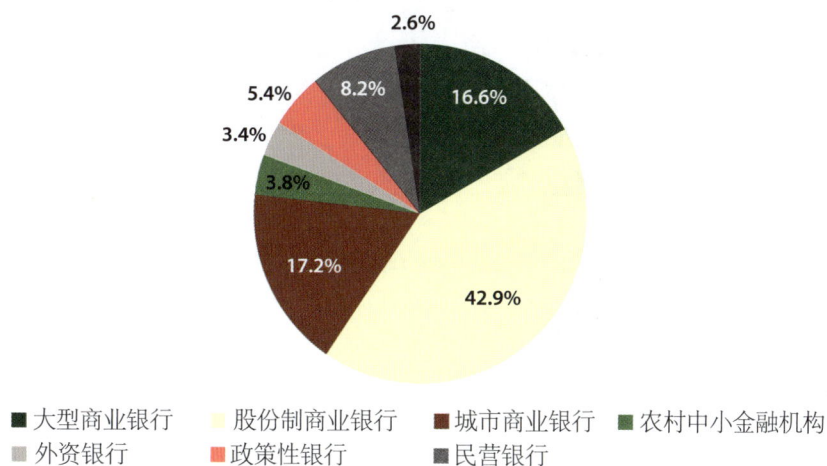

图11-15　能够最大程度发挥银行家才能的金融机构

　　除自身所在机构以外，较多数的城市商业银行（39.3%）、大型商业银行（25.8%）、农村金融机构（25.6%）和外资银行（24.1%）高管表示在股份制银行能够最大程度地施展个人才能，而政策性银行高管倾向于认可在大型商业银行（18.3%）能够有效施展才能。对于股份制商业银行高管而言，没有趋同一致的看法，由于具有相近的灵活管理机制，民营银行被其认同的比例相对较大（9.1%）。

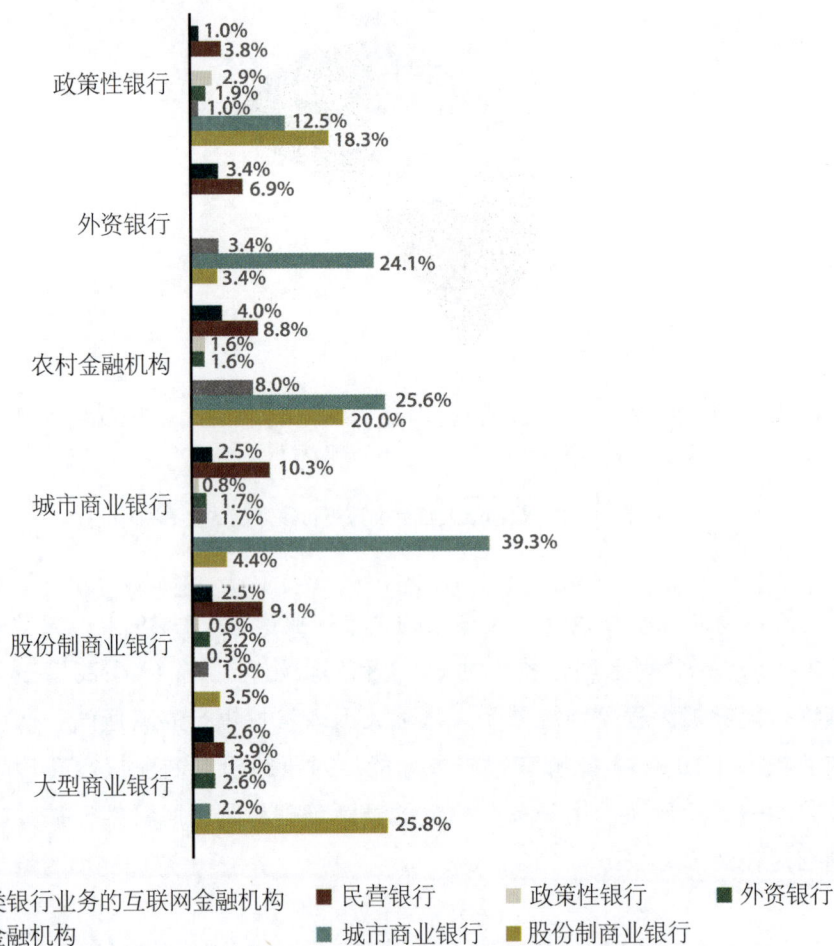

政策性银行
1.0%
3.8%
2.9%
1.9%
1.0%
12.5%
18.3%

外资银行
3.4%
6.9%
3.4%
24.1%
3.4%

农村金融机构
4.0%
8.8%
1.6%
1.6%
8.0%
25.6%
20.0%

城市商业银行
2.5%
10.3%
0.8%
1.7%
1.7%
39.3%
4.4%

股份制商业银行
2.5%
9.1%
0.6%
2.2%
0.3%
1.9%
3.5%

大型商业银行
2.6%
3.9%
1.3%
2.6%
2.2%
25.8%

■ 从事类银行业务的互联网金融机构　　■ 民营银行　　■ 政策性银行　　■ 外资银行
■ 农村金融机构　　■ 城市商业银行　　■ 股份制商业银行

图11-16　不同类型银行家认为能够最大程度发挥银行家才能的金融机构（除本机构外）

第十二部分

发展前瞻

调查显示，随着经济增速的放缓和同业竞争的加剧，银行家们对未来三年的营业收入与税后利润增长预期有明显下滑。八成左右的银行家预计今后三年的营业收入增长率和税后利润增长率都将低于15%，约六成的银行家预计收入与利润增速都将低于10%，这一预期延续了近年来不断下滑的趋势。中间业务增长（30.3%）和生息资产规模增加（28.5%）被认为是未来利润增长最有利的推动因素。银行家对未来的资产质量担忧与前些年相比也有所上升，约40%的银行家认为其所在银行今后三年的不良资产率将在1%~3%，说明风险管理已经成为银行业的当务之急。90%银行家认为中国银行业拨备覆盖率将超过150%，但与上年同期调查数据相比有所下降。中国银行业资本充足情况也基本良好，超过80%的银行家预计其所在银行2015年末的资本充足率将在10.5%以上，约50%银行家认为这一数字将超过11.5%。

一、约六成银行家预期未来三年收入及利润增速降至个位数

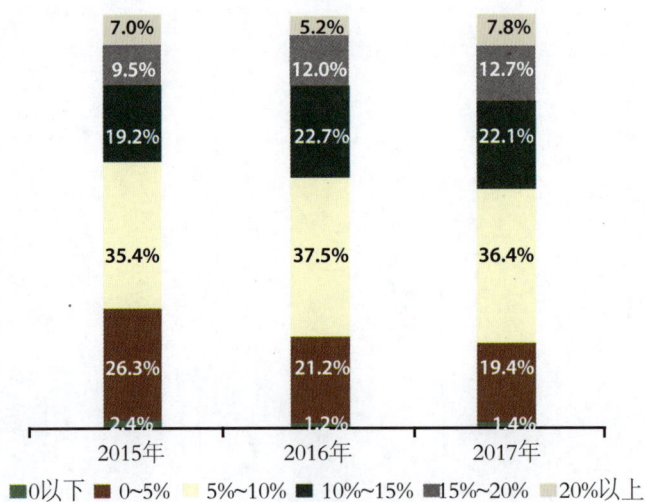

2015年
7.0%
9.5%
19.2%
35.4%
26.3%
2.4%

2016年
5.2%
12.0%
22.7%
37.5%
21.2%
1.2%

2017年
7.8%
12.7%
22.1%
36.4%
19.4%
1.4%

■0以下　■0~5%　□5%~10%　■10%~15%　■15%~20%　□20%以上

图12-1　受访银行未来三年的营业收入增长预期

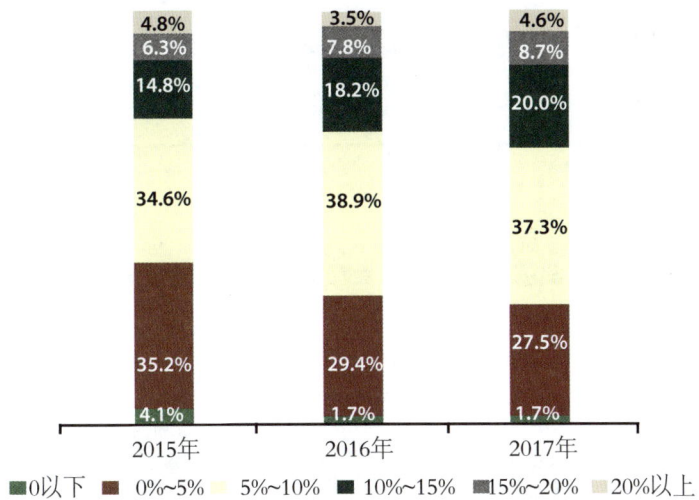

	2015年	2016年	2017年
20%以上	4.8%	3.5%	4.6%
15%~20%	6.3%	7.8%	8.7%
10%~15%	14.8%	18.2%	20.0%
5%~10%	34.6%	38.9%	37.3%
0%~5%	35.2%	29.4%	27.5%
0以下	4.1%	1.7%	1.7%

■0以下 ■0%~5% □5%~10% ■10%~15% ■15%~20% □20%以上

图12-2 受访银行未来三年的税后利润增长预期

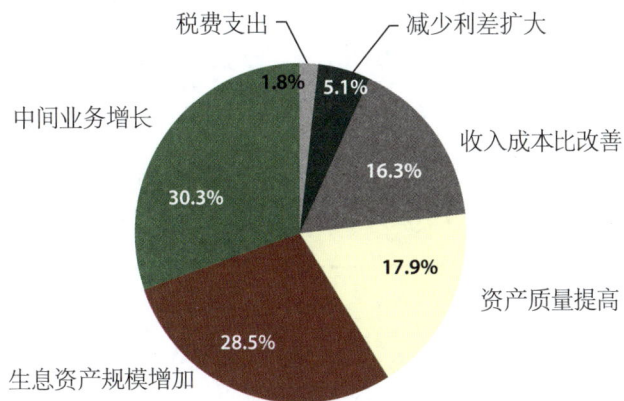

税费支出 1.8%
减少利差扩大 5.1%
中间业务增长 30.3%
收入成本比改善 16.3%
资产质量提高 17.9%
生息资产规模增加 28.5%

图12-3 受访银行未来利润增长最大的有利因素

二、四成银行家预期未来三年不良贷款率在 1%~3%

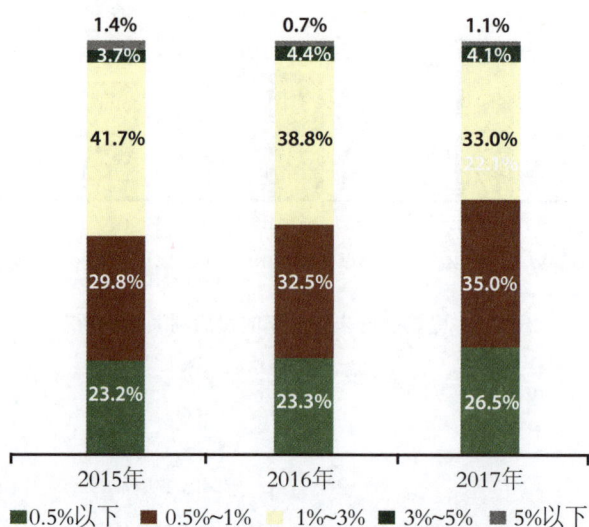

图12-4　受访银行未来三年的不良贷款率预期

三、资本充足率预期将保持在10.5%以上

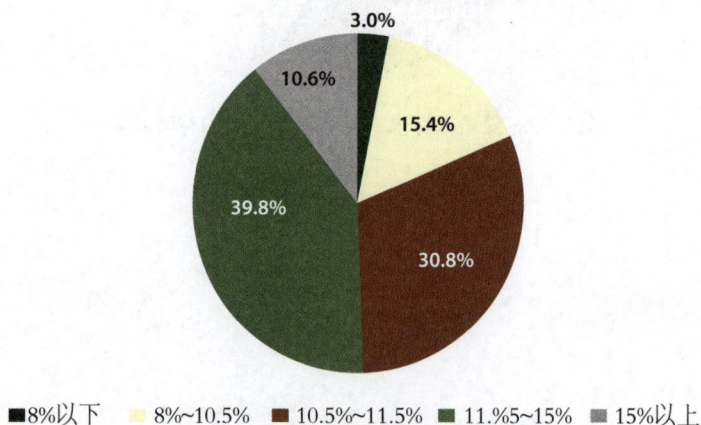

图12-5　受访银行2015年的资本充足率预期

四、拨备覆盖率仍较为充足但有所下降

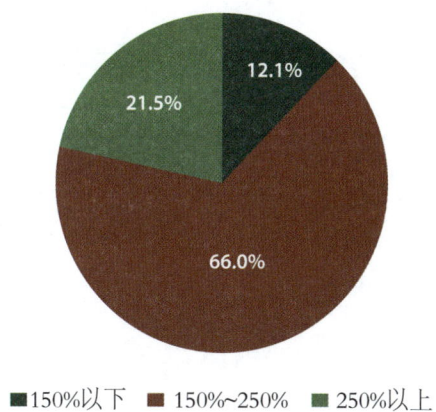

图12-6　受访银行2015年的拨备覆盖率预期

- ■ 150%以下
- ■ 150%~250%
- ■ 250%以上

12.1%

21.5%

66.0%

第十三部分
同行评价

　　本次调查要求银行家对小微信贷、贸易融资、同业业务、债券投资、理财业务等14项银行主要业务的竞争力强弱作出评价，并列示出了银行家选出的每项业务竞争力排名前5的银行，从一个侧面展示了中国银行业的竞争格局。

从调查结果可以看出，国有大型商业银行总体上仍然有着较明显的竞争优势，但部分股份制银行着力开展特色化经营，在一些领域取得了显著的业绩，并受到银行家的认可。如招商银行在信用卡业务、私人银行业务方面，已成为银行家心目中竞争力最强的银行，在电子银行方面取得的优势也受到认可；民生银行在小微信贷业务方面竞争优势明显，平安银行、邮储银行在该领域也表现出一定的竞争力。调查结果表明，国有大型银行在各个业务领域依然具有领先优势，但经过多年的充分竞争，一些商业银行已通过自身不断努力在某些业务领域取得了独特的竞争优势。随着利率市场化的推进和商业银行业务经营的多元化开展，中国银行业的竞争将不断加剧，同质化竞争日渐弱化，特色化经营将成为银行业战略转型的重点之一。

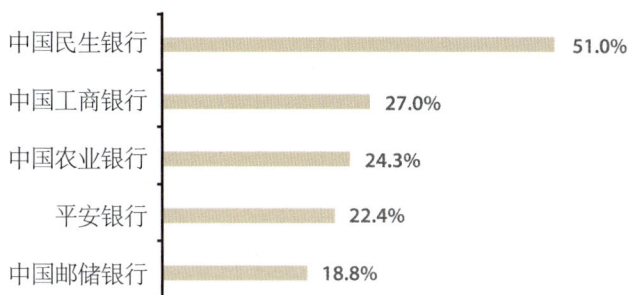

银行	比例
中国民生银行	51.0%
中国工商银行	27.0%
中国农业银行	24.3%
平安银行	22.4%
中国邮储银行	18.8%

图13-1 小微信贷业务同行评价

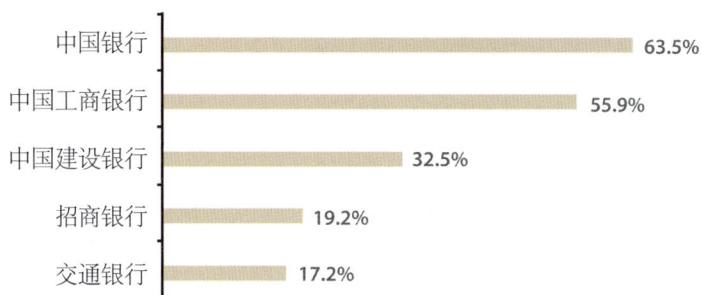

银行	比例
中国银行	63.5%
中国工商银行	55.9%
中国建设银行	32.5%
招商银行	19.2%
交通银行	17.2%

图13-2 贸易融资业务同行评价

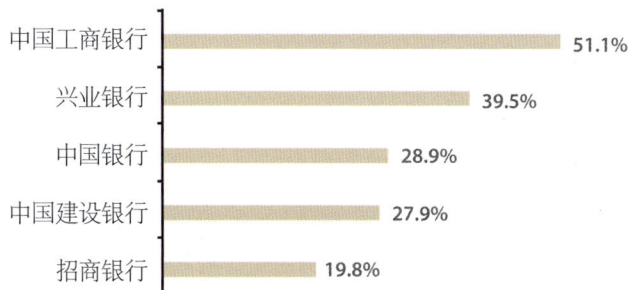

银行	比例
中国工商银行	51.1%
兴业银行	39.5%
中国银行	28.9%
中国建设银行	27.9%
招商银行	19.8%

图13-3 同业业务同行评价

中国工商银行 ████████████████████████ 57.9%

中国建设银行 ████████████████ 38.2%

中国银行 ███████████████ 35.1%

中国农业银行 ██████████ 22.3%

中信银行 ███████ 16.0%

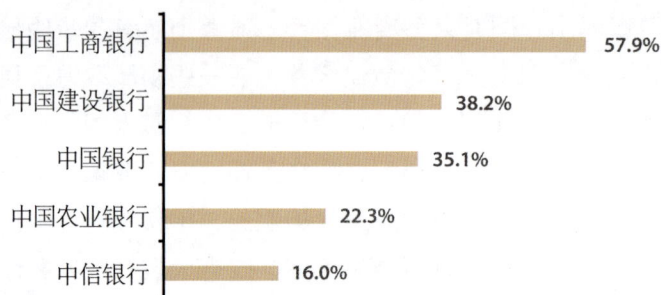

图13-4 债券投资业务同行评价

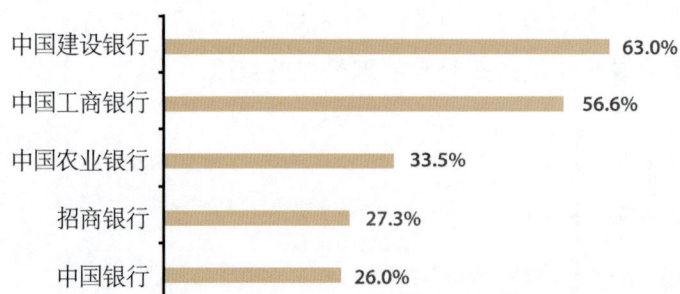

中国建设银行 ██████████████████████████ 63.0%

中国工商银行 ███████████████████████ 56.6%

中国农业银行 ██████████████ 33.5%

招商银行 ███████████ 27.3%

中国银行 ██████████ 26.0%

图13-5 个人按揭业务同行评价

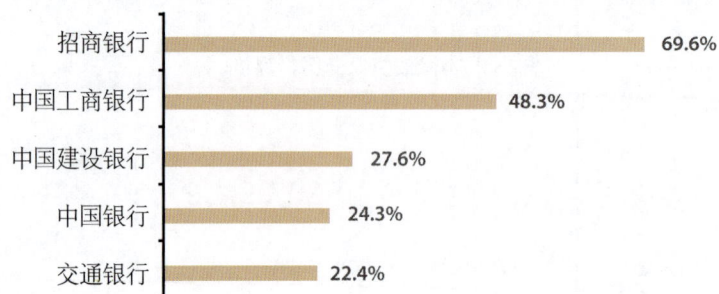

招商银行 █████████████████████████████ 69.6%

中国工商银行 ████████████████████ 48.3%

中国建设银行 ███████████ 27.6%

中国银行 ██████████ 24.3%

交通银行 █████████ 22.4%

图13-6 信用卡业务同行评价

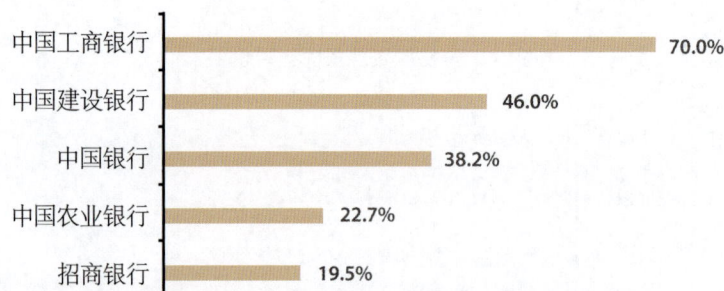

中国工商银行 █████████████████████████████ 70.0%

中国建设银行 ███████████████████ 46.0%

中国银行 ███████████████ 38.2%

中国农业银行 ██████████ 22.7%

招商银行 ████████ 19.5%

图13-7 资产管理业务同行评价

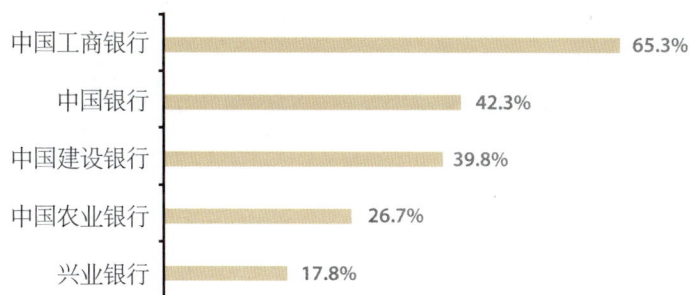

中国工商银行 65.3%
中国银行 42.3%
中国建设银行 39.8%
中国农业银行 26.7%
兴业银行 17.8%

图13-8　资金业务同行评价

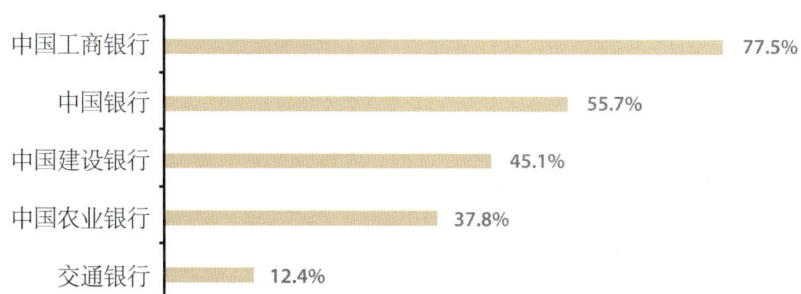

中国工商银行 77.5%
中国银行 55.7%
中国建设银行 45.1%
中国农业银行 37.8%
交通银行 12.4%

图13-9　资金清算业务同行评价

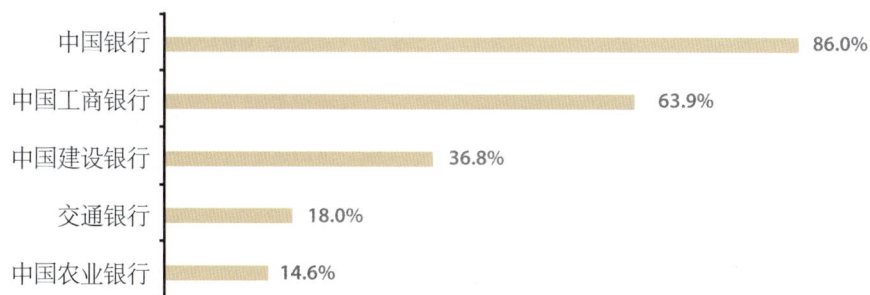

中国银行 86.0%
中国工商银行 63.9%
中国建设银行 36.8%
交通银行 18.0%
中国农业银行 14.6%

图13-10　国际结算业务同行评价

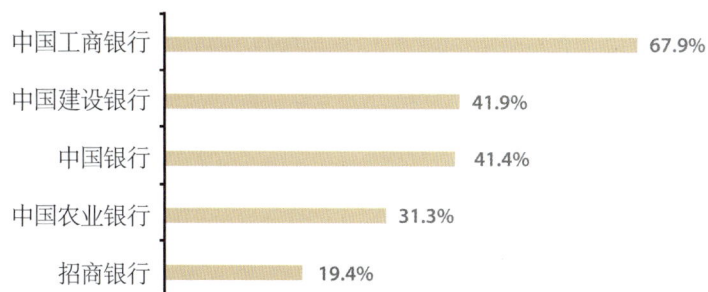

中国工商银行 67.9%
中国建设银行 41.9%
中国银行 41.4%
中国农业银行 31.3%
招商银行 19.4%

图13-11　代理服务业务同行评价

招商银行　　　　　　　　　　　　　　　　　　　　60.6%
中国工商银行　　　　　　　　　　　　　45.5%
中国银行　　　　　　　　28.3%
中国建设银行　　　　　　25.5%
交通银行　　　　19.1%

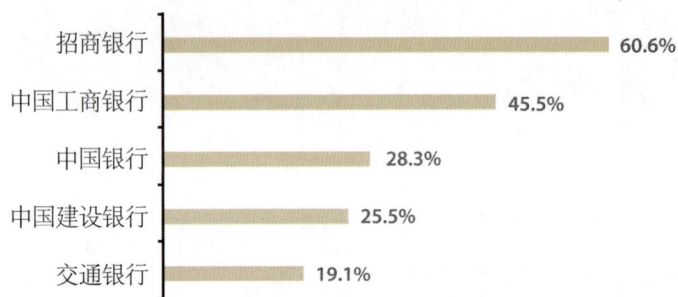

图13-12　私人银行业务同行评价

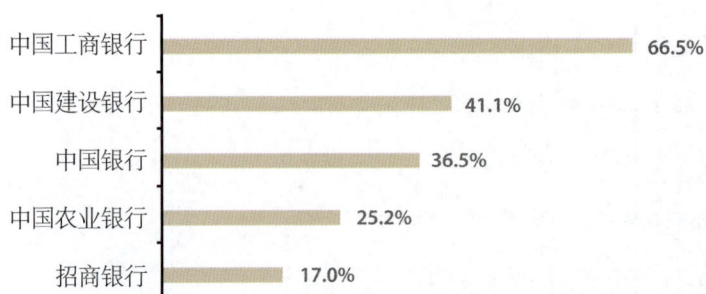

中国工商银行　　　　　　　　　　　　　　　　　　　　　66.5%
中国建设银行　　　　　　　　　　　41.1%
中国银行　　　　　　　　　36.5%
中国农业银行　　　　　25.2%
招商银行　　　　17.0%

图13-13　资产托管业务同行评价

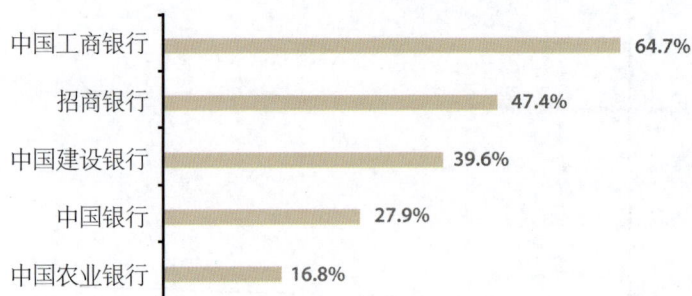

中国工商银行　　　　　　　　　　　　　　　　　　　　64.7%
招商银行　　　　　　　　　　　　47.4%
中国建设银行　　　　　　　　39.6%
中国银行　　　　　　27.9%
中国农业银行　　　16.8%

图13-14　电子银行业务同行评价

第十四部分

专题篇

存款保险制度的实施

1993年，《国务院关于金融体制改革的决定》首次提出建立存款保险制度，经历二十余年，2015年5月存款保险制度终于推出。中国存款保险实行限额偿付，最高偿付限额为50万元，费率采用基准费率和风险差别费率。

存款保险制度的推出加速了中国利率市场化进程，为利率市场化改革营造了健康、稳定的环境。此外，存款保险制度的推出也将对中国银行业的经营环境和发展模式产生巨大的影响。

一、近九成银行家认为中国存款保险制度的推出时机恰当

2015年10月24日起，央行下调金融机构人民币贷款存款基准利率和存款准备金率，另对商业银行和农村合作金融机构等不再设置存款利率浮动上限，这标志着历经近20年的利率市场化改革终于迈出历史性的一步。存款利率上限的打开或将引起利率的波动。调查中近九成银行家认为中国今年推出存款保险制度正当时，是利率市场化的必要铺垫。

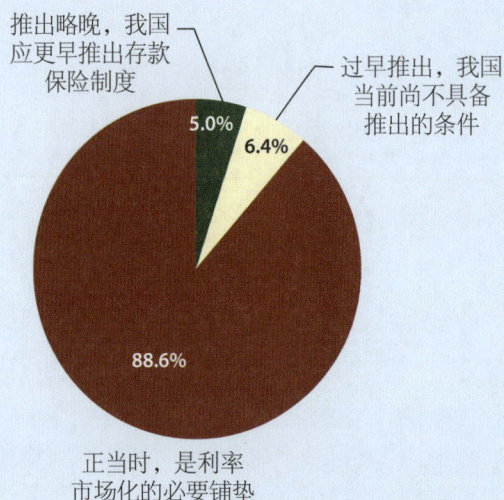

推出略晚，我国
应更早推出存款
保险制度
5.0%

过早推出，我国
当前尚不具备
推出的条件
6.4%

88.6%

正当时，是利率
市场化的必要铺垫

图1　银行家对中国2015年推出存款保险制度的整体评价

根据国际存款保险协会（IADI），存款保险制度的主要目标有维护银行体系的稳定、防范系统性风险发生和保护存款人的利益。存款保险制度的推出扭转了公众对于银行存款的"政府隐性担保"的观

念，有利于逐渐树立一个更加公开、透明、市场化的运作机制。调查中62.7%的银行家认为存款保险制的推出对所在银行整体产生正面影响，12.5%的银行家认为会产生负面影响，剩余近四分之一的银行家认为存款保险制度对银行整体基本无影响。

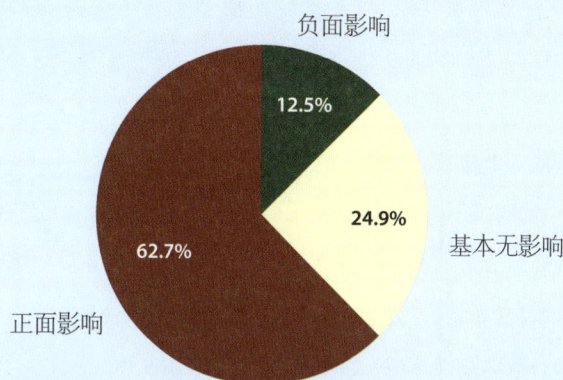

图2　存款保险制度推出对贵行整体的影响

二、经营成本上升成为存款保险制度对中国银行业产生的主要不利影响

存款保险制度的推出对中国银行业既是机遇又是挑战。过半数的银行家认为存款保险制度推出能够增强抵御系统性风险的能力（72.7%）、倒逼银行业加速改革与转型（56.0%）、促进与其他银行金融机构之间的公平竞争（53.6%）以及存款稳定性增强（49.2%）。存款保险制度的推出在某种程度上为银行业建立了退出机制，银行出于防范"破产"的考虑，会更加谨慎地投放贷款，有利于防范道德风险并降低系统性风险发生的可能性。

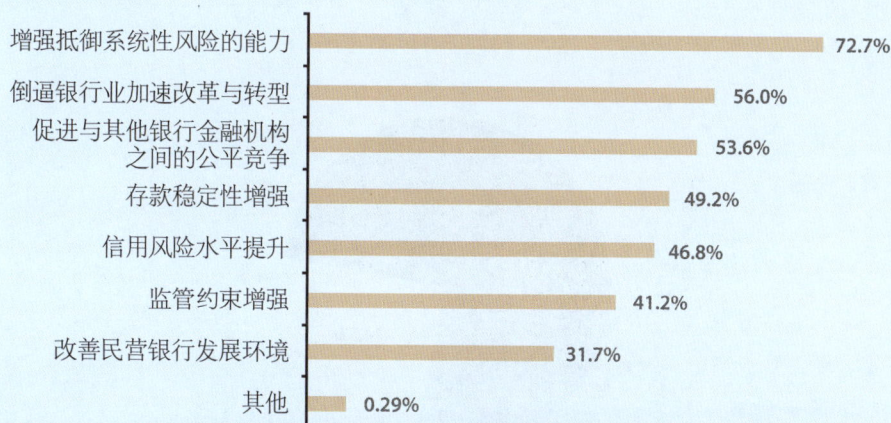

图3　存款保险制度推出对银行业的有利影响

不过存款保险制度的实施也会对商业银行产生一定的不利影响。近八成的银行家认为经营成本上升是存款保险制度对银行业的最主要不利影响；其次是市场竞争加剧，加速分化（59.4%），增加负债成本（51.2%），存在道德风险和逆向选择问题（39.8%）。存款保险制度要求投保机构缴纳保费，虽然费率细则还没有公布，但是保费的缴纳增加了银行的成本。除此之外，存款的流动性提升，无形中提高了银行头寸管理的难度以及经营成本。存款保险制度打破了隐性担保，储户对利率的敏感度将有所提升，银行业竞争加剧，未来需要走差异化道路以吸引、稳固客户。

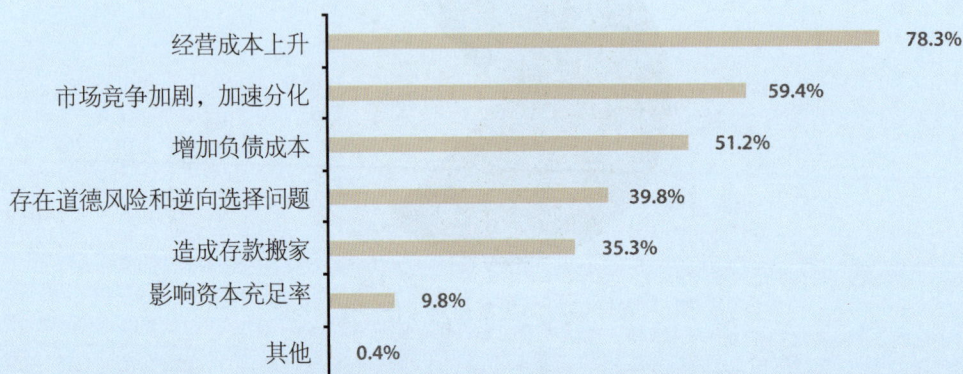

图4　存款保险制度推出对银行业不利影响

三、逾半数银行家认为，存款保险制度实施后国内存款集中度将趋于分散

存款保险制度的实施必然会引起商业银行存款集中度的变化。调查结果显示，逾半数的银行家认为中国存款的集中度在短期内将趋于分散；而22.5%的银行家认为存款集中度会更加集中，因为长期来看存款可能从一些小银行流入实力较强的大型银行；24.5%的银行家则认为存款保险制度的推出对存款集中度几乎无影响。存款保险制度推出后，受限于保险限额，储户可能会选择分散存款以最大程度覆盖风险，因此短期内可能会产生存款搬家的现象，导致存款集中度趋于分散。

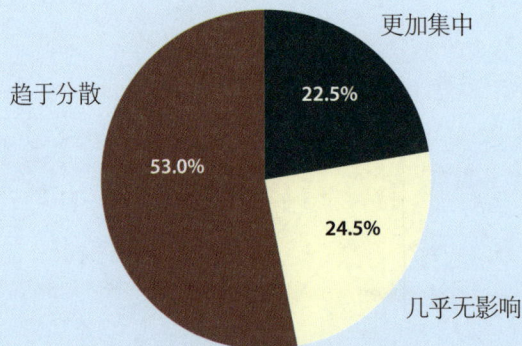

图5　存款保险制度实施后国内银行存款的集中度变化情况

四、存款保险制度或更利好大型银行

关于存款保险制度的推出对不同类型银行的影响，大部分银行家认为大型银行受益最多，占比高达44.8%；其次是小型银行和民营银行，分别占20.5%和17.1%；仅有11.5%的银行家认为中型银行的经营会受益更多。银行家对于大、中、小型银行的判断呈现明显的差异化。认为大型银行受益更多的银行家考虑到，大型银行资金实力雄厚且客户基础较为牢固，相较于中小型银行，保费的上交不会对其经营构成较重的负担。此外，大型银行信誉良好，不选择分散资产的客户基于对资金安全的考虑，会选择信誉良好的银行存放资金，大型银行的天然优势较为明显，基于此存款保险制度的推出不仅不会对大型银行的经营成本产生巨大的影响，还会为银行赢得更多的客户。对于小型银行，由于存款保险制度的推出，银行业的竞争与日俱增，在这种外部环境下，通常选择转型或改革以走向差异化道路，小型银行的经营灵活性有利于其适应新的竞争激烈的环境并谋求发展之路。此外，存款保险制度推出后，会激励小型银行加强风险管理，提高资本充足率和监管评级，进一步优化客户结构、业务结构、收入结构，从长期看是有利于小型银行的发展。

存款保险制度的推出对民营银行也会产生诸多正面影响。存款保险机制为民营银行的设立营造公平、稳定的竞争环境，提升公众对民营银行的信心，意味着可以在银行体系对民间资本的开放上作出更进一步的开放。

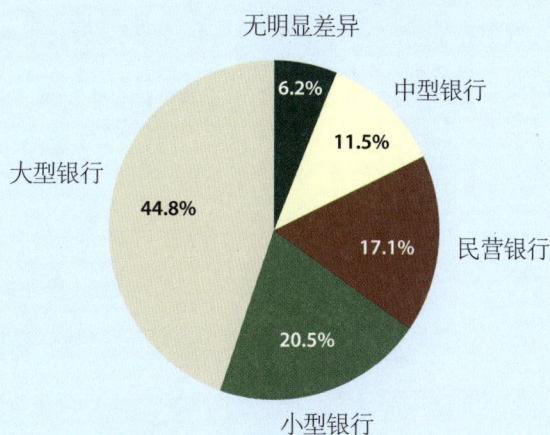

图6　更受益于存款保险制度的银行类型分析

对于中小型银行调查显示，约六成的银行家认为存款保险制度的推出能够营造公平竞争的外部环境，中小银行可利用自身的优势参与竞争（60.6%），且有利于完善中小银行的退出机制，维护金融系统的稳定（59.6%）。同时，逾半数的银行家认为中小银行风险暴露程度较大，存款保险费率相应较高，运营成本增加。除了以上三个主要影响外，存款保险制度的推出对中小型银行的影响还包括有效提升中小银行的信用等级和吸存能力（45.4%），有限赔付使得资金更多地流向优质的大型银行，中小银行经营困难加剧（39.8%），加剧同业分化，大银行地位提升，中小型银行处于劣势地位（36.4%）。

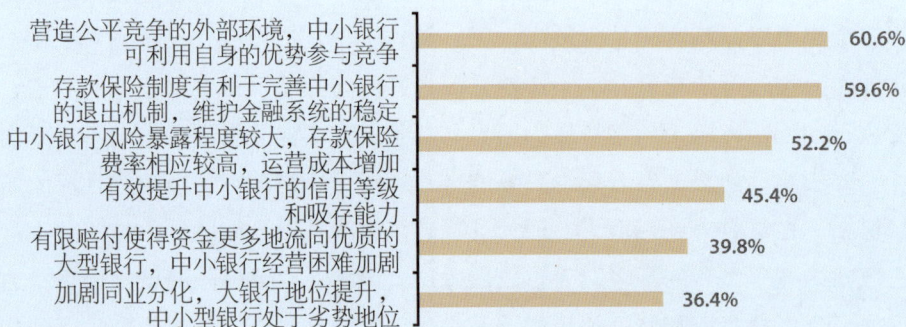

图7 存款保险制度对中小型银行的影响

五、存款保险制度推出后，商业银行风险偏好基本稳定

逾半数的银行家认为存款保险制度推出后中国银行业格局基本稳定，46.2%的银行家认为会出现大小银行分化显著，30.3%的银行家认为会出现部分金融机构倒闭现象。从国际经验来看，存款保险制度的推出整体上有利于稳定金融市场，因此中国的银行业格局也有望保持稳定；而不同类型的银行受存款保险制度推出后的影响也不完全一样，因此也将出现不同程度的分化。综合中国银行家的观点来看，存款保险制度的推出会对银行产生影响，但是不会对其整体稳定性构成威胁。

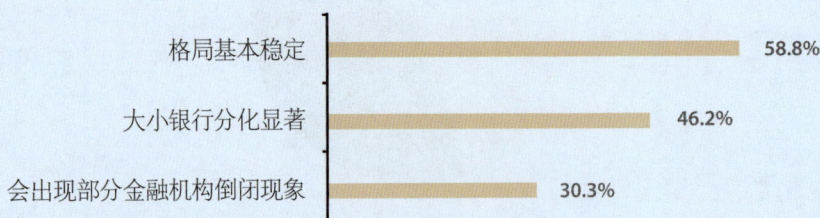

图8 银行家认为存款保险制度的推出后对中国银行业格局的影响

关于存款保险制度的推出对国内银行业整体经营风险偏好的影响，近六成银行家认为银行业整体经营风险偏好基本不受影响。34.1%的银行家认为整体经营风险偏好将略有上升，仅有7.2%的银行家认为整体经营风险偏好会显著上升。

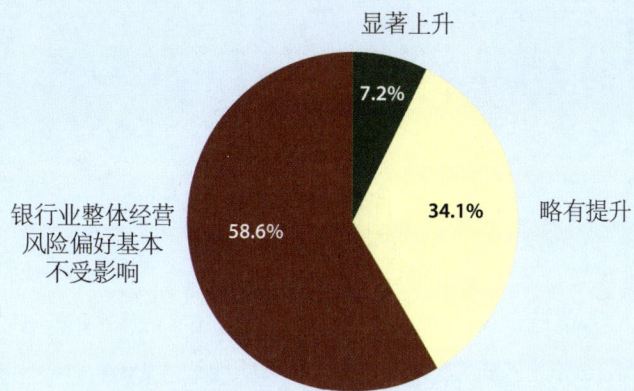

显著上升

7.2%

银行业整体经营
风险偏好基本
不受影响

58.6%

34.1%

略有提升

图9　存款保险制度的实施对国内银行业整体经营风险偏好的影响

信贷资产管理

近年来国内经济的高速发展，我国经济整体负债规模大幅增长，杠杆率水平持续上升。2014年末，我国经济整体债务总额为150.03万亿元，占GDP比重从2008年的170%上升至235.7%[①]，全社会总杠杆率六年内上升65.7个百分点。伴随我国经济进入新常态，一方面经济增速逐步回落，国内商业银行面临较大不良资产率上升压力；另一方面保持经济负债规模和杠杆水平处于合理区间，成为促进经济结构优化调整的重要环节。为缓解商业银行不良资产率上升压力、降低经济负债规模大幅压缩对经济增长可能形成的不利影响，采取有效措施加强风险防范，推动资产证券化、地方政府债务置换，成为银行信贷资产管理的重要内容。

一、宏观经济下行，中国银行业不良率承压

不良贷款率是反映商业银行信用风险管控效果的重要指标之一，针对不良贷款率承压较大的主要区域的调查显示，银行家普遍认为长三角地区和东北老工业基地地区将会是不良率承压较大的两个区域，分别占比27.6%和23.6%；19.2%的银行家则认为东南沿海地区不良率承压较大；相对而言，西部地区、京津冀地区和中部地区被认为不良率承压相对较小，占比为6.9%、5.2%和5.0%。这主要因为长三角地区小微企业居多，且多为轻纺和进出口加工企业，受国内外宏观环境影响较大；而东北老工业基地则是传统制造业聚集地，产能过剩行业相对集中。相应地，针对不良率上升原因的调查显示，多数银行家认为经济处于"三期叠加"时期和传统制造业饱受产能过剩困扰是当前中国银行业不良贷款上升的最主要原因。

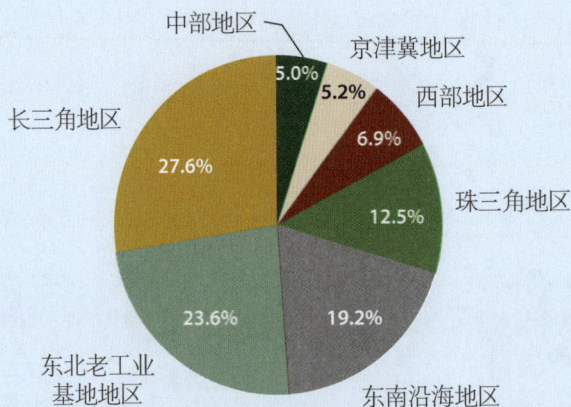

图1 2015年中国银行业不良率承压的主要区域评价

[①] 李扬、张晓晶、常欣《中国国家资产负债表2015——杠杆调整与风险管理》，中国社会科学出版社，2015。

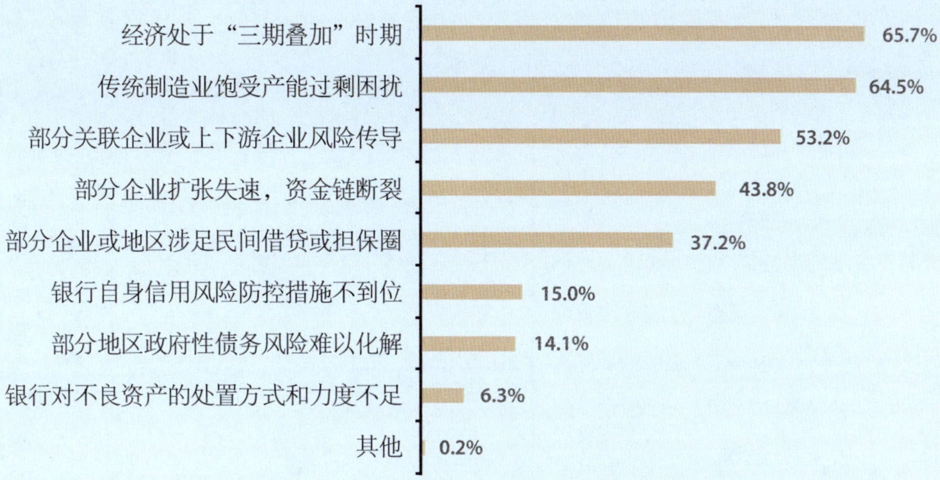
经济处于“三期叠加”时期
65.7%
传统制造业饱受产能过剩困扰
64.5%
部分关联企业或上下游企业风险传导
53.2%
部分企业扩张失速，资金链断裂
43.8%
部分企业或地区涉足民间借贷或担保圈
37.2%
银行自身信用风险防控措施不到位
15.0%
部分地区政府性债务风险难以化解
14.1%
银行对不良资产的处置方式和力度不足
6.3%
其他
0.2%

图2　2015年中国银行业不良率上升的原因评价

针对造成小微企业不良贷款的原因，86.9%的银行家认为是经济下行带来资金链紧张而形成的违约。小微企业规模小、资产轻、抵御风险能力差，经济下行时自然首当其冲，容易形成银行相关信贷资产不良。同时，小微企业彼此间风险传导性相对较强也是其突出特点，众多小微企业都是受关联企业风险或上下游客户影响而导致自身资金链断裂（66.0%）。此外，小微企业在获取贷款时通常会采取联保互保方式并进而形成担保圈（45.8%）也是导致经济下行期信用风险集中爆发的主要原因之一。

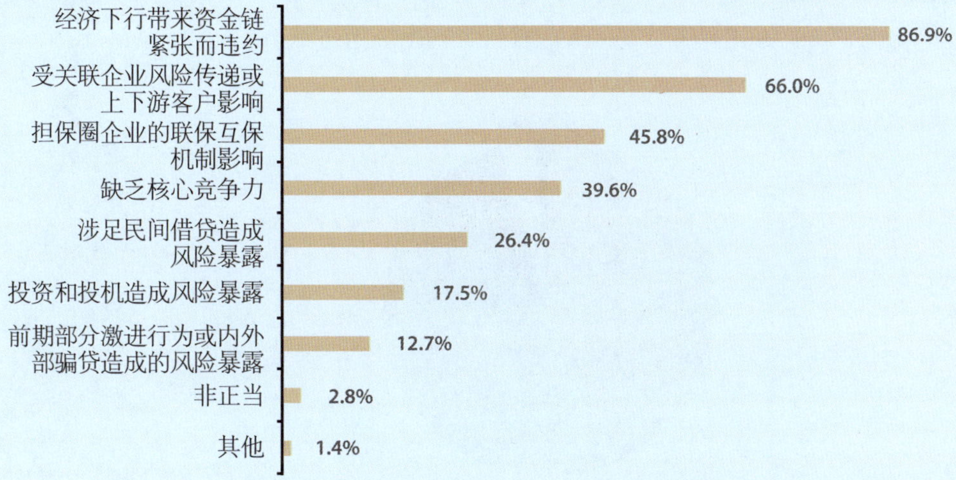
经济下行带来资金链紧张而违约
86.9%
受关联企业风险传递或上下游客户影响
66.0%
担保圈企业的联保互保机制影响
45.8%
缺乏核心竞争力
39.6%
涉足民间借贷造成风险暴露
26.4%
投资和投机造成风险暴露
17.5%
前期部分激进行为或内外部骗贷造成的风险暴露
12.7%
非正当
2.8%
其他
1.4%

图3　2015年中国银行业小微企业贷款风险关注度评价

针对不良率上升应对措施的调查则显示，加强对抵押品的保管、监测、检查和重估（61.8%）以及完善信贷管理系统功能（51.4%）被认为是应对不良率上升的最主要措施。由此可见，在银行信用风险管理过程中，押品管理被摆到了极为突出的位置，不仅是防范贷款人道德风险、有效应对不良率上升、缓释信贷风险的核心手段，也是整体信用风险管控的关键举措。

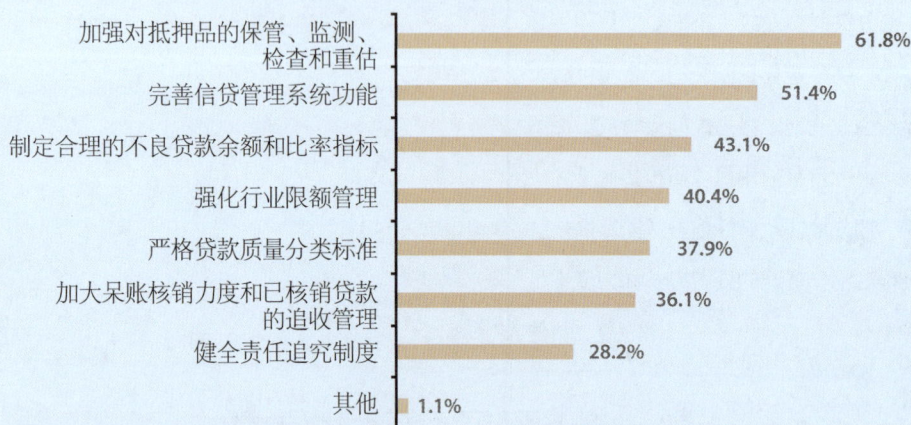

加强对抵押品的保管、监测、检查和重估	61.8%
完善信贷管理系统功能	51.4%
制定合理的不良贷款余额和比率指标	43.1%
强化行业限额管理	40.4%
严格贷款质量分类标准	37.9%
加大呆账核销力度和已核销贷款的追收管理	36.1%
健全责任追究制度	28.2%
其他	1.1%

图4 2015年中国银行业不良率上升应对措施的评价

二、资产证券化是银行优化信贷资产结构、盘活存量资产的重要方式

通过开展信贷资产证券化业务，调整优化信贷资产结构，盘活存量信贷资产，增加对实体经济资金支持力度，受到大部分银行家的关注。调查结果显示，43.7%的银行家将资产证券化作为盘活存量、释放信贷空间的重要手段。选择"转变盈利模式、增加中间业务收入""降低信贷集中度、分散风险""提高资产流动性"作为资产证券化业务驱动因素的银行家占比分别达到17.0%、14.6%、10.4%。

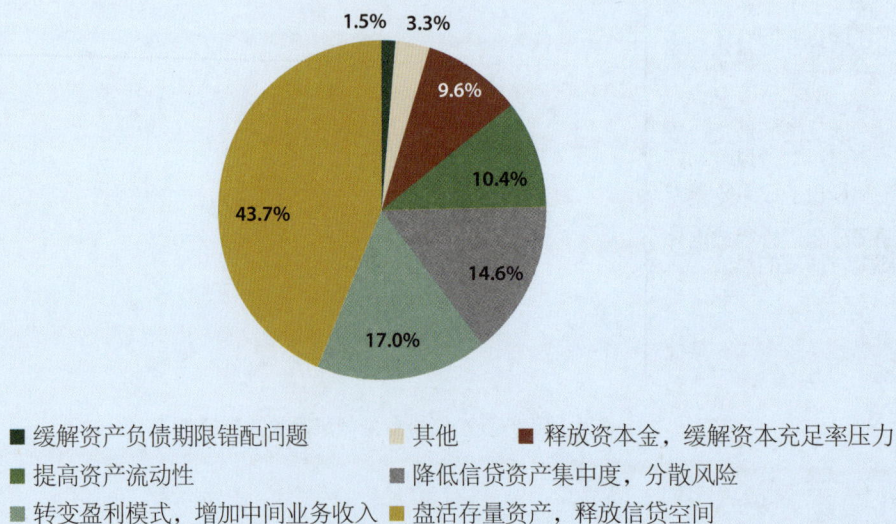

1.5% 3.3%
9.6%
10.4%
14.6%
17.0%
43.7%

■ 缓解资产负债期限错配问题　□ 其他　■ 释放资本金，缓解资本充足率压力
■ 提高资产流动性　■ 降低信贷资产集中度，分散风险
■ 转变盈利模式，增加中间业务收入　■ 盘活存量资产，释放信贷空间

图5 商业银行开展信贷资产证券化动因

在资产证券化基础资产选择方面，61.3%的银行家选择将大中型企业贷款作为重点，这与企业贷款在商业银行信贷资产中占比较高、单笔资产规模较大、业务标准化程度较高便于操作等因素相关。小微企业贷款受到了45.9%的银行家支持，位列第二。紧随其后的是个人住房按揭贷款，银行家选择占比为42.6%。

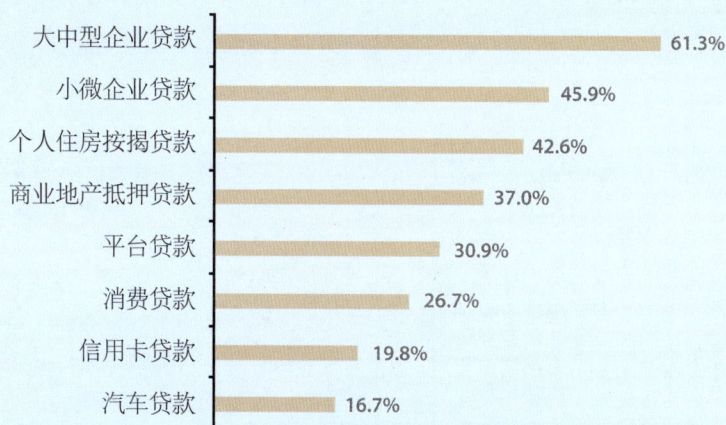

大中型企业贷款	61.3%
小微企业贷款	45.9%
个人住房按揭贷款	42.6%
商业地产抵押贷款	37.0%
平台贷款	30.9%
消费贷款	26.7%
信用卡贷款	19.8%
汽车贷款	16.7%

图6　商业银行信贷资产证券化基础资产选择情况

关于资产证券化发行及投资交易中面临的问题，55.2%的银行家认为"资产支持证券流动性差，投资者参与意愿有限"，占比最高。其次则是"银行互持信贷资产证券化产品，风险依然在银行体系内转"，占比达53.3%。"监管部门对入池资产的要求过高，有待拓展不良资产等多元化资产"的问题也得到了48.5%的银行家支持，位列第三。

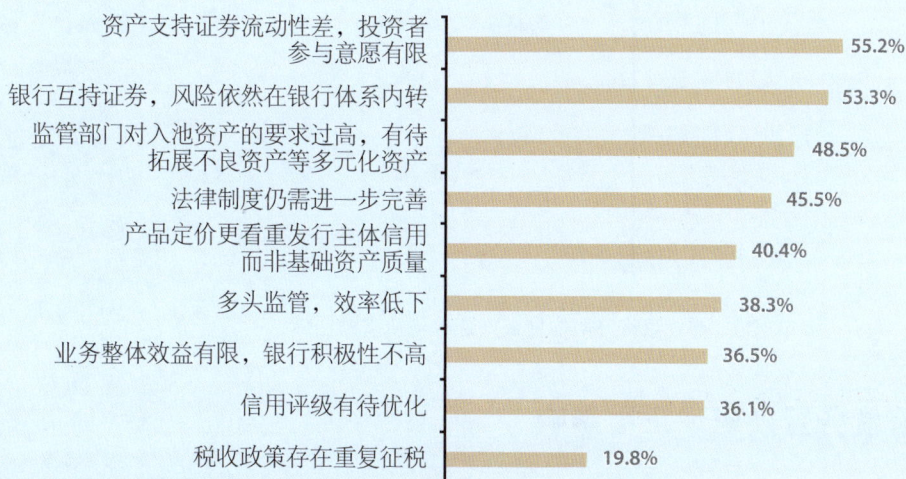

资产支持证券流动性差，投资者参与意愿有限	55.2%
银行互持证券，风险依然在银行体系内转	53.3%
监管部门对入池资产的要求过高，有待拓展不良资产等多元化资产	48.5%
法律制度仍需进一步完善	45.5%
产品定价更看重发行主体信用而非基础资产质量	40.4%
多头监管，效率低下	38.3%
业务整体效益有限，银行积极性不高	36.5%
信用评级有待优化	36.1%
税收政策存在重复征税	19.8%

图7　商业银行信贷资产证券化面临的问题

银行利用资产证券化产品盘活存量资产，但作为衍生产品，其产品设计过程中蕴涵的风险也不容小觑。调查结果显示，63.9%和62.2%的银行家将资产与负债端期限不匹配的流动性风险和基础资产包信息披露不充分作为目前信贷资产证券化产品设计方面面临的两大主要风险。57.2%和53.8%银行家选择产品设计缺陷导致的结构性风险和信贷违约导致的权益级证券损失的信用风险作为信贷资产证券化产品设计的主要风险。仅有24.6%和17.8%银行家认为与合作方权利义务定位不清产生的法律风险和财务处理或会计核算错误等其他操作风险将会是信贷资产证券化产品设计中面临的主要风险。

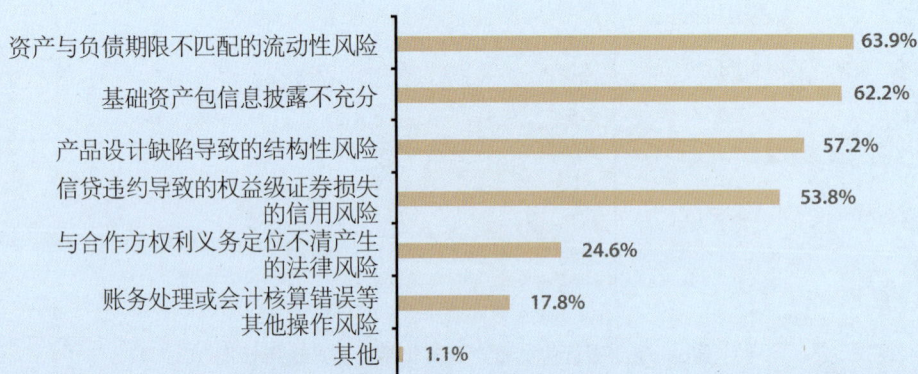

资产与负债期限不匹配的流动性风险　63.9%
基础资产包信息披露不充分　62.2%
产品设计缺陷导致的结构性风险　57.2%
信贷违约导致的权益级证券损失的信用风险　53.8%
与合作方权利义务定位不清产生的法律风险　24.6%
账务处理或会计核算错误等其他操作风险　17.8%
其他　1.1%

图8　银行家对信贷资产证券化风险的关注度

对于未来发展信贷资产证券化产品的市场主体，41.5%的银行家认为股份制商业银行应该是主力军，高于选择大型商业银行的银行家（36.5%）。虽然大型商业银行信贷资产规模较大，但仍以持有到期为主；而股份制商业银行更青睐于通过开展信贷资产证券化，提高资产周转速度、增加业务收益。

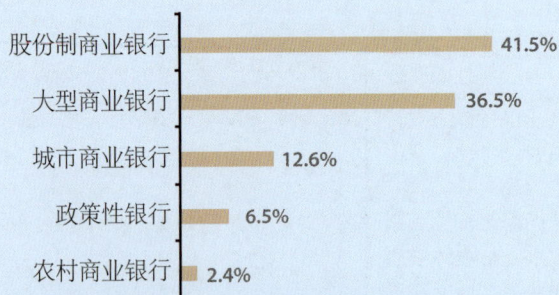

股份制商业银行　41.5%
大型商业银行　36.5%
城市商业银行　12.6%
政策性银行　6.5%
农村商业银行　2.4%

图9　商业银行开展信贷资产证券化业务的主体

三、地方政府债务置换呈现正面影响

2015年8月27日，财政部表示，经全国人大、国务院批准，今年将下达6000亿元新增地方政府债券和3.2万亿元地方政府债券置换存量债务额度。这是继今年3月财政部下达第一批1万亿元置换债券额度、6月下达第二批1万亿元置换债券额度后，中央财政再次为地方缓解偿债压力"开闸"。对于地方政府债务置换带来的影响，调查结果显示，超过半数（55.2%）的银行家认为地方政府债务置换对其银行利大于弊，27.8%的银行家则认为不利影响较大、占比相对较小，另有17.0%的银行家认为没有影响。

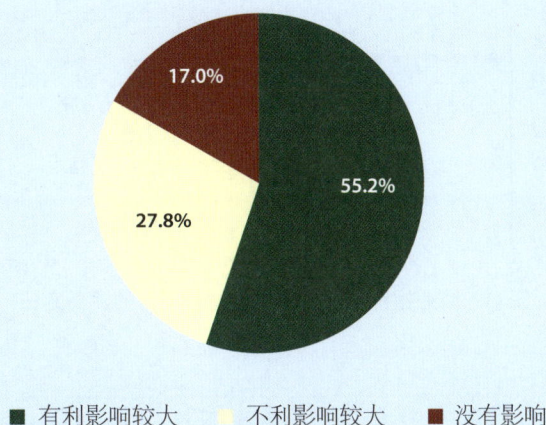

■ 有利影响较大　　■ 不利影响较大　　■ 没有影响

图10　地方政府债务置换对商业银行的影响

对于地方政府债务置换的具体影响，调查结果显示，有利影响方面，银行家选择降低信用风险、加强与地方政府相关业务联系、释放资本占用等三方面占比较高，均在60%以上。不利影响方面，银行家主要关注高息资产转化为低息资产带来的收入下降问题（75.0%），部分债务未纳入政府性债务存在较大偿债风险的问题紧随其后（65.4%）。

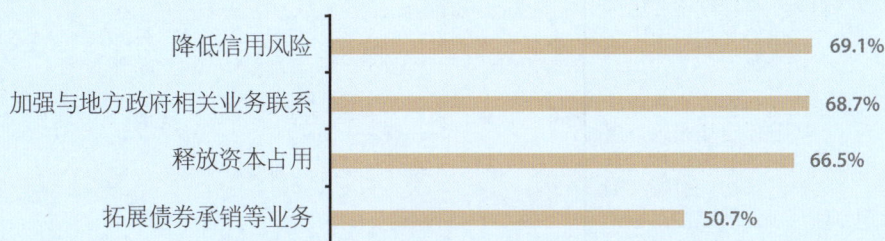

降低信用风险	69.1%
加强与地方政府相关业务联系	68.7%
释放资本占用	66.5%
拓展债券承销等业务	50.7%

图11　地方政府债务置换对商业银行的有利影响

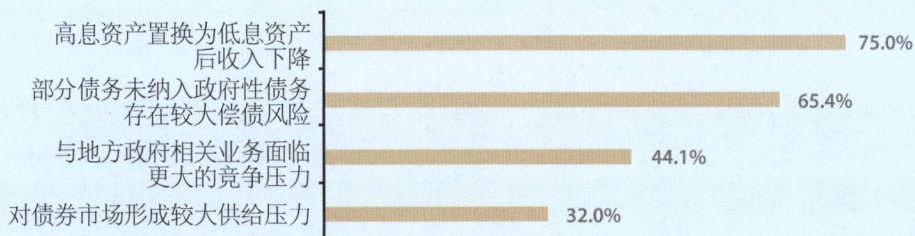

高息资产置换为低息资产后收入下降	75.0%
部分债务未纳入政府性债务存在较大偿债风险	65.4%
与地方政府相关业务面临更大的竞争压力	44.1%
对债券市场形成较大供给压力	32.0%

图12　地方政府债务置换对商业银行的不利影响

商业银行参与地方政府债券发行，主要关注带动其他地方政府相关业务发展的协同效应。调查结果显示，87.9%的银行家认为参与发行债券主要是为了带动与拓展其他业务，占比最高。将参与地方政府债券发行作为维护和发展客户的主要手段和降低信用风险的银行家占比分别为69.6%、55.5%。

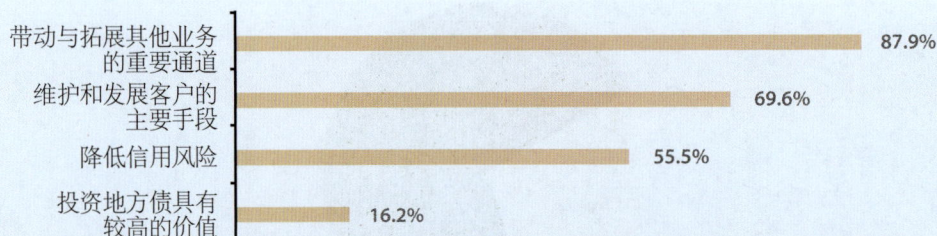

图13　商业银行参与地方政府债券发行的业务定位

目前公开发行的地方政府债券发行利率与国债利率的利差平均仅为6~7个基点，75%以上的地方政府债券发行利率仅高于国债利率不足10个基点，且发行规模较大。调查结果显示，超过七成的银行家（76.1%）认为发行利率较低、市场参与热情有限是地方政府债券发行中的主要问题。地方政府债券发行规模较大形成的供给压力、地方政府债券信用评级机制有待完善、发行定价市场化程度有待提升等问题也受到银行家关注，分别有59.5%、58.7%、55.9%的银行家支持，均在半数以上。

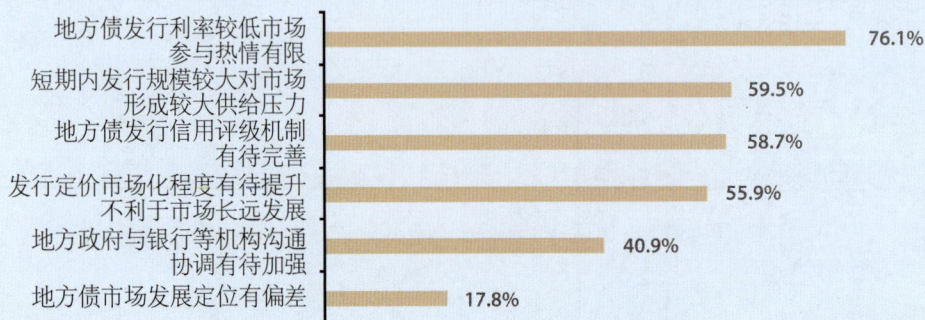

图14　地方政府债券发行中存在的主要问题

对于地方政府债券发行的改进建议，70.9%的银行家认为应当优化地方政府债券发行规则来提升其市场化程度。减少地方政府对发行的指导干预得到了67.2%的银行家支持，位列第二。64.0%的银行家认为需改进地方政府债券信用评级方法。

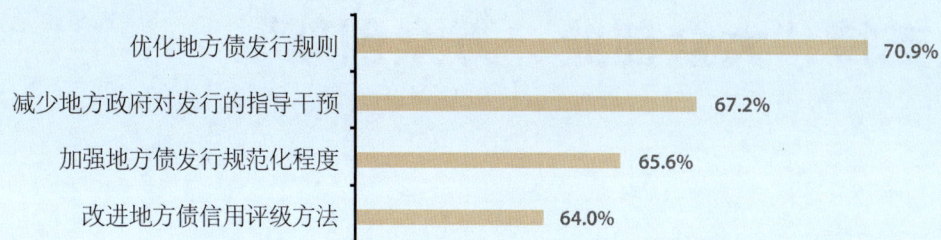

图15　地方政府债券发行改进

银行业支持"大众创业、万众创新"

在2014年9月的夏季达沃斯论坛上，李克强总理提出，要在960万平方公里土地上掀起"大众创业""草根创业"的新浪潮，形成"万众创新""人人创新"的新态势。推动大众创业、万众创新一举多得，既是培育和催生经济社会发展新动力的必然选择；又是扩大就业、实现富民之道的根本举措；还是激发全社会创新潜能和创业活力的有效途径。2015年《政府工作报告》再次提出，打造大众创业、万众创新"双引擎"，推动发展调速不减势、量增质更优，实现中国经济提质增效升级。

创业离不开资金，在当前国家大力推动"大众创业、万众创新"的背景下，多数受访银行家认为，完善市场与法制环境、引导社会资金是支持"大众创业、万众创新"的基础；设立中小企业发展基金与完善区域股权市场是解决创业者融资难问题的关键。"大众创业、万众创新"是银行业转型与发展的良好契机，创新产品模式、改善服务方式至关重要。金融支持"大众创业、万众创新"需要政府在设立专项担保基金、配套优化相应监管条件、设立专项引导基金等多方面进行引导。而创业经验、科技含量和信用状况在金融支持"大众创业、万众创新"过程中受到银行家重点关注。

一、完善市场与法制环境、引导社会资金支持是"大众创业、万众创新"的基础

在"大众创业、万众创新"最需要哪些支持和保障的问题上，多达81.4%的银行家认为，完善公平竞争市场环境是"大众创业、万众创新"的基础。公平竞争的环境对于创业初期的中小企业至关重要，它可以调动经营者的积极性，使他们不断进行创新、完善管理，还可以使社会资源得到更加合理地配置。此外，也有近八成的银行家认为，引导社会资金和金融资本支持创业（79.4%）、完善法治环境（76.8%）、市场准入和行业限制相对放宽（75.1%）是支持和发展"大众创业、万众创新"的有力举措。长期以来，解决中小企业融资难、融资贵问题一直是各方关注的重点，但调查结果显示，市场、行业与法制相关的环境建设与完善同样是不容忽视的问题。随着中国进入增长转型与改革的新阶段，促进创业创新型中小企业发展，高度依赖于一个法治化的市场环境。加快实现依法监管，推动市场监管法治化的转型牵动影响全局，已成为金融支持大众创业、万众创新的重要支撑。

完善公平竞争市场环境	81.4%
引导社会资金和金融资本支持创业	79.4%
完善法制环境	76.8%
市场准入和行业限制相对放宽	75.1%
加大财政资金支持	57.9%
健全人才流动机制	53.8%

图1   "大众创业、万众创新"最需要的支持和保障

二、设立中小企业发展基金与完善区域股权市场是解决创业者融资难问题的关键

创业者可能有好的技术或者创意，并且愿意承担创业风险，但对于多数创业者而言，资金往往是最稀缺的资源。虽然中国各级政府出台了许多针对中小企业发展的优惠政策，但"融资难"仍然是制约广大中小企业生存和发展的瓶颈问题。创业者渴望获得外部融资，但是他们在融资过程中仍面临着诸多挑战。大多数银行家认为，融资渠道有限（78.3%）、缺乏有效抵押物（75.9%）、创业投融资机制不完善（71.7%）是当前创业者在融资过程中面临的主要问题。

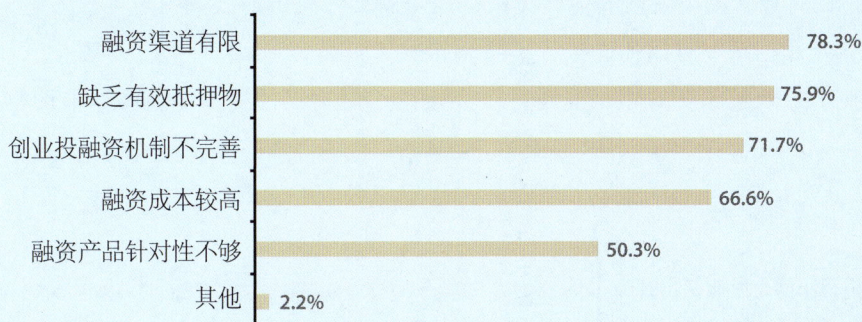

融资渠道有限	78.3%
缺乏有效抵押物	75.9%
创业投融资机制不完善	71.7%
融资成本较高	66.6%
融资产品针对性不够	50.3%
其他	2.2%

图2   创业者在融资方面面临的主要问题

对于应该通过何种方式来满足创业创新者的融资需求，多达83.3%的银行家认为，加快设立中小企业发展基金可以有效解决创业者的融资难问题。此外，鼓励区域性股权市场服务小微企业（75.8%）和提供创新、创业专项贷款（71.8%）也是银行家关注的重点。中小企业发展基金作为投贷联动模式之一，为创新创业创新企业开拓了新的融资渠道。创业创新型中小企业普遍缺乏资产抵押，投资风险较大，但投资收益很高，"股权+债权"契合中小企业，为中小企业提供一揽子融资解决方案的同时，也为银行提供了新的利润增长点。

加快设立中小企业发展基金	83.3%
鼓励区域性股权市场服务小微企业	75.8%
提供创新、创业专项贷款	71.8%
开展股权众筹融资试点	64.7%
加快创业板市场改革	48.1%
其他	1.9%

图3 满足创新创业者的融资需求的主要方式

三、"大众创业、万众创新"是银行业转型与发展的良好契机，创新产品模式、改善服务方式至关重要

《国务院关于大力推进大众创业万众创新若干政策措施的意见》中指出，要创新银行支持方式。鼓励商业银行提高针对创业创新企业的金融服务专业化水平，不断创新组织架构、管理方式和金融产品。推动银行与其他金融机构加强合作，对创业创新活动给予有针对性的股权和债权融资支持。鼓励银行业金融机构向创业企业提供结算、融资、理财、咨询等一站式系统化的金融服务。这体现出，"大众创业、万众创新"是银行业转型与发展的良好契机，投贷联动的融资方式大有可为。多达86.2%的银行家表示，"大众创业、万众创新"可以促进银行小微金融服务再升级。此外，分别有78.2%和75.8%的银行家认为，"大众创业、万众创新"对银行业履行社会责任、提高银行品牌知名度和推动业务转型具有重大意义。

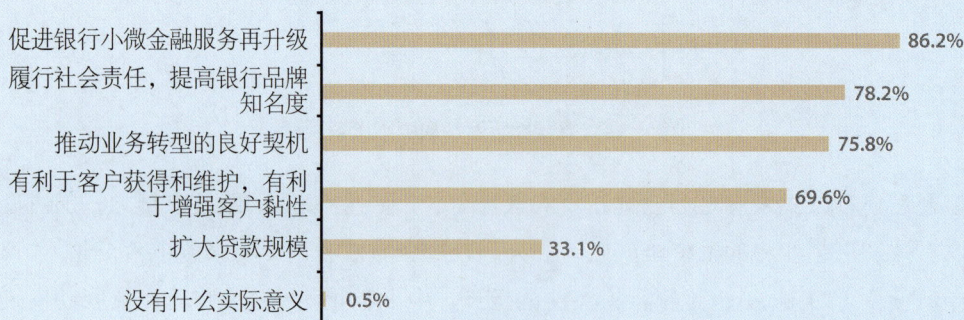

促进银行小微金融服务再升级	86.2%
履行社会责任，提高银行品牌知名度	78.2%
推动业务转型的良好契机	75.8%
有利于客户获得和维护，有利于增强客户黏性	69.6%
扩大贷款规模	33.1%
没有什么实际意义	0.5%

图4 支持"大众创业、万众创新"对银行业的意义

绝大多数银行家认为，银行业在"大众创业、万众创新"中可以发挥重要作用。近九成银行家认为银行在提供综合金融服务方面优势明显。此外，银行业在提供资金支持（74.1%）和提供咨询顾问服务、辅导企业成长（74.1%）方面的作用也广受认可。

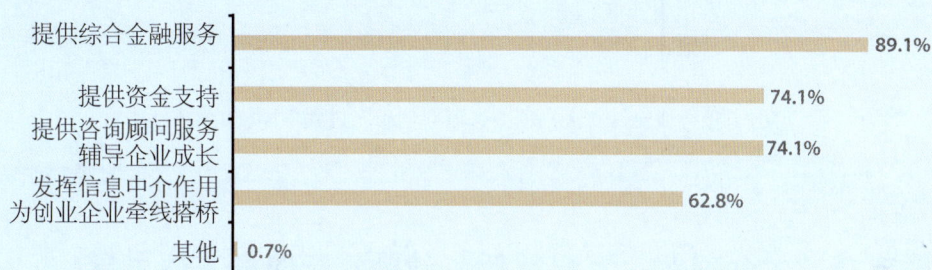

图5　银行业在"大众创业、万众创新"中主要应发挥的作用

国务院大力推进"大众创业、万众创新"政策对银行业而言，既是重大机遇，也是严峻挑战。为适应不断变化的市场与政策环境，银行业在诸多方面都面临着转型与改革的压力。其中，大多数银行家关注的焦点集中在尽快研发和推出金融支持创业创新的产品模式（88.6%），以及改进金融支持创业创新的服务方式（88.4%）两个方面，认为银行有必要为创业创新者设计新的金融产品和服务。

图6　银行业应为"大众创业、万众创新"做出的调整

创业创新的过程伴随着巨大的风险，创业环境的不确定、创业机会与创业企业的复杂、创业者能力与实力的限制，都可能导致创业的失败。银行作为创业资金的提供者，面临的风险不容小觑。因此，绝大多数银行家认为，风险管理难度加大（93.3%）和风险定价能力面临挑战（81.4%）是银行业在支持"大众创业、万众创新"过程中面临的主要障碍。

风险管理难度加大	93.3%
风险定价能力面临挑战	81.4%
创新产品设计能力可能不足	68.1%
成本增加	53.8%
其他	2.1%

图7　银行业支持"大众创业、万众创新"过程中面临的障碍

四、金融支持"大众创业、万众创新"需要政府的多方面引导

市场的不完全、信息的不对称，都可能阻碍"大众创业、万众创新"的发展。因此，金融支持"大众创业、万众创新"离不开政府多方面的政策引导。超过九成的银行家认为，政府有必要设立专项担保基金，分担金融机构风险。此外，配套优化相应监管条件（79.5%），设立专项引导基金、加大对金融行业的引导（76.3%），以及积极推动金融资源整合，发挥协同效应（72.9%）也受到了不少银行家的关注。

设立专项担保基金分担金融机构风险	90.4%
配套优化相应监管条件	79.5%
设立专项引导基金加大对金融行业的引导	76.3%
积极推动金融资源整合发挥协同效应	72.9%
其他	3.2%

图8　在金融支持"大众创业、万众创新"过程中政府应给予金融机构的支持

五、创业经验、科技含量和信用状况在金融支持"大众创业、万众创新"过程中受到银行家重点关注

在金融支持"大众创业、万众创新"的过程中，银行业对不同社会群体关注的程度是不同的。超过九成的受访银行家更加关注有创业经验的人士，认为他们创业成功的概率更高。而关注高校毕业生的银行家不足50%，这一方面反映了银行家对受教育程度较高的创业者具备一定信心，另一方面也反映了缺乏社会阅历与从业经验的高校毕业生创业成功率不高的客观现实。值得注意的是，仅有15.2%的银行家认

为，全体大众都应该成为"大众创业、万众创新"的关注对象，这体现出，银行家认为创业是一项复杂和高风险的过程，并非所有人都适合创业。在对创业支持过程中，银行应当坚守风险底线，进行严格的风险识别与管控。

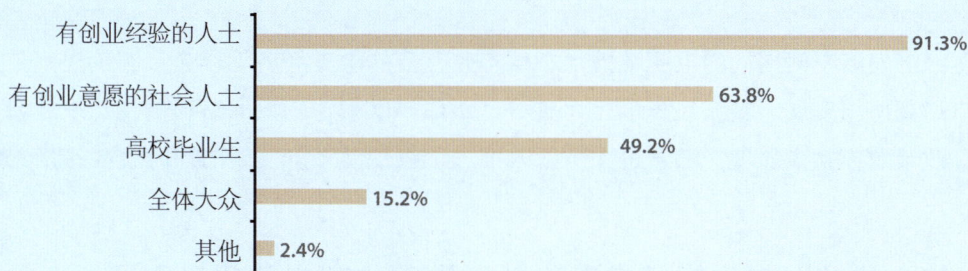

图9 在金融支持"大众创业、万众创新"过程中银行应重点关注的群体

中小企业本身的各项情况也是银行在支持"大众创业、万众创新"过程中需要关注的主要问题。其中，受访银行家最为看重的是企业的科技含量、发展前景等（89.6%），以及企业主等核心人员的信用状况（87.7%），认为这些是影响创业成功的关键因素。此外，企业的现金流量状况和企业的资产负债状况等因素也不容忽视。

图10 在金融支持"大众创业、万众创新"过程中银行重点关注的因素

专题报告四

银行业落实"三大战略"

作为优化经济发展空间格局的重要举措，2014年底召开的中央经济工作会议明确提出重点实施"一带一路"、京津冀协同发展、长江经济带三大战略。2015年以来，三大战略顶层设计规划完成，进入全面推进阶段，政策效应初步显现。随着进一步深入推进，在带动经济发展的同时也将带来银行业务转型及创新的发展。

一、"三大战略"布局银行家重点关注优质的客户和项目资源

在商业银行未来5年对"三大战略"布局的重点地区选择中，优质的客户和项目资源、地区社会经济发展状况成为银行家重点关注的两大因素。调查显示其中"一带一路"战略对项目资源和当地经济发展状况的需求最为迫切，选择占比分别高达79.4%和72.5%；长江经济带战略次之，分别占70.7%和67.4%；京津冀协同发展由于地区优势和首都经济圈的影响，对以上两个因素的需求较低，但仍有超过六成的银行家认为需要重点关注。同时，超过一半的银行家认为区域性金融市场的发达程度（57.4%）、行内人才与技术优势（50.7%）需要在长江经济带战略布局中重点考查；同业机构的数量也被部分银行家考虑在内，"一带一路"、长江经济带和京津冀一体化对这一因素的关注度分别为40.3%、42.8%和35.8%。

可以看出，推进三大战略布局过程中银行家考虑的主要因素基本相同，由于"一带一路"战略实施过程中地区经济发展水平相对较差，银行家对各因素给予了更多关注。

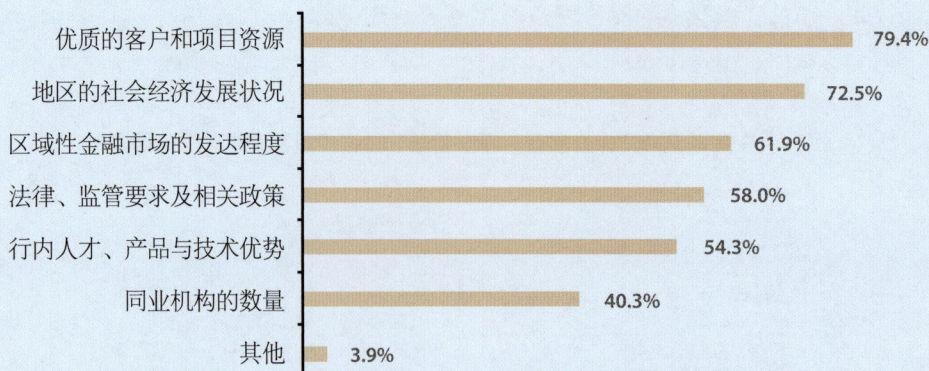

图1　银行家未来5年内对"一带一路"战略布局地区所考虑的因素

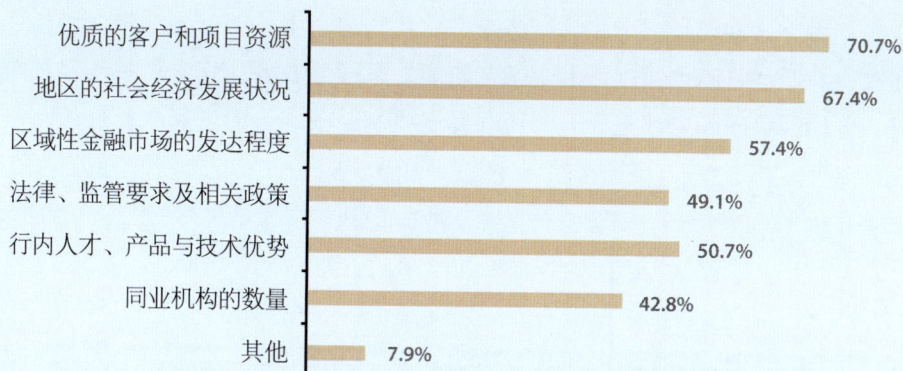

图2 银行家未来5年内对"长江经济带"战略布局地区所考虑的因素

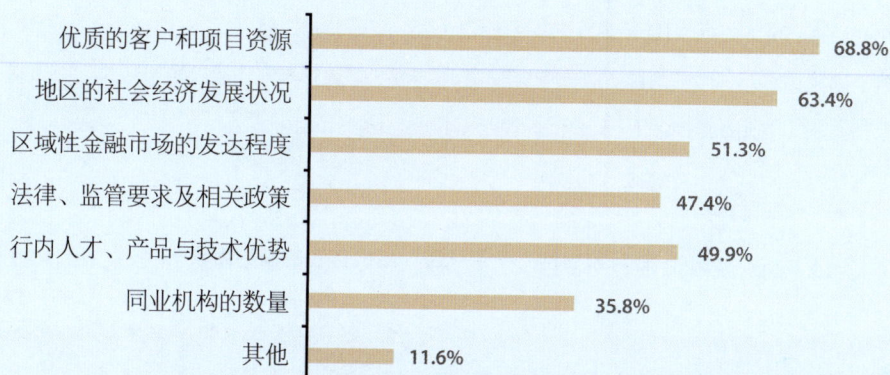

因素	百分比
优质的客户和项目资源	70.7%
地区的社会经济发展状况	67.4%
区域性金融市场的发达程度	57.4%
法律、监管要求及相关政策	49.1%
行内人才、产品与技术优势	50.7%
同业机构的数量	42.8%
其他	7.9%

图3 银行家未来5年内对"京津冀一体化"战略布局地区所考虑的因素

因素	百分比
优质的客户和项目资源	68.8%
地区的社会经济发展状况	63.4%
区域性金融市场的发达程度	51.3%
法律、监管要求及相关政策	47.4%
行内人才、产品与技术优势	49.9%
同业机构的数量	35.8%
其他	11.6%

二、核心产品、客户资源与创新能力是制约三大战略实施的关键因素

"三大战略"的实施，一方面有利于促进我国东、中、西部区域的互联互通，形成新的经济增长点和城市群，另一方面能够联通国内外经济发展，形成沿海及沿边对外开放的新格局。在对"三大战略"制约因素的调查中，核心产品、客户资源、创新能力被认为是制约银行业支持"三大战略"建设的最重要因素，约半数的银行家选择了这些方面；此外，人才储备和风险管理能力等也会影响"三大战略"的深入发展。

具体来说，核心产品是"一带一路"和"京津冀一体化"战略中最重要的制约因素，选择该项的银行家占比分别为55.1%和49.1%，客户资源（52.6%，47.0%）和创新能力（52.4%，40.9%）紧随其后；而创新能力不足将是制约"长江经济带"发展中的最重要的因素，选择该项的银行家占比为52.6%，客户资源及核心产品紧随其后。这主要是由于长江经济带横跨我国东、中、西三大地带，沿线经济较为发达，金融环境更为开放，商业银行亟须通过加大金融创新能力来开展业务；同时，长江经济带区域间产业发展存在一定差异，各地区之间尚未建立有效的协同发展机制，亟须大力发展战略性新兴产业，创新金融产品，提升区域的自主创新能力。

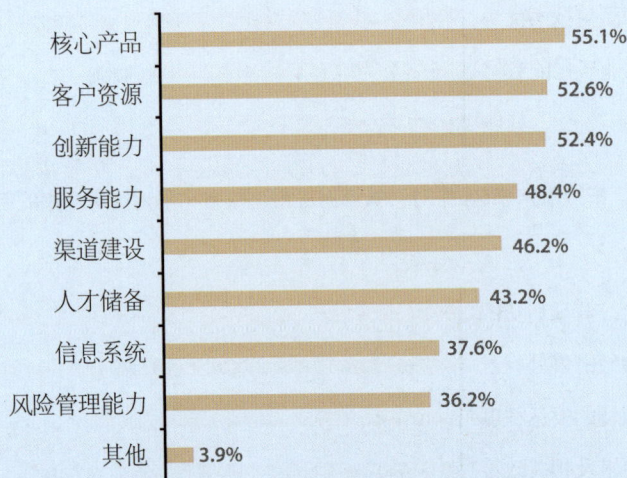

核心产品　55.1%
客户资源　52.6%
创新能力　52.4%
服务能力　48.4%
渠道建设　46.2%
人才储备　43.2%
信息系统　37.6%
风险管理能力　36.2%
其他　3.9%

图4　银行家支持"一带一路"建设存在的制约因素

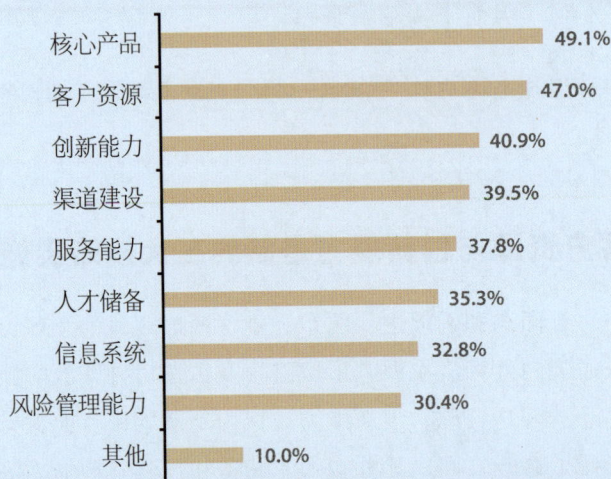

核心产品　49.1%
客户资源　47.0%
创新能力　40.9%
渠道建设　39.5%
服务能力　37.8%
人才储备　35.3%
信息系统　32.8%
风险管理能力　30.4%
其他　10.0%

图5　银行家支持"京津冀一体化"建设存在的制约因素

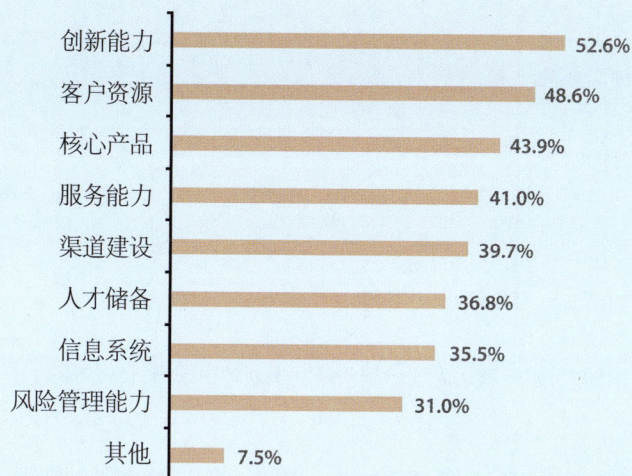

创新能力 52.6%
客户资源 48.6%
核心产品 43.9%
服务能力 41.0%
渠道建设 39.7%
人才储备 36.8%
信息系统 35.5%
风险管理能力 31.0%
其他 7.5%

图6　银行家支持"长江经济带"建设存在的制约因素

三、"一带一路"战略实施给银行业带来机遇和挑战

2013年国家主席习近平在出访中亚和东南亚国家期间，先后提出共建"丝绸之路经济带"和"21世纪海上丝绸之路"的重大倡议。"一带一路"作为国家级战略计划，契合了新兴市场和发展中经济体在基础设施建设、能源开发方面对资金的需求，给中国银行业带来了巨大的市场机遇和发展空间。

（一）逾八成银行家认为"一带一路"战略是推进人民币国际化的重要契机

"一带一路"战略将带动沿线国家贸易往来，人民币作为全球第七大支付货币，将发挥重要的支付结算作用，成为推进人民币国际化的重要契机。调查显示，银行家普遍认为"一带一路"规划对中国银行业的影响是加速推进人民币国际化（80.9%）和推动跨境及离岸金融产品创新（74.4%）；其中，逾六成的银行家认为"一带一路"战略在化解产能过剩，缓解银行不良率上升（67.8%）、拓展银行国际化业务领域（67.8%）和深化与沿线同业金融合作（67.1%）方面起到积极作用；除此之外，半数左右的银行家认为"一带一路"带动了银行海外分支机构布局再提速。

加速推进人民币国际化　　　　　　　　　　　　80.9%

推动跨境及离岸金融产品创新　　　　　　　74.4%

化解产能过剩，缓解银行不良率上升的情况　　67.8%

拓展银行的国际化业务领域　　　　67.8%

深化与沿线同业的金融合作　　　　67.1%

海外分支机构布局再提速　　49.1%

图7　银行家认为"一带一路"规划对中国银行业的影响

（二）服务国家战略成为银行家推进"一带一路"战略的首要出发点

对中国银行业推进"一带一路"战略主要出发点的调查中，逾八成银行家将服务国家战略（85.1%）放在首要位置，而选择提升跨区域服务能力（75.9%）、加快自身结构转型（69.0%）和扩大盈利来源（54.1%）的银行家占比较大；此外，享受政策优惠（31.6%）和争夺客户资源的需要（27.4%）也是中国商业银行推进"一带一路"战略的重要考虑因素。

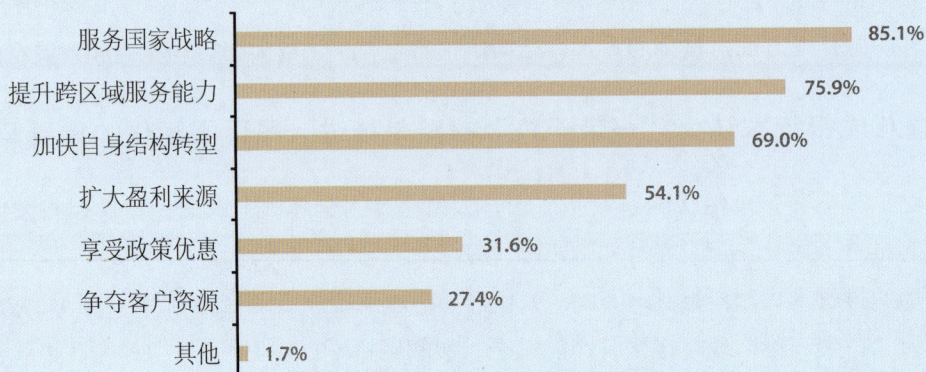

服务国家战略　　　　　　　　85.1%

提升跨区域服务能力　　　　　75.9%

加快自身结构转型　　　　69.0%

扩大盈利来源　　　54.1%

享受政策优惠　　31.6%

争夺客户资源　27.4%

其他　1.7%

图8　银行家推进"一带一路"战略的主要出发点

（三）创新特色金融产品和提升综合化金融服务能力是"一带一路"布局的主要方式

"一带一路"战略实施为银行业机构提供新型金融服务创造了机遇，调查显示，逾七成银行家倾向采取创新特色金融产品（72.3%）和提升综合化金融服务能力（71.9%）的方式推进"一带一路"布局，这主要是因为"一带一路"沿线涉及大量国家和地区，这些国家政体不一，经济发展水平良莠不齐，监管标准环境差别大，需要结合当地特征，创新金融产品，也正是因为沿线金融条件不一致，所以提升综合化金融服务能力非常关键。半数左右的银行家通过加强境内外同业合作（57.6%）、参与跨境金融互联互通机制建设（54.5%）和人民币离岸金融服务体系建设（45.9%）进行"一带一路"布局。除此之外，增设经营机构（42.0%）和增加综合授信额度（29.7%）也是银行家布局"一带一路"的实现方式图9银行家认为"一带一路"规划布局的实现方式。

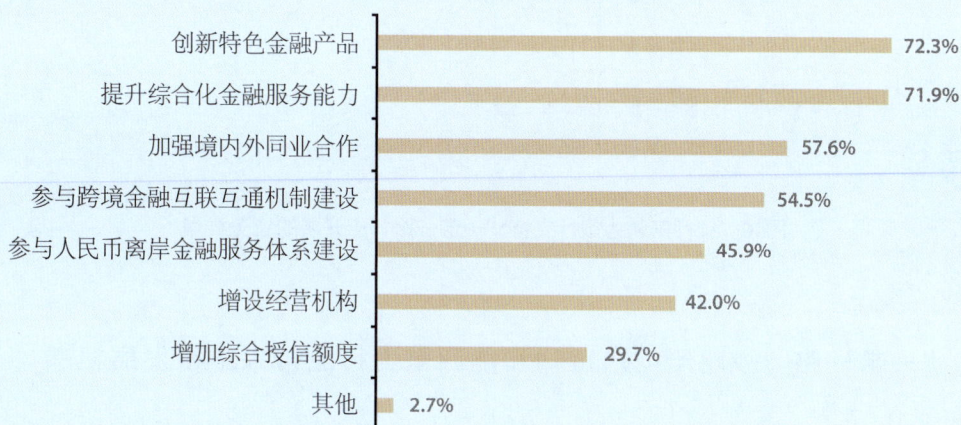

图9 银行家认为"一带一路"规划布局的实现方式

（四）超半数银行通过重大项目融资、出口信贷和互联网金融产品业务助推"一带一路"战略

在业务开展方面，超过六成（63.6%）的银行家将重大项目融资作为助推"一带一路"战略的主要业务。针对目前"一带一路"沿线融资模式单一，金融支持发展路径较为单一，中国银行业可以通过开展多样化业务加入其中。半数左右的银行家通过开展出口信贷（56.3%）、互联网金融产品（51.3%）和日常国际银行业务（48.0%）支持"一带一路"战略。而选择跨境电子商务和跨境并购及重组项目支持"一带一路"发展的银行家占比分别为36.8%和32.0%。其中专项基金的直接投资和境外投资或承包贷款业务分别为30.6%和29.9%，主题型混合基金和出口产品责任保险业务占比仅为13.3%和10.2%。

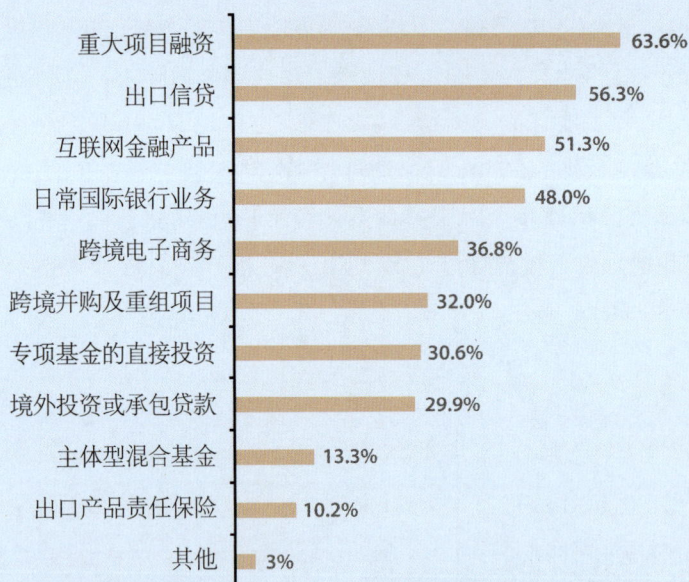

重大项目融资   63.6%
出口信贷   56.3%
互联网金融产品   51.3%
日常国际银行业务   48.0%
跨境电子商务   36.8%
跨境并购及重组项目   32.0%
专项基金的直接投资   30.6%
境外投资或承包贷款   29.9%
主体型混合基金   13.3%
出口产品责任保险   10.2%
其他   3%

图10   银行家认为银行支持"一带一路"应开展的业务类型

（五）"一带一路"战略给交通运输和能源电力行业带来难得发展机遇

"一带一路"主要涵盖中亚、南亚和东南亚，并延伸到西亚、北非、俄罗斯及部分中、东欧国家，大多为正处于经济发展上升期的新兴市场或发展中经济体，迫切需要解决交通、电力、资讯等基础设施严重不足的问题，跨境铁路、公路、海上航线、空中航线、油气管道、输电线路、通讯光缆和互联网等大型基础设施建设将迎来发展良机。在"一带一路"战略重点关注行业的调查中显示，七成左右的银行家认为"一带一路"规划可重点关注交通运输（75.7%）和能源电力行业（67.1%）；超过半数的银行家将信息科技、商贸文化作为重点关注行业，分别占比57.6%和54.1%。

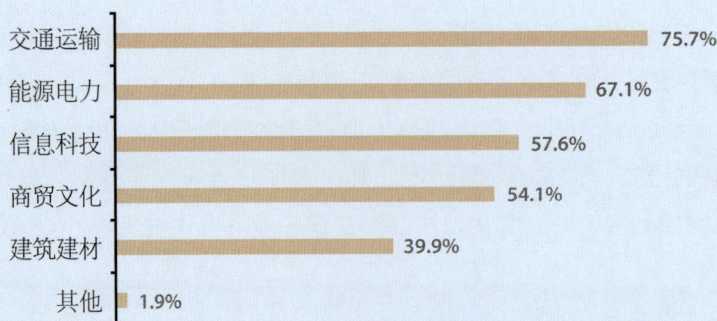

交通运输   75.7%
能源电力   67.1%
信息科技   57.6%
商贸文化   54.1%
建筑建材   39.9%
其他   1.9%

图11   银行家认为"一带一路"战略可重点关注的行业

（六）经济风险、法律风险和国家风险成为"一带一路"规划中面临的最大挑战

"一带一路"规划中的项目涉及国家多、金额大、结构复杂，对金融产品的跨市场、跨领域、专业化等都有严格要求，沿线又多数为发展中国家，市场环境、商业基础和法律体系多样化，风险隐患不容忽视。调查显示，银行家普遍认为"一带一路"规划中存在着以下风险：一是受经济波动导致的经济风险（70.1%）；二是所在国法律环境、法律制度差异导致的法律风险（62.4%）；三是政权变更、领导人更迭，民主化运动与民族分裂导致的国家风险（56.3%）；四是宗教、文化差异导致的社会风险（46.8%）。此外，技术风险和自然风险也是"一带一路"战略面临的风险因素，两者各占比34.9%和13.5%。

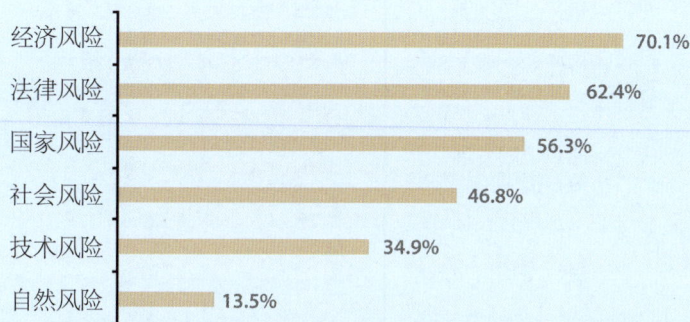

图12 银行家认为"一带一路"规划中面临的主要风险

四、银行家寻求优良项目对京津冀协调发展进行战略布局

2015年4月30日，中共中央政治局会议在分析研究当前经济形势的基础上，审议通过了《京津冀协同发展规划纲要》。针对国家区域发展战略，多家银行加强对京津冀协同发展战略布局，京津冀协同发展作为国家级战略势必会带动一批重大项目的设立，符合国家政策方向、适应区域一体化发展需求的好项目必然成为银行对京津冀进行战略布局的着眼点，比如：生态环保项目、基础设施建设等。

（一）银行家创新特色金融产品京津冀协同发展

目前多数银行具有同质化发展的倾向，一方面为了与京津冀协同发展的大方向和区域发展的具体要求相适应，另一方面也为了增强自身的竞争力。在加快京津冀布局方式的调查中，55.7%的受访银行家认为应创新特色金融产品；55.5%的受访银行家认为应做好项目储备，建立"名单制"，支持重点项目建设；37.0%的受访银行家支持增设经营机构，主要是由于虽然增设经营机构的方式较为直接且效果明显，但受到异地人力物力的限制，运营及其他成本相对较高；31.0%的受访银行家支持成立京津冀协同发展工

作小组，提供组织保障。

关于服务京津冀协同发展工作提供坚实的组织保障的调查显示，认为应增加综合授信额度和提供专项信贷规模的受访银行家分别占30.6%和27.0%。24.1%的受访银行家支持推动三地"同城"业务。目前不少银行都成立了与京津冀协同发展有关的部门，专门研究如何整合京津冀三地的业务资源，推动三地"同城"业务融合发展。如推进京津冀三地客户依托一张银行卡实现异地存款、取款、转账等方面享受同城待遇，不收取手续费；推行京津冀三地异地个人贷款等。

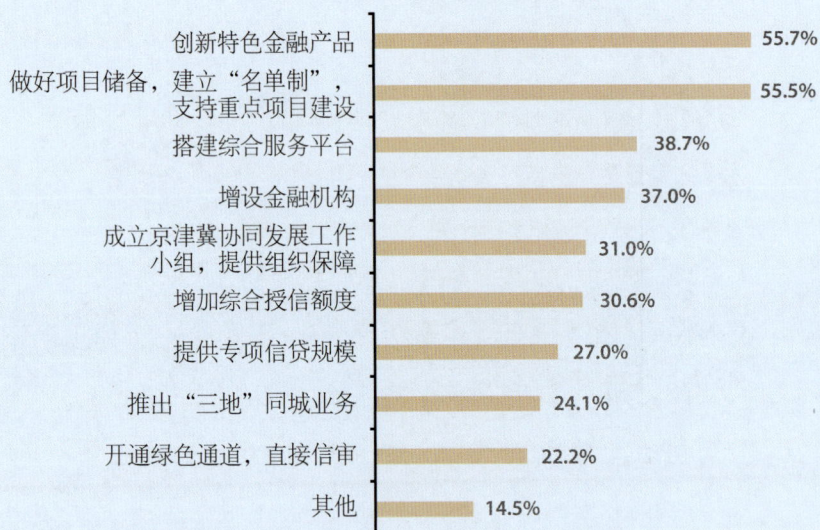

创新特色金融产品　　　　　　　　　　　　　　　55.7%

做好项目储备，建立"名单制"，
支持重点项目建设　　　　　　　　　　　　　　55.5%

搭建综合服务平台　　　　　　　38.7%

增设金融机构　　　　　　　37.0%

成立京津冀协同发展工作
小组，提供组织保障　　　　31.0%

增加综合授信额度　　　　　30.6%

提供专项信贷规模　　　　27.0%

推出"三地"同城业务　　　24.1%

开通绿色通道，直接信审　　22.2%

其他　　14.5%

图13 银行家加快京津冀布局的主要方式

（二）近六成银行家选择北京为未来5年重点布局的地区

京津冀地区金融资源丰富，近年三地金融资产与地区生产总值之比达到3.95，远高于3.2的全国平均水平。目前，北京已经形成以商业银行、财务公司、证券公司、信托公司、保险公司与基金公司等金融机构为主导，以评级公司、担保公司、资产交易平台与互联网金融新型业态等中介机构为支撑的金融服务体系；天津作为北方经济中心，是国内少数拥有全牌照金融业务资质的城市，凭借滨海新区、于家堡金融区以及中新生态城等新区积极推进金融改革创新，有明显的金融先行优势；河北省工业基础深厚，市场容量大，但金融服务不足，金融市场化意识与金融产品创新能力较弱。与京津相比，河北省缺乏高质量金融资源和金融产业特色，金融基础设施建设严重滞后，金融对经济发展的贡献率偏低。综上来看，北京的经济体量较大，金融比较发达，总部级机构较多，基础及服务设施完善，市场规模较大，将布局重点选在北京将有利于各项业务的开展，发展空间广阔，并且可以充分利用其政策优势。因此，多达59.1%的受访银行家认为应把未来5年重点布局的地区选为北京。相对来说，河北省金融比较落后，服务业发展滞后，仅18.2%的受访银行家支持将未来5年布局的重点选为河北省。

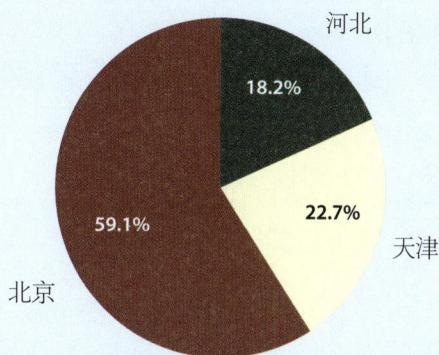

图14 银行家对京津冀地区未来5年布局的重点地区

（三）支持京津冀协调发展仍面临的三地经济发展水平落差较大的挑战

受到行政壁垒影响，京津冀区域内政府间的博弈势必导致控制本地金融市场，将金融资源集中在本地等情况的发生，使金融效率难以得到提高，金融资源无法在区域内进行最优配置。

在中国银行业支持"京津冀一体化"面临挑战的调查中，三地政府部门尚未建立良好的联动协调机制成为关注重点，占到受访银行家的52.2%。51.3%的受访银行家认为银行业支持京津冀一体化的挑战是三地经济、金融发展水平落差较大，一是北京核心地区经济功能稠密；二是城市能级落差较大，周边部分地区难以接受京津地区的辐射效应，使得区域经济一体化发展缓慢，三是京津冀地区资金分布不平衡，区域资金回报率与成本差异十分明显，这种地区分治的银行业管理模式对金融资本的流动造成了严重阻碍，进而阻碍了金融资金对区域经济协同发展的支持。

此外，47.8%的银行家认为地区间要素流动存在障碍，要素市场需实现一体化。主要表现在整个地区城镇等级结构不合理，中间层次城市发展不充分，小城镇发展水平较低以及北京对周边要素市场资源具有虹吸效应；城际之间属于线性联系，未形成完善的网络体系；地区间经济协调成本较高，导致周边区域接受辐射较弱；高科技人才的流动与利用效率也较低。32.8%的受访银行家认为在体制机制上存在障碍，目前中央进行顶层设计，对体制、机制进行完善，健全职能部门以支持京津冀协同发展。仅有28.3%的受访银行家认为监管部门对三地银行业金融机构异地贷款规模扩张速度有所限制阻碍了银行业支持京津冀一体化的发展。

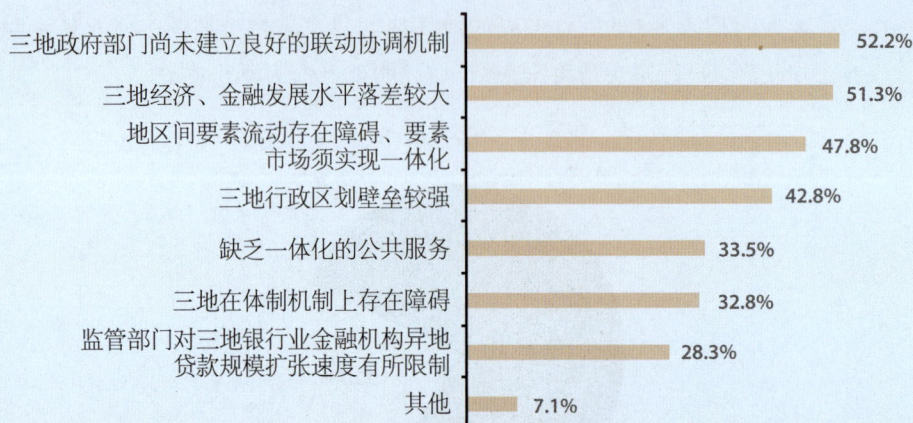

三地政府部门尚未建立良好的联动协调机制	52.2%
三地经济、金融发展水平落差较大	51.3%
地区间要素流动存在障碍、要素市场须实现一体化	47.8%
三地行政区划壁垒较强	42.8%
缺乏一体化的公共服务	33.5%
三地在体制机制上存在障碍	32.8%
监管部门对三地银行业金融机构异地贷款规模扩张速度有所限制	28.3%
其他	7.1%

图15　银行业支持京津冀一体化的挑战

（四）产业转移与整合升级成为京津冀一体化信贷投放的重点

北京作为全国政治中心、文化中心及国际交往中心，应立足于自身定位，将非核心功能逐步向津冀地区进行转移，同时发挥自身的辐射带动效应。在中国银行业支持京津冀一体化的信贷重点调查中，74.8%的受访银行家认为信贷投放的重点应放在产业转移与整合升级，为其提供必要的金融支持。京津冀地区一直是全国污染的重灾区，区域空气污染指数居高不下，51.1%的受访银行家支持生态环境建设，这也符合国家的发展战略，同时可享受一定的政策福利。河北省基础设施相对落后，交通便利程度较低，支持基础设施与交通建设的银行家分别占到49.9%和47.8%。河北省二、三线城市较多，城市发展空间较大，31.6%的受访银行家支持进行城镇化建设，同时可以带动地产、服务业等相关产业的发展。

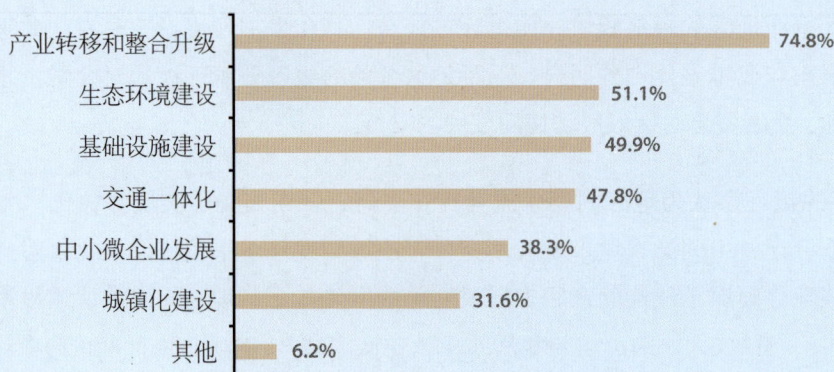

产业转移和整合升级	74.8%
生态环境建设	51.1%
基础设施建设	49.9%
交通一体化	47.8%
中小微企业发展	38.3%
城镇化建设	31.6%
其他	6.2%

图16　银行家支持京津冀一体化的信贷重点

五、银行业支持长江经济带发展需要新理念和新举措

2014年9月12日国务院印发的《关于依托黄金水道推动长江经济带发展的指导意见》中指出，长江是货运量位居全球内河第一的黄金水道，在区域发展总体格局中具有重要战略地位。为推动长江经济带建设与发展，银行业金融机构将从建立金融合作机制、推动区域金融合作联动以及建立多层次金融机构体系等方面积极探索城市间金融合作，对"长江经济带"相关建设项目积极提供金融支持，坚持以授信为导向，统筹资源制定各类信贷扶持政策；同时，将进一步探索银行业务模式和专业化经营上的不断创新，提升对长江经济带综合立体交通走廊建设、产业转型升级以及经贸合作发展的综合金融服务能力。

（一）逾七成银行家通过加强区域间金融合作支持长江经济带建设

在中国经济新常态下，推进长江经济带发展一方面可为经济转型发展提供有效支撑，打破区域壁垒，以充分发挥市场优化配置资源的决定作用，并为新一轮改革开放开辟广阔空间；另一方面有助于将东部地区发展经验传导到长江中上游地区，促进地区间经济互补、区域联动以及产业的分工、转移，实现区域经济的全面协调发展。

在支持长江经济带发展主要措施的调查中，逾七成的银行家提倡通过加强区域间金融合作来支持长江经济带的建设（71.1%），创新特色金融产品、提供有效的信贷支撑也被认为是支持长江经济带建设的重要举措，选择该两项的银行家占比分别为63.6%和62.4%。此外，强化项目和资金引导（46.6%）、增设主要城市经营机构（35.8%）以及支持企业发展境外项目（26.0%）也受到一部分银行家的关注，未来将重点从以上几个方面来支持国家长江经济带战略的实施。

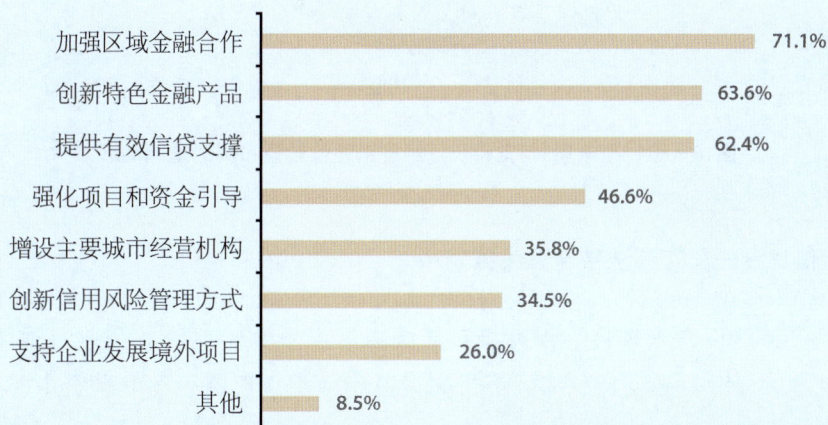

图17 商业银行支持长江经济带建设的主要措施

（二）未来5年上海仍为长江经济带的重要布局地区

长江经济带建设战略实施可以分为三个区域层面：上海（全流域），武汉（中游发展），重庆（上游发展），以此来依托黄金水道打造新的区域发展平台。在支持长江经济带过程中重点布局区域的调查结果显示，上海为未来5年长江经济带的最重要布局地区，选择该城市的银行家占比38.9%，遥遥领先其他城市，这与上海国际金融中心的地位密不可分。浙江作为我国经济发展大省，依托其沿海的优势，以12.3%位列第二。而武汉和重庆作为长江经济带上具有国际影响力和辐射力的中心城市，在银行家重点布局地区排名上落后于浙江及其他银行家重点布局的省市，仅7.7%和6.0%的银行家选择重庆和武汉作为长江经济带的重点布局地区。这表明二者承启东西，牵引南北的独特区位优势仍没有得到凸显，下一步应主动把握机遇积极作为，全面融入国家长江经济带战略格局，将区位优势转化为自身的发展优势。此外，安徽（4.4%）、四川（3.9%）、贵州（3.9%）等省市也受到部分银行家的关注，将作为长江经济带建设的辅助地区支持三大战略的实施。

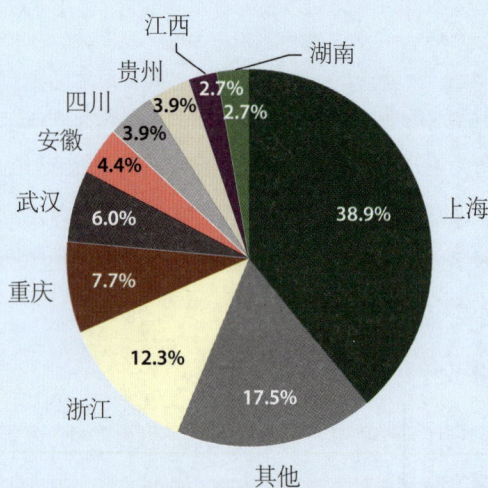

图18　银行家未来5年支持长江经济带建设选择布局的重点地区

（三）银行业信贷投向长江经济带建设关键领域

为推进长江经济带建设，未来各大银行将对区域内重点领域、项目及企业给予信贷投放和金融支持，合理配置各种金融资源。在支持长江经济带建设过程中重点授信行业的调查中，物流业以63.8%的占比高居首位，商业银行将通过加强物流基础设施投资等渠道支持该行业的发展。这主要是由于在我国经济"新常态"背景下，物流仓储行业利好政策密集，物流作为生产性服务行业将迎来新一轮发展机遇。随着长江经济带战略的进一步推进，物流行业将充分利用互联网、物联网在长江经济带经贸合作和产业转型中发挥重要作用，银行业金融机构将加大对物流企业的信贷支持，推出各种针对物流领域的"供应链金融产品"、"仓单质押融资"等物流金融业务，推动现代物流业加快发展。同时，为打造专业服务团队，56.1%的银行家表示将重点为现代服务业提供信贷支持，鼓励新兴和高端服务业发展，引导长江经济带沿线城市的服务业向区域中心城市和现代服务业聚集区集中布局，重点关注现代商贸、科技创业等推进长江经济带现代服务业聚集区建设；还有超过半数的银行家将授信业务重点放在电子商务业（51.6%），为长江经济带重点项目开通绿色通道，简化业务办理流程，促进跨境电子商务结算等金融业务的发展。

此外，银行业将大力发展对长江经济带的投资贸易金融服务，利用长江黄金水道的交通优势，助力企业"引进来，走出去"。在此基础上，部分银行家将信贷投向重点放在了制造业（48.6%）、港航业（41.2%）和农业（30.6%），以长江经济带辐射城市培育优势产业群，推动城市的基础设施建设，拓展银行业务范围，打造长江经济带建设的重要支撑平台。

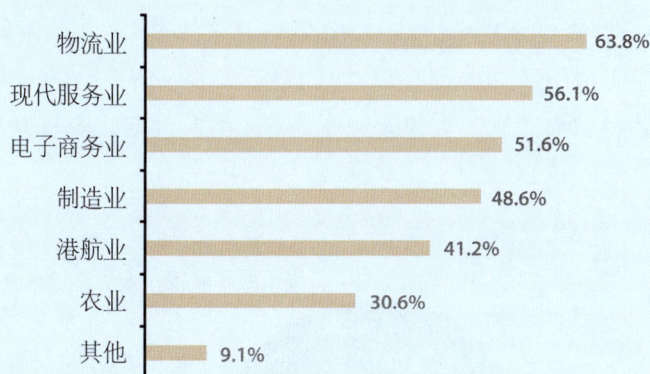

图19 商业银行支持长江经济带发展的重点授信行业

备战"营改增"

　　按税制改革的既定目标，"十二五"期间要全面完成"营改增"工作，今年也会成为"营改增"的收官之年。但目前种种迹象表明，金融业"营改增"年内出台实施细则的可能性已经很小。众所周知，金融业的税收结构、税收负担和税收征管复杂而敏感，其增值税税制设计及相关政策、法规的制订工作也是公认的重点和难点。在此背景下，我们从银行业"营改增"的准备情况、遇到的困难、制度设计、可能的影响等方面进行了调查。

一、超八成银行家表示尚未做好实施"营改增"的充分准备

　　金融业"营改增"延期的原因之一应该与金融业，尤其是与银行业自身进行税制改革的难度较大、且准备尚不充分有关。调查结果显示，截至2015年8月末[①]，表示"已做好充分准备，随时可以实施""营改增"的银行家占比尚不足20%；有75.7%的银行家表示所在行的"营改增"准备工作基本就绪，但尚需进一步完善。在这种背景下，如果金融业"营改增"延期，应该说是为中国银行业提供了更为充足的准备时间。

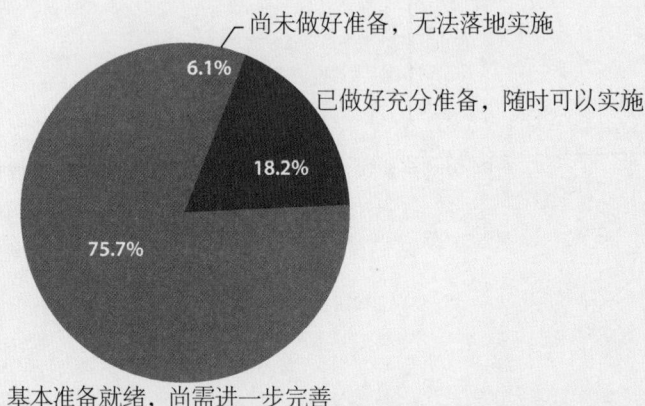

尚未做好准备，无法落地实施

6.1%

已做好充分准备，随时可以实施

18.2%

75.7%

基本准备就绪，尚需进一步完善

图1　"营改增"准备工作的进展情况

---

　　① 本次调查问卷回收截止时间。

过半数银行家认为"营改增"的准备工作需要半年以上的时间，且有近10%银行家无法确认所在行的准备时间。银行业"营改增"的复杂程序可见一斑。

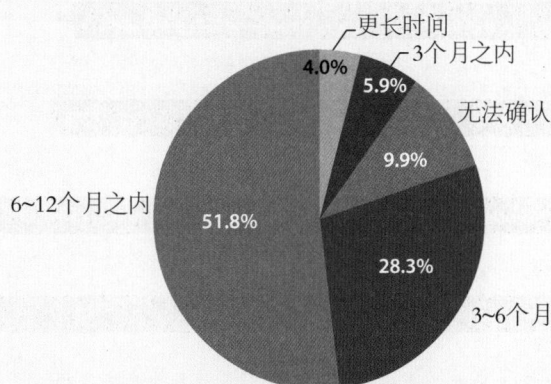

图2 "营改增"准备工作所需时间

"营改增"准备工作的一般流程可分为四个阶段：梳理业务、制度设计、系统改造、测试实施。调查结果显示，截至2015年8月末，超六成银行的准备工作尚处于梳理业务阶段，进入测试实施阶段的银行占比仅为3.2%。这也反映出中国银行业实施"营改增"的准备工作尚不充分。

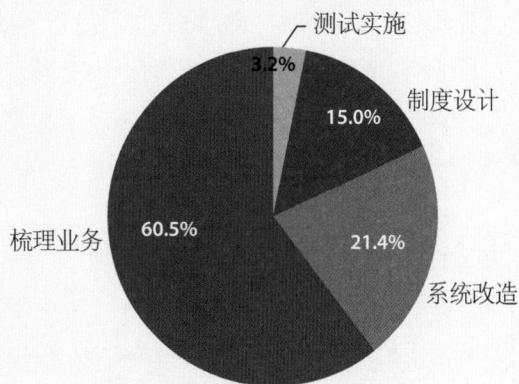

图3 "营改增"准备工作所处阶段

不同类型银行的"营改增"准备工作进度有所不同。从调查结果看，大型商业银行进度最快，股份制商业银行次之。而政策性银行、农村金融机构和城市商业银行的进度则相对缓慢。这反映了不同类型银行对"营改增"准备工作的重视程度、推进力度以及变革能力等方面存在差异。

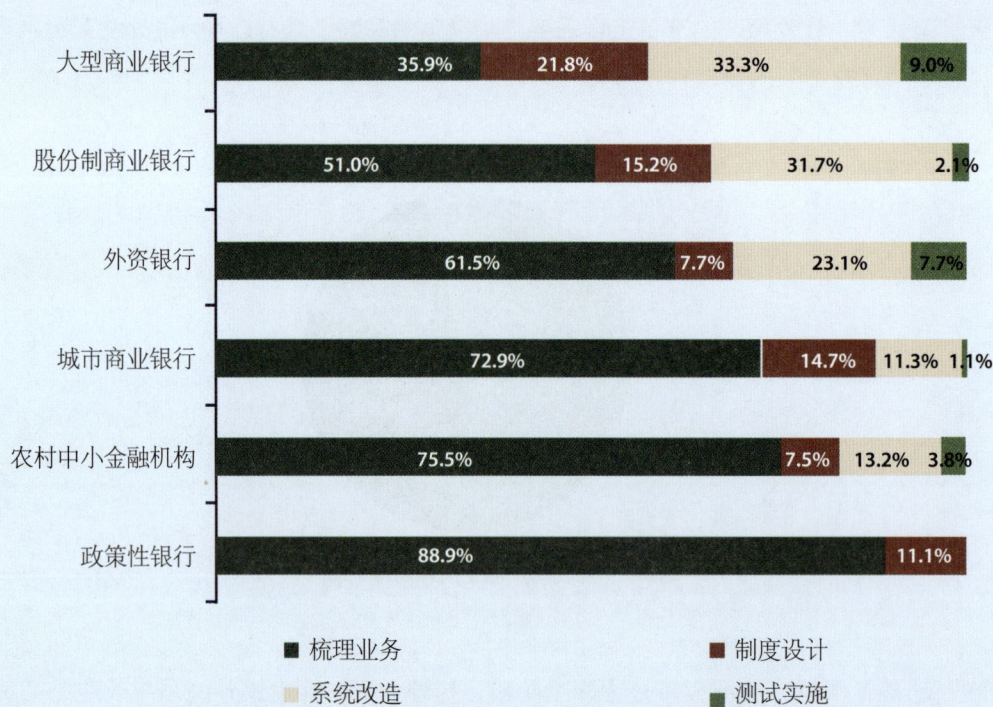

大型商业银行	35.9%	21.8%	33.3%	9.0%
股份制商业银行	51.0%	15.2%	31.7%	2.1%
外资银行	61.5%	7.7%	23.1%	7.7%
城市商业银行	72.9%	14.7%	11.3%	1.1%
农村中小金融机构	75.5%	7.5%	13.2%	3.8%
政策性银行	88.9%	11.1%		

■ 梳理业务　　　　　■ 制度设计
系统改造　　　　　■ 测试实施

图4　不同类型银行"营改增"准备工作所处阶段

二、银行业"营改增"困难较多，财务部门是实施的核心部门

调查显示，银行家认为银行业实施"营改增"困难较多，银行系统复杂（83.1%）、产品众多（78.0%）、发票管理复杂繁琐（67.7%）是最主要的三个方面。财务核算系统、核心银行系统以及各类业务系统的改造，是各家银行"营改增"准备工作的重中之重，需要根据不同业务类型的差异来进行有针对性的调整，人、财、物力等花费都很大。此外，选择银行客户众多、时间紧迫和银行分支机构及网点众多的银行家也都超过了半数。

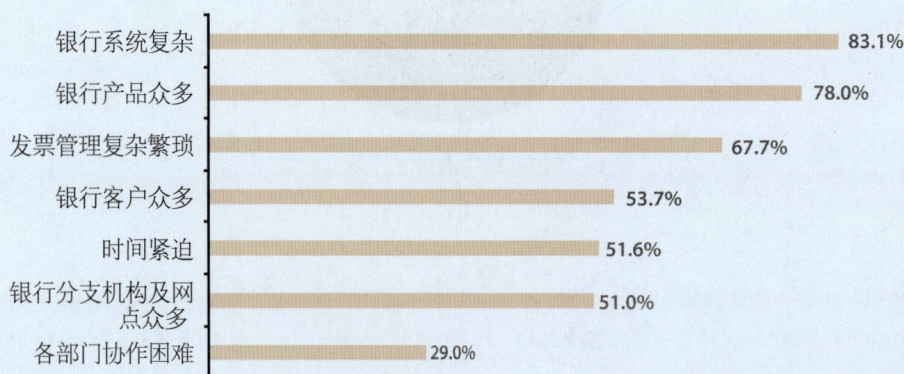

银行系统复杂	83.1%
银行产品众多	78.0%
发票管理复杂繁琐	67.7%
银行客户众多	53.7%
时间紧迫	51.6%
银行分支机构及网点众多	51.0%
各部门协作困难	29.0%

图5　银行业实施"营改增"的难点

由于"营改增"与财务工作密切相关，各家银行的财务部门也理所当然的成为了实施"营改增"的核心部门，选择比例高达91.3%。

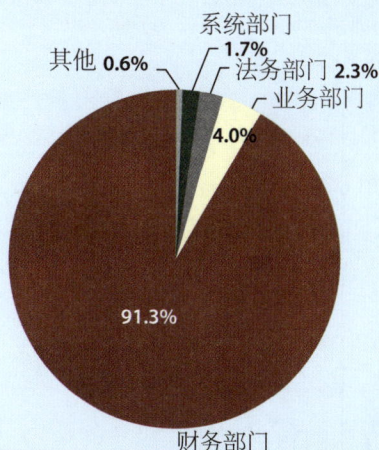

图6　银行业实施"营改增"的核心/牵头部门

三、银行家希望从第三方专业机构获得全方位的支持

由于"营改增"工作时间紧、任务重，如前所述，各家银行都面临诸多困难，聘请第三方专业机构（比如会计师事务所等）协助银行自身的各项准备工作，是业内的普遍做法。银行家表示他们希望从这些机构获取全方位的支持，所有备选项目的占比都超过半数。其中，占比最高的三项是财务核算系统的设计和重新构建（84.1%）、业务流程的设计和重新构建（79.3%）和"营改增"相关制度政策（75.7%）。

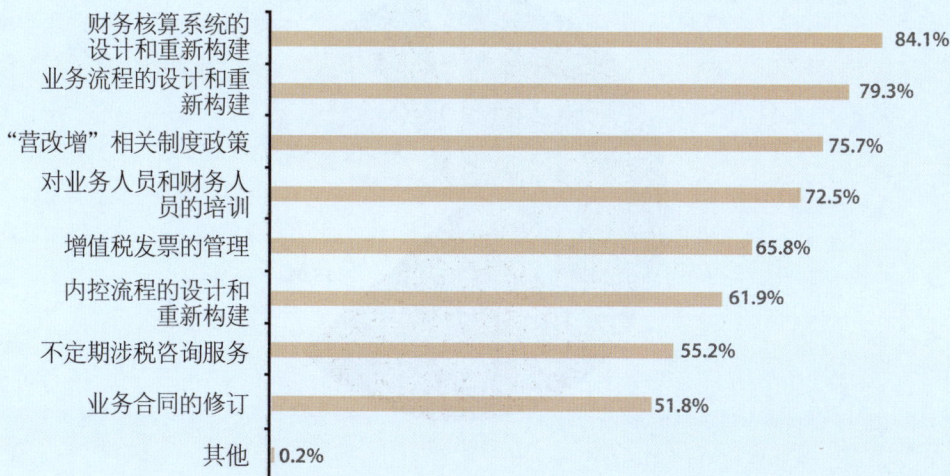

图7　银行家希望在"营改增"过程中从第三方专业机构获得的支持

四、多数银行家认为实施"营改增"之后实际税负上升，利润下降

调查显示，银行家认为实施"营改增"对中国银行业影响中最大三个方面是：实际税负（66.0%）、发票管理（55.4%）和财务系统及财务制度（50.7%）。选择以上三个方面的银行家占比都超过了半数。

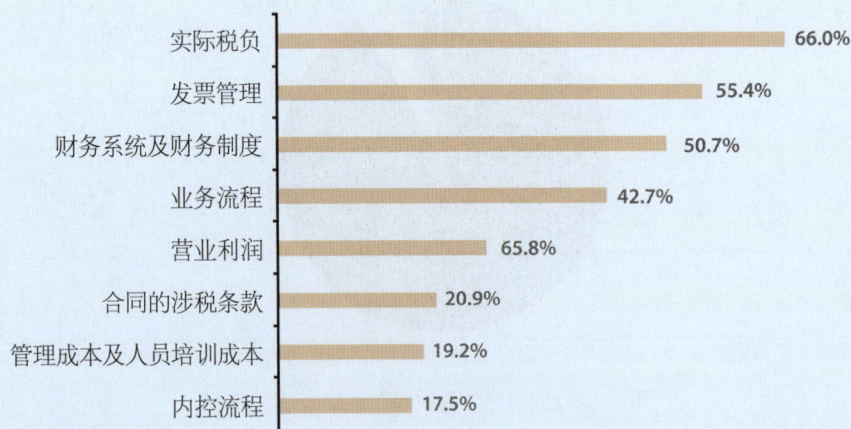

实际税负　　　　　　　　　66.0%
发票管理　　　　　　　55.4%
财务系统及财务制度　　　50.7%
业务流程　　　　　42.7%
营业利润　　　　　　65.8%
合同的涉税条款　20.9%
管理成本及人员培训成本　19.2%
内控流程　17.5%

图8　实施"营改增"对中国银行业的影响

在"营改增"对银行业实际税负影响的调查中，持"上升"、"持平"、"下降"观点的银行家占比分别为43.9%、15.0%、15.6%，其余25.4%的银行家表示"无法确认"实际税负的变化。这表明，银行家对于"营改增"之后实际税负变化的预测存在分歧。总的来看，认为税负上升的占多数。

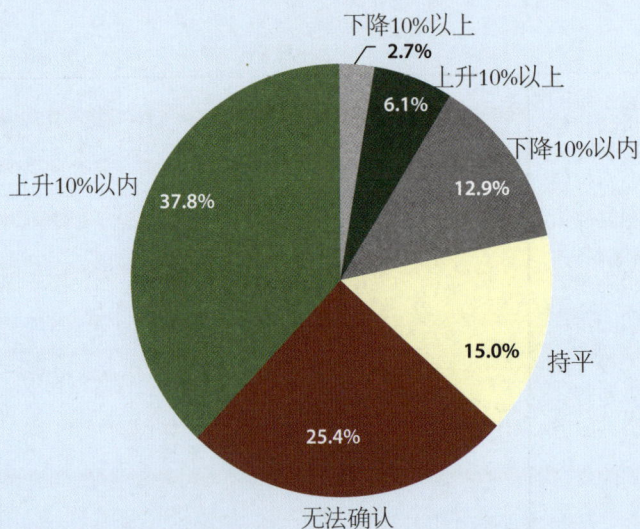

下降10%以上 2.7%
上升10%以上 6.1%
下降10%以内 12.9%
持平 15.0%
无法确认 25.4%
上升10%以内 37.8%

图9　实施"营改增"对银行实际税负的影响

调查显示，银行家认为影响增值税实际税负最主要的因素是可抵扣的进项税额（62.2%）。商业银行业务的多样性和复杂性，会导致进项税额抵扣的可操作性难度增大。这也是金融业"营改增"的一个重大难题。

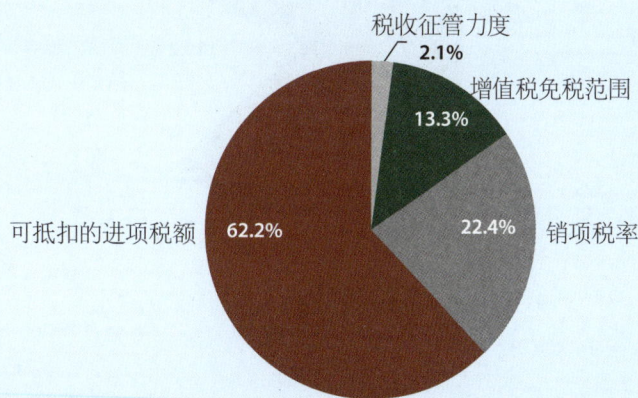

图10 影响增值税实际税负的主要因素

正如银行家认为"银行系统复杂"是"营改增"最大的难点一样，71.2%的银行家认为实施"营改增"后财务系统改造成本也是最大的。金融交易数量庞大、处理复杂，改造财务系统更好对接金税系统开具增值税发票是"营改增"的首要任务。财务系统的改造需要投入大量的人力、物力、财力。

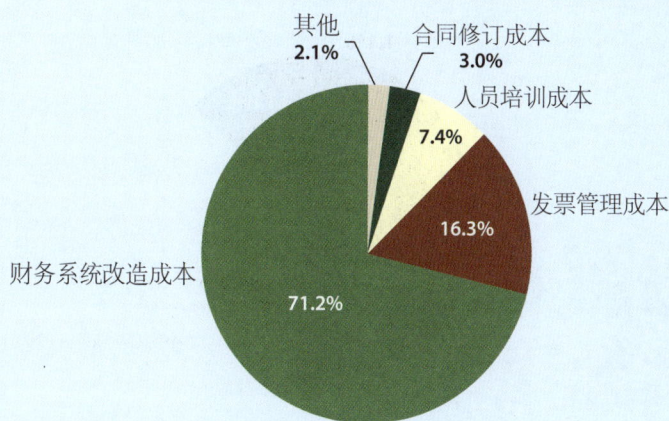

图11 实施"营改增"后成本费用增加最多的方面

实施"营改增"后，银行实际税负的可能上升和成本费用的增加，使得多数银行家对营业利润的预期并不乐观。持"下降"、"持平"、"上升"观点的银行家占比分别为41.5%、19.2%、11.0%，其余28.3%的银行家表示"无法确认"营业利润的变化。

上升10%以上
2.1%

下降10%以上
6.6%

上升10%以内
8.9%

下降10%以内
34.9%

持平
19.2%

无法确认
28.3%

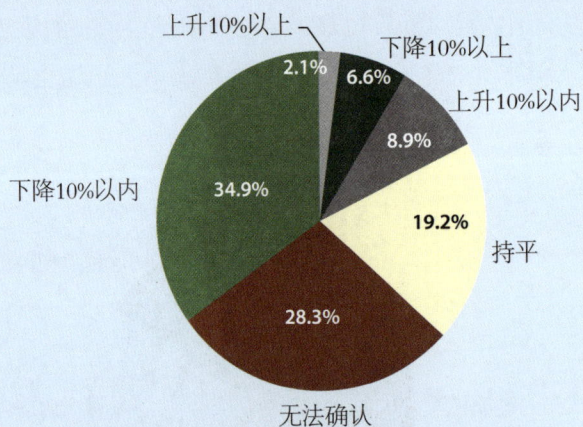

图12　实施"营改增"后银行营业利润的变化

五、过半数银行家认为应采取灵活的计税方式，且增值税开票职能应置于分行层面

对于银行业实施"营改增"后应采取何种计税方式，52.9%的银行家认为不应该搞"一刀切"，应该部分采取简易计税办法，部分采取一般计税办法。计税方式与银行业务的复杂性有关，应该区别对待。

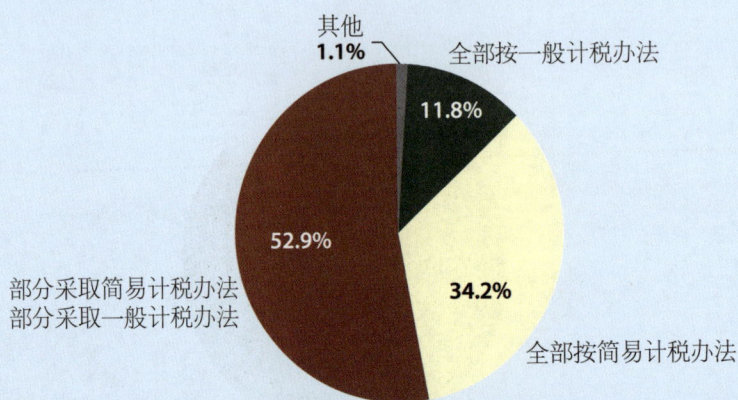

其他
1.1%

全部按一般计税办法
11.8%

部分采取简易计税办法
部分采取一般计税办法
52.9%

全部按简易计税办法
34.2%

图13　银行业实施"营改增"后应采取的计税方式

47.1%的银行家认为实施"营改增"后，增值税发票的开票职能应放置于分行这一层级。认为放在总行和支行更合适的银行家占比分别为19.9%和28.8%。"营改增"后，发票管理工作量和难度都会加大，且法律风险提高，把开票职能放置在分行层面是一种较为合理的选择。

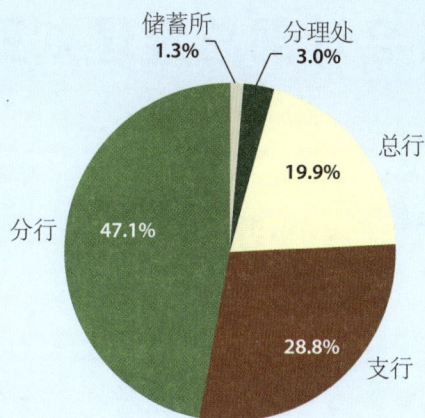

图14　银行业实施"营改增"后增值税开票职能的所在机构层级

　　不同类型银行的增值税开票职能放置层级有所差异。大型商业银行更倾向于将这一职能放在支行层面（42.3%），这主要是因为大型商业银行层级分明，其较大级别的支行所辖网点众多，有能力承担开票职能。而农村中小金融机构则倾向于把这一职能放在总行（52.8%），主要与其分支机构的功能相对较为弱小有关。

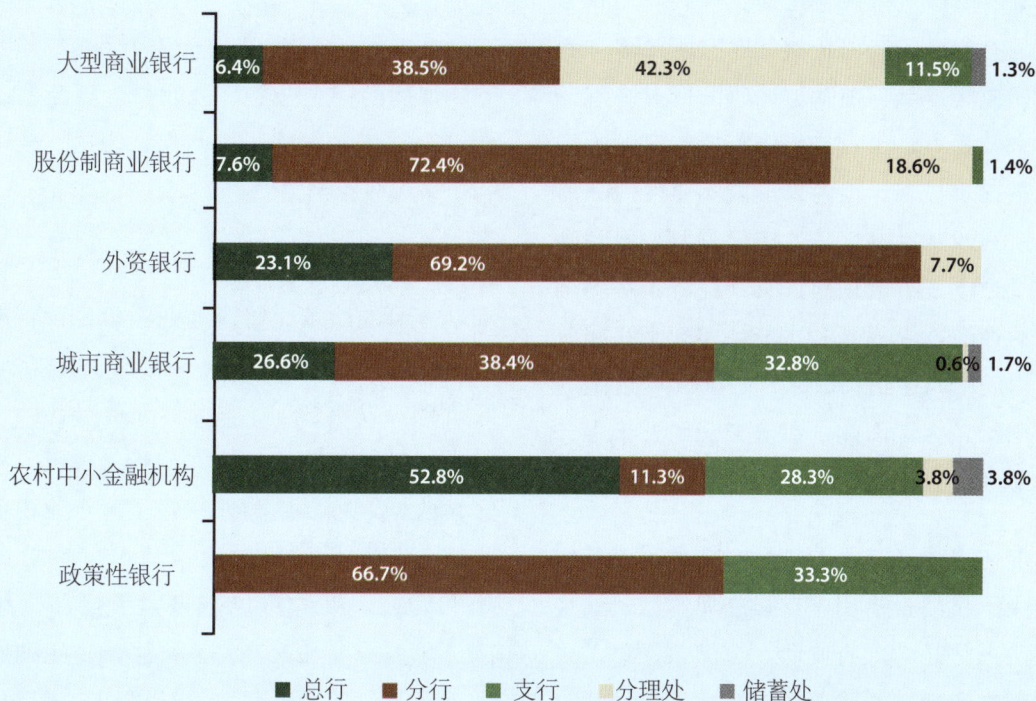

图15　不同类型银行实施"营改增"后增值税开票职能的所在机构层级

访谈手记之五

中国工商银行财务会计部总经理刘亚干谈银行业"营改增"

课题组：在对未来经济增长的前瞻判断上，有学者认为中国未来20年仍可实现8%的经济增长，但更多地倾向于认为未来中国的经济增长中枢将下一个台阶至5%~6%，您对未来中国经济3~5年的增长前景怎么看？经济增长的最重要动力或者源泉将会是什么？

刘亚干：宏观经济增长形势与银行利润效益的完成和未来经营转型的方向密切相关。总体来看，2015年实体经济面临着非常严峻的增长压力和发展困难，财政金融风险正逐步释放。受此影响，大型国有商业银行的贷款增速有所回落，利润增长明显放缓。从目前基层调研的情况来看，实体经济未及拐点，下行趋势仍将持续，新的经济增长点虽逐步显现，但尚未形成实质性的旺盛需求，一系列改革举措，其效应仍需要一段时间体现。整个"十三五"期间，宏观经济年平均增长率应维持在6.5%左右，基本能够实现十八届五中全会提出的中高速增长目标，但重回9%以上的高速增长困难较大。因此，在未来三到五年里，中国银行业的发展还将面临一些新的重大挑战。

虽然现在中国经济的走势稳中有难，但总体来看机遇大于挑战，借用李克强总理的话，就是中国的经济形势是"形有波动，势仍向好"。目前，中国正在全面深化改革，加快推进结构性改革，改革红利正在源源不断释放；实施创新驱动发展战略，推动形成大众创业、万众创新的新动能，拓展小微企业发展空间，推动大企业转型升级，努力把经济潜在增长率充分挖掘出来，保持经济中高速增长、结构迈向中高端水平。相信，中国有能力实现2015年国内经济社会发展的主要目标任务，并为未来打下可持续发展的坚实基础。而对于中国的银行业，我们必须做好充足准备，进行必要的调整和改革，不断通过转型升级实现新的增长，以应对国内外市场环境变化对银行业带来的冲击和影响。

课题组：金融业"营改增"预计在2016年出台细则并正式实施。请问您认为这一改革将对贵行带来哪些影响？

刘亚干：金融业"营改增"是一项牵一发而动全身的改革，将对商业银行经营管理的诸多方面，如业务流程、客户管理、定价策略、税收管理、发票管理、风险控制等产生巨大影响。其中，以对经营绩效的影响最为关键。尽管推进"营改增"可以结构性减轻生产企业税负，刺激投资，但据目前已知政策情况，金融业"营改增"后，短期内可能带来税负增加、净利润下降、风控难度加大等一系列影响。主要原因一是由于银行业务的特殊性，其可抵扣进项税额占销项税额的比例相对其他企业较小，无法获取较高比例的税法规定允许抵扣的进项税额；二是银行业进行"营改增"的业务和系统改造将花费较高管理成本。电信行业"营改增"后亦普遍出现对利润不同程度的负面影响。

除税负成本外，"营改增"后，商业银行的发展战略也将随之调整，进而影响中国金融业的竞争力。首先是对存贷款定价的冲击。对全行业实现"营改增"有助于完善增值税征收链条，使整个国家的经济活动处于一个完整的增值纳税闭环；但银行业"营改增"后，利息收入需交税，利息支出却不能抵扣，破坏了整个抵扣链条的完整性。同时，营业税是价内税，增值税是价外税，在现有竞争环境下银行业很难将税负转嫁给下游客户，无法转嫁的增值税将由银行自身承担；而较之传统的存贷款业务，商业银行能够针对客户需求提供个性化的综合解决方案，在中间业务上具备一定的议价能力，这也将推动中国银行业继续深化改革创新，通过发展中间业务来增强核心竞争力。其次，税基改变将直接影响商业银行经营战略的制定。现有营业税税制对转贴现、债券投资、金融机构间往来等业务免征营业税，一定程度上降低了银行税收负担；"营改增"后，出于打通抵扣链条的需要，延续这些优惠政策可能存在一定困难，若将这些收入纳入增值税税基，则会增加商业银行的税负压力。再者，税收征管方式的变化也会导致银行管理成本的增加。我行网点近17000个，每日交易逾亿笔，若向个人客户和对公客户均开具增值税发票，则需大量购入增值税发票、安置打印设备、配备打印人员，放大到整个银行业，这将增加巨大的成本，放大到整个国家经济体系，这是一种财富的流失。

从长期看，随着利率市场化不断推进，商业银行不断完善定价策略，积极做好进项抵扣工作，可逐步削弱税负增加的影响；同时，"营改增"旨在消除重复征税，中小企业税负降低后，可激发其活力带动经济增长，提升金融服务需求，为商业银行的业务发展创造更大市场。

总之，金融业的稳定是国家改革发展的前提，若金融业产生较大波动，不仅影响国内外政府、机构对中国经济发展的信心，也会对国内经济改革产生多重消极影响。因此，需尽量稳定"营改增"前后金融业的税负波动。

工商银行作为国有控股大型商业银行，税收贡献大、利润贡献突出，尽管面对来自宏观经济环境、金融改革创新等多重挑战，仍愿意积极配合支持这项重大税制改革工作，促进国家税收与企业经营效益统筹协调发展，达到税企共赢的目的。

课题组： 贵行是如何组织实施"营改增"的准备工作的？目前工作进展如何？

刘亚干： 我行成立了以分管行领导为组长，总行财务会计部为牵头部门，全行各相关业务部门为成员的"营改增"工作小组，各部门均有固定联系的分管总经理、处长和业务骨干。我行以科技兴行为战略，主要科技系统均自主研发，"营改增"涉及前台大部分生产系统，系统改造工作量巨大。为此，我行提前动手准备，今年3月，总行召开"营改增"工作启动会议，并召集20余个涉及系统改造的业务部门赴我行珠海软件开发中心进行为期一个半月的业务梳理、流程改造和系统改造需求编写工作。

系统改造需求提出后，经过需求评审等多个环节，开发部门进行了为期3个多月的代码编写和测试工作，于10月中旬完成一期系统改造工作，目前二期系统改造工作正在进行，很多功能应用有待进一步完善。总体来看，工商银行在"营改增"实施过程中可能是走在同业最前面的。

课题组：贵行在实施"营改增"的准备工作中遇到的难点有哪些？

刘亚干：我行在实施"营改增"的准备工作中，遇到的最大困难就是政策的不确定与改革成本不可逆两者之间的矛盾。无论从税制设计还是到具体征管问题，均对我行开展科技系统和业务流程改造等诸多工作产生影响。若等政策出台再着手改造，则可能无法及时完成"营改增"实施工作，给我行的业务发展和客户服务带来不良影响。因此，我们抢先出发，依靠目前掌握信息，结合增值税基本原理摸索前行。一旦政策出台有较大变动，不可避免将会造成一部分成本沉没，我行也在整个工作过程中注意尽量实现模块化改造、参数化控制，避免成本投入损失。

在具体实施方面，需要政策明确才能决定系统处理方式的问题很多，例如：

（一）增值税预缴层级及非金融服务就地缴纳问题。营业税下，根据属地缴纳原则，我行有近3700家纳税申报单位。"营改增"后若继续沿用原来的征管模式，将极大增加商业银行集团管理增值税的难度与风险，也将增加税务机关征管

的工作量。此外，如果按照现行处置固定资产收入等非金融收入需要就地缴纳的规定，即使金融业务预缴层级上收，我行依然要保留3000余家增值税申报单位进行非金融收入增值税缴纳工作。

（二）对个人客户发票开具问题。营业税下，银行未向个人客户提供发票。"营改增"后，若无明确依据，个人客户将要求银行提供增值税普通发票，由此引发的海量发票打印需求不但会增加税务机关发票印制量和金税系统的负担，也将大大增加商业银行系统的运行负担和工作量。

（三）票据转贴现进项税无法取得，造成首贴机构税务负担。票据转贴现业务需要在票据流转金融机构间开具发票进行抵扣。目前这项业务往来资金被视为利息收入，买方机构不向卖方机构提供发票，造成卖方无法抵扣进项。

（四）金融商品买卖业务无法按照一般计税法计算缴纳增值税。金融商品买卖业务是金融机构间频繁复杂的交易业务，交易平台中无法获知交易对手的纳税人信息；同时，买卖价差会出现盈利或者亏损，无法比照传统业务征收增值税并开具发票。

课题组：请问贵行在"营改增"的准备工作中有何宝贵经验可以与同业分享？

刘亚干：在"营改增"的准备工作中，我们主要有如下感受：

（一）提高认识，加强组织领导。随着中国金融改革的稳步推进，金融机构改革发展已进入全新阶段，探索有中国特色的大型商业银行公司

治理机制，塑造未来盈利增长模式，深化商业银行改革的步伐正在加快。"营改增"作为国家财税体制改革的一项重要内容，与商业银行深化金融改革相互融合，必将在银行业发展进程中产生巨大的综合效应。中国银行业在"营改增"过程中，如何把握税制改革与业务发展、经营结构调整的紧密结合，将成为这项改革的核心任务。因此，"营改增"对大型商业银行来说是一项系统性战略工程，需要做好相关组织保障工作。

（二）提早准备，赢得改革先机。在中国经济步入"新常态"阶段，国内银行业发展面临的竞争愈加激烈。对于任何组织而言，运用公平机制与价格机制，力争比竞争对手更快应对环境变化是每个组织追求的竞争优势。但是，由于组织本身特征和具备的竞争条件差异，不是每个组织在速度竞争的建立上都具备一致标准，不同组织在速度竞争优势上存在很大差异。从市场角度出发，"营改增"改变了中国银行业市场竞争环境，无论实体经济还是金融市场，都可能因银行业的税制变化产生经济利益格局的变化。商业银行需要迅速创造成本、价值、时间竞争方面的优势，在税制改革过程中把握先机，提升自身竞争力。

（三）稳步推进，确保依法合规。目前，我国财政税收部门对金融业"营改增"尚无明确的改革方案和时间表，应在方案出台前以增值税基本原理为指导开展工作，妥善解决政策不明确与改革成本不可逆的矛盾，避免成本无效和反复投入。"营改增"涉及产品定价、财务管理、业务处理和系统改造等诸多方面，受到各种监管政策、税收政策、会计政策的约束，金融机构要对

此予以充分考虑，精心组织实施，在实现价值最大化的同时，做到税制转换的依法合规，防控可能出现的各种风险。

（四）加强沟通，争取政策支持。"营改增"对金融机构自身和金融消费客户将产生巨大影响，为确保税制改革平稳，顺利完成国家金融业"营改增"工作的重要任务，金融机构要主动加强与财税部门沟通，积极反映国内金融行业经营环境和经营模式。我行在"营改增"工作中不断向财政部、国家税务总局反映政策建议和遇到的困难，得到了相关部门领导的高度重视，合理采纳了我行的政策建议，对我行"营改增"工作给予了大力支持和多方面指导。

课题组：请问您对"营改增"政策的实施有何建议？

刘亚干：总的来说，建议国家在出台"营改增"政策时，能够从自身的财政税收、经济发展和银行业特殊性的角度出发，尽量设计出具备我国特色、符合我国商业银行发展规律的增值税征税制度，从而促进国民经济更有效率的运转。如果税收制度设计不合理，则会让银行或别的行业进行逆向选择，这样就与国家利益和"营改增"的初衷背道而驰了。

（一）保持税负中性原则，合理确定增值税征收范围。商业银行面临利差缩窄、中间业务增长乏力、不良贷款率上升等不利因素，未来整个行业的经营效益面临严峻挑战，根据我行测算，采用6%到11%不同的增值税方案将减少我行净利润数十亿元到上百亿元。建议在进行改革方案设计时，充分考虑这些未来会对银行业经营和绩效

产生重大影响的发展趋势，保持税负中性，与改革前营业税税负持平，促进银行业健康发展，其次，金融业务具有很强的外溢性，对实体经济和社会各个方面会产生重大影响。如果具体方案设计不当，就会打压资本市场、债券市场、同业市场等，与国家大力发展直接融资、降低实体经济融资成本的初衷相悖。例如同业往来业务，如果按照一般计税法征收增值税，则仅会增加银行操作成本，对国家财政并无贡献。此外，购买债券、跨境交易等业务均有成熟的市场和公允报价，对其征收增值税，将对债券市场和金融出口能力等产生冲击，不利于银行业实施"走出去"国家战略，不利于我国商业银行提高国际竞争力，也不利于相关产业的发展。

（二）统一银行业增值税纳税层级和范围，降低征纳成本。建议财政部、国家税务总局规定银行业统一的预缴汇缴模式，协调地方财政分配，统一预缴层级至二级（地市）分行，便于征收和缴纳，减少双方操作成本。同时，由于传统增值税项下（如货物和劳务）和新入围增值税项目（如金融服务、房产租赁）的缴纳层级将与预缴、汇缴政策相冲突，形成就地缴纳、预缴、汇缴模式交叉并存，给总行和各级分支机构带来极大的管理难度。因此，建议将增值税项下所有税目全部纳入汇总缴纳范畴。

（三）合理确定银行业发票管理政策，提升社会效率。建议允许银行向小规模纳税人开具自印增值税普通发票，并明确针对个人金融服务以银行凭证替代增值税发票。这样可以大大减少银行业"营改增"的改造成本和后续操作成本，并提高日常业务办理效率。此外，建议加快推动电子发票应用，降低征管成本，提高信息管税水平。

（四）给予金融服务出口免税或零税率待遇，支持国内银行业"走出去"。在营业税制下，银行业跨境服务不能实现出口退税，也不能享受免税待遇，在国际市场上可能形成双重征税，削弱了我国银行业的国际竞争力。因此，首先，建议考虑金融服务出口业务的复杂性和多样性，采用行业宽泛定义方式确定金融服务出口范围，将向境外单位和个人所提供的货币资金融通活动业务，包括贷款、金融商品转让、金融经纪业和其他金融业务定义为金融服务出口业务；其次，建议考虑金融业务的流动性特质，以资金使用或服务消费主体作为界定标准，对中华人民共和国境内的金融机构向境外单位和个人提供的金融服务，适用增值税零税率或免税政策；再次，建议考虑金融服务出口业务量较大的特点，简化有关申报证明资料，由提供出口服务的银行提供相关金融服务出口合同、服务接受方所在地在境外的证明材料、收入来源于境外的证明材料等；最后，建议增加银行根据自身税务管理成本与收益情况，自主选择零税率或免税待遇的权利。

（五）妥善解决营业税制下遗留问题，实现税制公平。自2009年以来，关于表外利息是否应交营业税一直争议不断。过渡到增值税税制下，我们认为应藉此税制改革，为长久以来的争议寻求解决之道，以利我国银行业发展。如果对表外利息征税，则会产生如下影响：1.扩大了财税差异。财政部《关于缩短金融企业应收未收利息核算期限的通知》（财金[2002]5号）规定，会计上要求超过规定期限的金融企业应收未收利息不确认为收入。2.与所得税政策即现行国家税务总局《关于金融企业贷款利息收入确认问题的公告》（2010年第23号）对企业所得税应纳税所得额的规定不一致。3.金融企业未获益却先纳税。对超过规定期限的应收未收利息缴纳营业税，金融企业没有获得任何收益，甚至在贷款本金损失的情况下，面临长期税收负担，有悖于征税须有税源和纳税须有资金（现金流）的税收基本原理，加重了金融企业流转税负担。

目前票据转贴现由贴现银行向转入行支付转贴现利息，在营业税制下转贴现利息收入不征税。"营改增"后如果已就贴现利息全额缴纳增值税销项税，为体现税制公平原则，转贴现发生的利息支出应当作为贴现行的增值税进项允许抵扣，建议从制度层面允许金融机构之间就转贴现利息由收取方向支付方开具专用发票。另外，如果将转贴现业务不征税的政策延续到增值税制下，而导致贴现行无法取得转贴现利息支出的进项税发票，则需要考虑允许贴现行按照差额计算缴纳增值税。

附　录

项目背景及执行情况介绍

携手合作，共创成功

项目背景及执行情况介绍

　　"中国银行家调查报告2015"项目由中国银行业协会和普华永道会计师事务所共同发起，中国银行业协会首席经济学家巴曙松研究员主持并负责项目的执行与实施。本调查项目的基本背景、数据采集方式、样本量、配额分布等情况列示如下：

一、调查基本背景

　　在中国经济持续下行、利率市场化持续推进以及互联网金融竞争日趋激烈的背景下，中国银行业面临着息差持续收窄、利润增速放缓、不良资产反弹的严峻形势。本调查项目，旨在了解中国银行家应对这一局面时的判断与思考，以及对市场发展和监管体系等的意见和建议，以促进海内外金融界与监管当局、金融机构与公众之间的相互沟通了解，共同推动中国银行业的改革发展。

　　本次调查采取点面结合的方式，一是由中国银行业协会负责组织针对银行高管的问卷调查，通过对问卷返回数据的处理，从面上形成中国银行业发展状况的基本判断，并为整个调查提供数据支撑；二是选择有代表性的金融机构，由巴曙松研究员和项目组成员通过面对面访问、电话访问、书面访问等形式，与其高管人员进行访谈，直接听取中国银行业高管的思考和探索。

二、调查数据采集方式

　　本次调查的数据主要通过《中国银行家调查问卷2015》面向全国各级银行类金融机构的高管进行采集。总问卷包括主问卷和子问卷两组。其中，总问卷涵盖十一个部分，包括宏观经济金融形势、发展战略、业务发展、风险管理与内部控制、人力资源与财务管理、信息化建设与互联网金融、公司治理及企业社会责任、监管评价、银行家群体、发展前瞻和同行评价等，总计144题。子问卷共五份，分别针对存款保险制度、金融业支持"大众创业、万众创新"、"三大战略"、商业银行信贷资产管理、"营改增"等进行专题调查，题目数量分别为9题、10题、13题、15题和13题。

项目组希望通过这次调查把握中国特定结构环境下的银行业的发展状况，为此，我们特别添加了一些与调研对象特征有关的指标，包括所属区域、机构级别、机构注册类型和是否上市等。其中，区域包括东部、中部、西部和东北等。

三、调查样本量和配额分布

问卷调查在全国31个省级行政区域展开（不包括港澳台），本年度继续完全采用电子形式进行发放和回收，其中，总问卷共回收有效问卷1328份。

（一）主问卷调查样本的配额分布

从区域[①]来看，东部622份，中部190份，西部316份，东北200份；从机构级别来看，总部351份，分支机构977份；从机构注册类型来看，大型商业银行229份，股份制商业银行317份，城市商业银行524份，农村金融机构125份，政策性银行104份，外资（合资）银行29份；从上市与否来看，上市银行504份，未上市银行824份。

项目组充分考虑不同地区、不同级别、不同注册类型和上市与非上市的银行类金融机构的数量，采取系统抽样法，向各类金融机构发出问卷，而问卷返回比例与配额分布基本一致。

巴曙松研究员和项目组成员共访谈中国银行业高管人员12人。其中，总部高管（董事、副行长以上）8人。

---

① 根据中国国家统计局的统计口径，东部地区包括北京、天津、河北、上海、江苏、浙江、福建、山东、广东、海南；中部地区包括山西、安徽、江西、河南、湖北、湖南；西部地区包括内蒙古、广西、重庆、四川、贵州、云南、西藏、陕西、甘肃、青海、宁夏、新疆；东北地区包括辽宁、吉林、黑龙江。

（二）主问卷调查和访谈样本的具体名单

参与项目组主问卷调查与访谈的中国银行业金融机构有116家（排名不分先后）：

1. 大型商业银行（6家）

中国工商银行

中国农业银行

中国银行

中国建设银行

交通银行

中国邮政储蓄银行

2. 股份制商业银行（12家）

渤海银行

广发银行

恒丰银行

华夏银行

平安银行

上海浦东发展银行

兴业银行

招商银行

浙商银行

中国光大银行

中国民生银行

中信银行

3. 城市商业银行（65家）

鞍山银行

包商银行

北京银行

承德银行

大连银行

大庆市商业银行

大同银行

德州银行

东莞银行

福建海峡银行

抚顺银行

阜新银行

富滇银行

赣州银行

广西北部湾银行

广州银行

贵阳银行

贵州银行

桂林银行

哈尔滨银行

哈密市商业银行

汉口银行

杭州银行

葫芦岛银行

吉林银行

济宁银行

江苏银行

江苏长江商业银行

锦州银行

晋商银行

昆仑银行

兰州银行

辽阳银行

柳州银行

龙江银行

南京银行

内蒙古银行

宁波东海银行

宁波银行

攀枝花市商业银行

盘锦市商业银行

平顶山银行

齐鲁银行

齐商银行

青海银行

曲靖市商业银行

日照银行

厦门国际银行

上饶银行

盛京银行

苏州银行

天津银行

威海市商业银行

潍坊银行

乌鲁木齐商业银行

西安银行

烟台银行

营口银行

枣庄银行

长安银行

长沙银行

长治银行

浙江稠州银行

浙江民泰商业银行

浙江泰隆商业银行

4. 农村金融机构（17家）

北京农商银行

上海农商银行

重庆市农村商业银行

安徽省农村信用社联合社

福建省农村信用社联合社

广西壮族自治区农村信用社联合社

贵州省农村信用社联合社

河南省农村信用社联合社

黑龙江省农村信用社联合社

江苏省农村信用社联合社

内蒙古自治区农村信用社联合社

宁夏回族自治区农村信用社联合社

山东省农村信用社联合社

四川省农村信用社联合社

新疆维吾尔自治区农村信用社联合社

云南省农村信用社联合社

浙江省农村信用社联合社

5. 政策性银行（3家）

国家开发银行

中国进出口银行

中国农业发展银行

6. 外资（合资）银行（13家）

澳大利亚和新西兰银行（中国）

大新银行（中国）

德意志银行（中国）

东亚银行（中国）

富邦华一银行

恒生银行（中国）

华侨银行（中国）

汇丰银行（中国）

集友银行

盘谷银行（中国）

三菱东京日联银行（中国）

新联商业银行

渣打银行（中国）

四、项目组成员

中国银行业协会杨再平、陈远年、李健、吕欢、王芳、武安华、林治乾、高康、周飞、秦菁；普华永道容显文、吴卫军、朱宇、焦楠、刘微；中国银行业协会首席经济学家巴曙松及其团队：华中炜、丁波、谢国良、张晓亮、任杰、郑弘、余芽芳、陈强、刘雅祺、丁涛、陈洁、聂建康、金玲玲、周冠南、云佳祺、曾智、尹海晨、胡北、刘钟佳、郑铭、刘晓依、许仙燕、方立、张祎、吴过、张蒙、何雅婷、朱茜月、韩洲枫、丁昭、孙团结、岳圣元。

五、致谢

在本报告的撰写过程中，中国工商银行财务会计部刘亚干总经理、中国农业银行相关负责人、中国银行公司金融部刘小宇副总经理、中国邮政储蓄银行邵智宝副行长、浙商银行叶建清副行长、浙商银行徐蔓萱行长助理、北京农商银行王正茂行长助理、北京农商银行田晖行长助理、西安银行郭军董事长、西安银行王欣副行长、渤海银行个人贷款部甄军总经理和上海分行中小企业部李笠竝总经理等银行高管，在百忙之中接受项目组的访谈，并提出了宝贵的意见和建议。对于各位银行家给予的大力支持和协助，我们在此表示衷心的感谢！

携手合作，共创成功

中国银行业协会
CHINA BANKING ASSOCIATION

　　中国银行业协会是2000年5月经中国人民银行和民政部批准成立的全国性非营利社会团体，自2003年由中国银监会主管。截至2015年9月，中国银行业协会共有383家会员单位和4家观察员单位。截至目前，中国银行业协会共设立27个专业委员会、2个联席会，其日常办事机构秘书处设有17个部门。

　　中国银行业协会责任使命及事业情怀表达于会歌《行者无疆》："冠名中国银行业，我们无上荣光。银行业造就，银行业需要，自律维权协调服务，责任无量。冠名中国银行业，我们事业兴旺。热衷协会工作，提升职业生涯，敬业规范专业高端，放飞理想。冠名中国银行业，平台纽带桥梁。银行家之家，银行家舞台，行业水涨我们船高，扬帆远航。中国银行业协会，一切为了会员单位，为了行业科学发展，在中国银行业大海上，行者无疆。"

　　在国家民政部和中国银监会的领导下，中国银行业协会奉行"敬业、规范、专业、高端"的职场文化，通过"自律、维权、协调、服务"四项核心职能，推动中国银行业改革开放、科学发展，越来越发挥着不可或缺的作用。

　　自律：强化行业自律，推动银行业更好服务社会，支持实体经济发展。制定行业自律公约，引导银行业规范经营行为，推动建立科学合理、公开透明的收费机制。每年3月15日发布《中国银行业服务改进报告》和《中国银行业社会责任报告》，引领银行业金融机构积极履行社会责任，为社会提供优质金融服务。评比树立文明规范服务示范典型，引导银行业深入开展消费者权益保护及公众教育服务工作，推动实现金融普惠。贯彻落实国家宏观经济政策，推动会员单位加强小微企业和"三农"金融服务工作，助力银行业发展转型，不断改进服务实体经济能力。启动中国银行业理财网，打造权威性银行理财资讯的重要发布平台和理财产品信息的重要集散地。

　　维权：着眼风险防范及诚信社会建设，构筑银行业资产权益基本防线。

开展内部通报逃废银行债务机构活动，坚持逃废银行债务机构"黑名单"制度，助力社会诚信体系建设。加强行业个案维权，为会员单位法律案件诉求提供专业化服务，有效化解金融纠纷。研究解读国际相关法案，及时对会员单位做出风险提示。积极推进金融积案执行工作，有效维护会员单位合法权益。

协调：充分发挥各专业委员会作用，加大行业政策协调，引领银行业各项业务协调、稳健、科学发展。制定贸易金融、资金托管、银团贷款等多领域行业规范公约，发布《银团贷款行业发展报告》、《中国保理产业发展报告》、《中国银行卡产业发展蓝皮书》、《中国资产托管行业发展报告》、《金融租赁行业发展报告》等多项行业研究成果，推动银行业务稳健合规发展。举办中国贸易金融年会、中国金融租赁高峰论坛等系列高端论坛，推动行业经验交流与共享。搭建会员单位与政府监管机构之间的沟通桥梁，加强行业政策协调，就托管银行资金结算、年金基金投资、商业银行资本管理等向有关政府监管部门提出行业发展合理化建议，为行业发展营造良好政策环境。

服务：引领广大从业人员不断学习提高，满足行业高端公共需求。开展银行业从业人员资格认证和行业培训工作，为银行业培养合格专业人才。研究国内外行业发展动态，定期编发研阅资料、行业发展报告及银行家调查报告等，打造高端资讯品牌。开发并推广应用金融积案监测数据库系统、中国银行业科技专家选聘系统、银团贷款信息系统等多项信息系统平台，为会员单位高端公共需求提供信息化支持。首次推出的商业银行稳健发展能力"陀螺（GYROSCOPE）评价体系"，有效推动商业银行可持续稳健发展，是具有中国特色的、符合中国银行业发展现状的首分行业综合评价体系。创办首份带有全行业性质的公开刊物《中国银行业》杂志，并以"业界信息窗口、业者风采展现、专家研究集成、行业发展智库"为办刊宗旨，加强行业信息交流、品牌宣传及发展研究。

2014年，荣获国务院残疾人工作委员会"全国助残先进集体"称号，成为唯一获此荣誉的全国性行业协会；2010年，被国家民政部授予"全国先进社会组织"的荣誉称号；继2009年，在国家民政部组织的全国性行业协会商会等级评估活动中，中国银行业协会以总分第一的成绩获得5A最高等级后，在2015年，连续第二次在该项评估中获评5A最高等级。

联系人

杨再平
中国银行业协会专职副会长

李健
中国银行业协会研究部主任
+86 (10) 66291286
jianli@china-cba.net

pwc 普华永道

　　普华永道秉承"解决重要问题，营造社会诚信"的企业使命。我们各成员机构组成的网络遍及157个国家和地区，有超过20.8万名员工，致力于在审计、咨询及税务领域提供高质量的服务。

　　普华永道中国大陆、香港、澳门、台湾及新加坡成员机构根据各地适用的法律协作运营。整体而言，员工总数约17 800人，其中包括约760名合伙人。

　　无论客户身在何处，普华永道均能提供所需的专业意见。我们实务经验丰富、高素质的专业团队能聆听各种意见，帮助客户解决业务问题，发掘并把握机遇。我们的行业专业化有助于就客户关注的领域共创解决方案。

　　我们分布于以下城市：北京、上海、天津、重庆、沈阳、大连、西安、成都、青岛、南京、苏州、武汉、杭州、宁波、厦门、广州、深圳、香港、台北、中坜、新竹、高雄、台中、台南、澳门和新加坡。

普华永道在中国的金融业服务经验

普华永道在中国拥有一支最具实力的金融服务领域的专业化队伍。我们的金融服务团队一直与中国银行业携手合作，无论在审计、税务还是咨询领域，都走在行业的最前沿。我们的战略是通过遍布全球的专业团队为客户打造卓越的业务优势，利用整合的行业知识和专业技能，为客户带来全球最佳的行业解决方案。

在中国，普华永道金融服务团队为国内各种金融机构提供全方位的服务，包括商业银行、保险公司、基金及基金管理公司、财务公司、证券公司和租赁公司等。同时，我们还服务于中国金融业和证券业的监管机构。普华永道多年来一直积极配合、参与财政部、中国人民银行、中国银行业监督管理委员会、中国证券监督管理委员会等政府部门、监管机构的多项工作与活动，赢得了相关机构的高度评价和认可。

普华永道金融服务团队的专业性使我们善于创新，敢为行业之先。我们秉承战略性的视野和独立开放的原则，向客户提供具有前瞻性的专业服务和独到的见解。

普华永道近期出版的一些相关行业报告和期刊如下：

- 银行业快讯：2015年第三季度中国上市银行业绩分析（2015年11月）
- 中国金融税务新知：证券业的营改增之路（2015年10月）
- 2020年及以后的资产管理 - 转变你的业务，应对新的全球税收世界（2015年10月）
- 2015年上市保险公司半年报分析专刊（2015年10月）
- 银行业快讯：2015年上半年中国银行业回顾与展望（2015年9月）
- 守住不发生系统性风险的底线，中国保险监管的探索与创新（2015年9月）
- "新常态"下如何优化财资管理平台助企业"走出去" - 化挑战为机遇（2015年4月）
- 银行业快讯：2015年第一季度中国主要上市银行业绩分析（2015年4月）
- 银行业快讯：2014年中国银行业回顾与展望（2015年4月）
- 普华永道对"偿二代"17个技术标准的全面解读（2015年3月）
- 中国第二代偿付能力监管制度体系（偿二代）第一支柱发布稿与最新征求稿的对比汇总（2015年3月）
- 2015年中国金融及银行业展望（2015年2月）
- 简讯-当前财务报告问题概览：巴塞尔委员会关于预期信用损失会计模型应用的指引（2015年2月）
- 洞察-国际财务报告准则第9号"金融工具"：针对银行业的预期信用损失信息披露（2015年2月）
- 洞察-针对资产管理的IFRS 12（2015年1月）

普华永道服务一览

审计及鉴证服务
- 精算
- 工程造价
- 财务报表审计
- 内部审计
- 资本市场
- 风险管理

资本市场与会计咨询服务
- IPO及资本市场服务
- 企业财资服务
- 出售资产和分拆
- 财务报告准则转换
- 执行复杂的会计准则
- 并购或私募股权投资的会计服务
- 收入准则 – IFRS 15 / ASC 606
- 结构性融资及财务工具
- 企业资金管理解决方案

风险及控制服务
- 内部审计战略和咨询
- 内部审计分包和外包服务
- 内部控制咨询
- 舞弊风险和内控
- 企业风险管理服务(业务持续性和风险管理)
- 董事会治理服务(包括董事会成员培训)
- IT 风险和治理
- 控制、安全和项目保障
- 信息安全和网络持续性服务
- 数据管理和保障
- 第三方鉴证
- IT尽职调查
- 整合报告

- C-SOX和S404(Sarbanes-Oxley法案第404条列)合规咨询
- XBRL(可扩展商业报告语言)合规
- FATCA(外国账户税务合规法案)合规服务
- PN21(联交所上市规则应用指引第21条)合规咨询
- 可持续发展与气候变化服务
- 业务连续性管理

税务服务
- 中国企业税务
- 中国流转税
- 中国研发税务服务
- 中国税务分歧协调
- 中国转让定价
- 价值链转型
- 中国企业并购税务
- 递延所得税及其他税务会计
- 海关和国际贸易
- 个人所得税及人力资源咨询
- 人力和变革管理咨询
- 海外雇员咨询及个人所得税

交易咨询
- 企业融资
- 尽职调查
- 估值服务
- 购并交易增值服务
- 私募股权投资资金咨询
- 企业购并税务架构咨询
- 项目融资
- 海外投资服务
- 上市服务
- 企业重整服务

战略咨询

- 企业和BU策略
- 销售和营销策略
- 市场准入和市场评估
- 战略转型

运营管理咨询

- 企业资产管理
- 产品创新及开发
- 供应链及核心运营流程
- 运营战略及价值链转型

人才和变革管理咨询

- 战略执行与平衡计分卡
- 人力资源规划
- 薪酬激励
- Saratoga评估
- 人力资源并购服务

财务管理咨询

- 快捷关账
- 管理报告
- 财务系统
- 预算与预测
- 司库与资金管理
- 财务人才管理
- 财务组织构架
- 成本管理
- 共享服务中心
- 流程标准化与简化
- 企业绩效管理
- 财务专业培训

信息技术咨询

- 信息技术服务转型
- 企业IT架构
- 应用系统

- 数据治理
- IT采购
- 交易支持

风险管理咨询

- 巴塞尔新资本协议合规规划及实施
- 信用风险管理
- 市场风险管理
- 操作风险管理
- 资产负债管理
- 内部资本充足评估（ICAAP）
- 资本充足率系统

法务会计服务

- 经济犯罪审查
- 计算机鉴证技术服务
- 合规审阅服务
- 舞弊风险管理和舞弊防范
- 背景审查服务
- 纠纷分析和诉讼支援
- 保险索赔服务
- 知识产权及授权管理服务

数据及分析

- 客户分析及市场细分
- 需求预估
- 衡量客户体验
- 社会聆听
- 忠诚项目设计与CRM
- 分析框架设计
- 商业智能决策分析
- 产品定价及盈利能力
- 行为经济学
- 仿真建模
- 网络分析
- 营销效益

普华永道联系人

若对本调查报告有任何问题或者需要我们提供专业服务，欢迎与以下人士联系：

金融服务业

费理斯
中国大陆及香港金融市场主管合伙人
+852 2289 2303
matthew.phillips@hk.pwc.com

容显文
中国金融服务业主管合伙人
+86（10）6533 2121
raymond.yung@cn.pwc.com

葉招桂芳
中国大陆及香港金融服务业税务主管合伙人
+852 2289 1833
florence.kf.yip@hk.pwc.com

银行及资本市场

朱宇–北京
审计合伙人
+86（10）6533 2236
Richard.y.zhu@cn.pwc.com

梁国威–上海
审计合伙人
+86（21）2323 3355
jimmy.leung@cn.pwc.com

李宝亭–香港
审计合伙人
+852 2289 2982
peter.pt.li@hk.pwc.com

张立钧–北京
咨询合伙人
+86（10）6533 2755
james.chang@cn.pwc.com

容承威–上海
监管咨询合伙人
+86（21）2323 1984
william.sw.yung@cn.pwc.com

陳宣統–香港
并购交易合伙人
+852 2289 2824
chris.st.chan@hk.pwc.com

季瑞华–北京
风险管理及内部控制合伙人
+86（10）6533 2269
william.gee@cn.pwc.com

资本市场与会计咨询服务

安迪生–北京
审计合伙人
+86（10）6533 7319
addison.l.everett@cn.pwc.com

保险业

周星–北京
审计合伙人
+86（10）6533 7986
xing.zhou@cn.pwc.com

Lars Nielsen–香港
审计合伙人
+852 2289 2722
lars.c.nielsen@hk.pwc.com

刘淑艳–北京
精算服务合伙人
+86（10）6533 2592
shuyen.liu@cn.pwc.com

Chris Hancorn -香港
精算服务合伙人
+852 2289 1177
chris.a.hancorn@hk.pwc.com

黄小戎–上海
咨询合伙人
+86（21）2323 3799
xiaorong.huang@cn.pwc.com

Rick Barto–香港
咨询合伙人
+852 2289 2477
rick.w.barto@hk.pwc.com

资产管理

薛竞-上海
审计合伙人
+86（21）2323 3277
jane.xue@cn.pwc.com

江秀雲–香港
审计合伙人
+852 2289 2707
marie-anne.kong@hk.pwc.com

项目主持人

巴曙松

巴曙松博士，中国银行业协会首席经济学家，金融学教授，博士生导师，并兼任中国宏观经济学会副秘书长、商务部经贸政策咨询委员会委员、中国银监会中国银行业实施巴塞尔新资本协议专家指导委员会委员、中国证监会并购重组专家咨询委员会委员、香港特别行政区政府经济发展委员会委员、中国"十三五"国家发展规划专家委员会委员等。

他还是享受中国国务院特殊津贴专家，先后担任中国银行杭州分行副行长、中银香港助理总经理、中国证券业协会发展战略委员会主任、国务院发展研究中心金融研究所副所长等职务，曾在北京大学中国经济研究中心从事博士后研究，并在哥伦比亚大学担任高级访问学者。巴曙松博士先后在不同类型的知名金融机构担任管理职务，是同时熟悉中国金融市场实际业务运作、金融政策制定以及金融理论研究进展的金融学者。

主要著作有：《巴塞尔新资本协议研究》、《金融危机中的巴塞尔新资本协议：挑战与改进》、《巴塞尔资本协议III研究》、《中国资产管理行业发展报告》年度报告、《城镇化大转型的金融视角》等。巴曙松博士还被评为"全球青年领袖奖"（世界经济论坛，2009）。

责任编辑：李　融

责任校对：孙　蕊

责任印制：程　颖

图书在版编目（CIP）数据

中国银行家调查报告. 2015（Zhongguo Yinhangjia Diaocha Baogao. 2015）/中国银行业协会，普华永道编. —北京：中国金融出版社，2016.2

ISBN 978 - 7 - 5049 - 8347 - 3

Ⅰ. ①中… Ⅱ. ①中…②普… Ⅲ. ①银行—调查报告—中国—2015 Ⅳ. ①F832.3

中国版本图书馆CIP数据核字（2016）第012027号

出版
发行　中国金融出版社

社址　北京市丰台区益泽路2号

市场开发部 　（010）63266347，63805472，63439533（传真）

网 上 书 店　http://www.chinafph.com

　　　　　　（010）63286832，63365686（传真）

读者服务部 　（010）66070833，62568380

邮编　100071

经销　新华书店

印刷　北京市松源印刷有限公司

尺寸　210毫米×285毫米

印张　16.75

字数　298千

版次　2016年2月第1版

印次　2016年2月第1次印刷

定价　128.00元

ISBN 978 - 7 - 5049 - 8347 -3/F.7907

如出现印装错误本社负责调换　联系电话（010）63263947